U0635974

飲冰室合集

梁啓超 著

中華書局

專集
第十七冊

飲冰室專集之七十五

中國近三百年學術史

目次

一　反動與先驅

二　清代學術變遷與政治的影響（上）

三　清代學術變遷與政治的影響（中）

四　清代學術變遷與政治的影響（下）

　　近三百年學術史附表（一—十）

五　陽明學派之餘波及其脩正

　　黃梨洲附孫夏峯　李二曲　餘姚王學家　李穆堂

六　清代經學之建設

　　顧亭林　閻百詩　附胡朏明　萬充宗

七 兩畸儒

　—王船山　朱舜水

八 清初史學之建設

　—萬季野　全謝山　附初期史學家及地理學家

九 程朱學派及其依附者

　—張楊園　陸桴亭　陸稼書　王白田　附其他

十 實踐實用主義

　—顏習齋　李恕谷　附王崑繩　程綿莊　惲皋聞　戴子高

十一 科學之曙光

　—王寅旭　梅定九　陳資齋　附其他

十二 清初學海波瀾餘錄

十三 清代學者整理舊學之總成績（一）

　—經學　小學及音韻學

十四 清代學者整理舊學之總成績（2）

二

——校注古籍　辨僞書　輯佚書

十五　清代學者整理舊學之總成績（3）

——史學　方志學　地理學　傳記及譜牒學

十六　清代學者整理舊學之總成績（4）

——曆算學及其他科學　樂曲學

三

飲冰室專集之七十五

中國近三百年學術史

一　反動與先驅

這部講義是要說明清朝一代學術變遷之大勢及其在文化上所貢獻的分量和價值爲什麽題目不叫做清代學術呢因爲晚明的二十多年已經開清學的先河民國的十來年也可以算清學的結束和蛻化把最近三百年認做學術史上一個時代的單位似還適當所以定名爲近三百年學術史．

今年是公歷一九二三年上溯三百年前之一六二三年爲明天啓三年這部講義就從那時候講起若稍爲概括一點也可以說是十七八九三個世紀的中國學術史．

我三年前曾做過一部清代學術概論那部書的範圍和這部講義差不多但材料和組織狠有些不同希望諸君豫備一部當參考．

這個時代的學術主潮是．

厭倦主觀的冥想而傾向於客觀的考察．

無論何方面之學術都有這樣趨勢可惜客觀考察多半仍限於紙片上事物所以他的效用尚未能盡量發揮．

此外還有一個支流是．

排斥理論提倡實踐．

這個支流屢起屢伏始終未能狠占勢力總而言之這三百年學術界所指向的路我認爲是不錯的——是對

於從前狠有特色而且有進步的只可惜全部精神未能貫澈以後憑藉這點成績擴充蛻變再開出一個更切

實更偉大的時代這是我們的責任也是我這回演講的微意．

凡研究一個時代思潮必須把前頭的時代略爲認淸纔能知道那來龍去脈本講義所講的時代是從他前頭

的時代反動出來前頭的時代可以把宋元明三朝總括爲一個單位——公歷一○○○至一六○○——那

個時代有一種新學術系統出現名曰「道學」那六百年間便是「道學」自發生成長以至衰落的全時期

那時代的道學思潮又爲什麼能產生能成立呢(一)因爲再前一個時代便是六朝隋唐物質上文化發達得

狠燦爛建築文學美術音樂等等都呈現歷史以來最活潑的狀況後來這種文明爛熟的結果養成社會種種

惰氣自唐天寶間兩京陷落過去的物質文明已交末運跟着晚唐藩鎮和五代一百多年的紛亂人心越發厭

倦所以入到宋朝便喜歡回到內生活的追求向嚴肅素朴一路走去(二)隋唐以來印度佛教各派教理盡量

輸入思想界已經攪入許多新成分但始終自儒自佛採一種不相聞問的態度到了中晚唐兩派接觸的

程度日漸加增一方面有韓愈一流人據儒排佛一方面有梁肅李翱一流人援佛入儒（注一）到了兩宋當然

會產出儒佛結婚的新學派加以那時候的佛家各派都衰落禪宗獨盛禪宗是打破佛家許多形式和理論專用

內觀工夫越發越與當時新建設之道學相接近所以道學和禪宗可以說是宋元明思想全部的代表．

道學派別雖然不少但有一共同之點是想把儒家言建設在形而上學——即玄學的基礎之上原來儒家開

宗的孔子不大喜歡說什麼「性與天道」只是想從日用行為極平實處陶養成理想的人格能到了佛法輪

入以後一半由儒家的自衛一半由時代人心的要求總覺得把孔門學說找補些玄學的作料繞為根據來和

從「七十子後學者所記」的禮記裏擡出大學中庸兩篇出來再加上含有神祕性的易經於是

印度思想對抗「道學」最主要的精神實在於此所以在「道學」總旗幟底下雖然有呂伯恭朱晦菴陳龍

川各派不專以談玄為主然而大勢所趨總是傾向到明心見性一路結果自然要像陸子靜王陽明的講法繞

能澈底的成一片段所以到明的中葉姚江（王陽明）學派奄襲全國和佛門的禪宗混為一家這是距今三

百五六十年前學術界的形勢

在本講義所講的時代開始之時王陽明去世已將近百年了（陽明卒於嘉靖八年當公曆一五二九年）明

朝以八股取士一般士子除了永樂皇帝欽定的性理大全外幾乎一書不讀學術界本身本來就像貧血症的

人衰弱得可憐陽明是一位豪傑之士他的學術像打藥針一般令人興奮所以能做五百年道學結束吐很大

光芒但晚年已經四方八面受人妒嫉排擠不得志以死陽明死後他的門生在朝者如鄒東廓　守益歐陽南野

德在野者如錢緒山　德洪王龍溪　畿維近溪　汝芳王心齋　艮都有絕大氣魄能把師門宗旨發揮光大勢力籠蓋

全國然而反對的亦日益加增反對派別大略有三其一事功派如張江陵　居正輩覺得他們都是書生迂闊不

切時務其二文學派如王弇州　世貞輩覺得他們學問空疏而且所講的太乾燥無味其三勢利派毫無宗旨惟

利是趨附依魏忠賢一班太監專和正人君子作對對於講學先生自然疾之如讎這三派中除勢利派應該絕

對排斥外事功文學兩派本來都各有好處但他們既已看不起道學派道學派也看不起他們由相輕變為相

攻結果這兩派為勢利派利用隱然成為三角同盟以對付道學派中間經過「議禮」「紅丸」「梃擊」「移

宮」諸大案（注二）都是凶宮廷中一種不相干的事實小題大做雙方意見鬧到不得開交到最後二三十年

間道學派大本營前有「東林」後有「復社」都是用學術團體名義行政黨式的活動他們對於惡勢力

拚命奮鬥的精神固然十分可敬可佩但黨勢漸成以後依草附木的人日多也不免流品很雜總而言之明朝

所謂「士大夫社會」以「八股先生」為士臺所有羣衆運動無論什麼「清流濁流」都是八股先生最占

勢力東林復社雖比較的多幾位正人君子然而打開窗戶說亮話其實不過王陽明這面大旗底下一羣八股

先生和魏忠賢那面大旗底下一羣八股先生打架何況陽明這邊的末流也放縱得不成話如何心隱本名梁汝

元李卓吾輩簡直變成一個「花和尚」他們提倡的『酒色財氣不礙菩提路』把個人道德社會道德

一切藩籬都衝破了如何能令敵派人心服這些話且不必多說之總之晚明政治和社會所以潰爛到那種程度

最大罪惡自然是在那一羣下流無恥的八股先生巴結太監魚肉人民我們一點不能為他們饒恕卻是和他

們反對的也不過一羣上流無用的八股先生添上幾句「致知格物」的口頭禪做幌子和別人鬧意見鬧過

不休最高等的如顏習齋所謂『無事袖手談心性臨危一死報君王』至矣極矣當他們筆頭上口角上吵得

烏煙瘴氣的時候張獻忠李自成已經把殺人刀磨得飛快準備著把千千萬萬人砍頭破肚滿洲人已經把許

多降將收了過去準備著看風頭撿便宜貨入主中原結果幾十年門戶黨派之爭鬧到明朝亡了一齊拉倒這

便是前一期學術界最後的一幕悲劇．

（注二）欲知四大案簡單情節看趙翼的廿二史劄記最好．

明亡以後學者痛定思痛對於那羣閹黨強盜降將以及下流無恥的八股先生罪惡滔天不值得和他算帳了，卻是對於這一羣上流無用的道學先生到不能把他們的責任輕輕放過李剛主說

『……高者談性天撰語錄卑者疲精神於舉業不惟聖道之禮樂兵農不務卽當世之刑名錢穀亦懵然罔識而搦管呻吟自矜有學……中國嚼筆吮毫之一日卽外夷秣馬厲兵之一日卒之盜賊蠢起大命遂傾而天乃以二帝三王相傳之天下授之塞外……』恕谷集書明劉戶部墓表後

又說

『宋後二氏學與儒者浸淫其說靜坐內視論性談天與夫子之言一一乖反．而至於扶危定傾大經大法則拱手張目授其柄於武人俗士當明季朝廟無一可倚之臣坐大司馬堂批黜左傳敵兵臨城賦詩進講覺建功立名俱屬瑣屑日夜喘息箸書曰此傳世業也卒至天下魚爛河決生民塗炭嗚呼誰生厲階哉』恕谷集與

朱舜水說

『明朝以時文取士此物既爲塵羹土飯而講道學者又迂腐不近人情……講正心誠意大資非笑於是分門標榜遂成水火而國家被其禍』舜水遺集答林春信問

顧亭林說

中國近三百年學術史

五

『劉石亂華本於清談之流禍人人知之孰知今日之清談有甚於前代者昔之清談談老莊今之清談談孔

孟未得其精而已遺其粗未究其本而先辭其末不習六藝之文不考百王之典不綜當代之務舉夫子論學

論政之大端一切不問而曰一貫曰無言以明心見性之空言代修己治人之實學股肱惰而萬事荒爪牙亡

而四國亂神州蕩覆宗社丘墟昔王衍妙善玄言自比子貢及爲石勒所殺將死顧而言曰「吾曹雖不如古

人向若不祖尚浮虛戮力以匡天下猶可不至今日」一今之君子得不有媿乎其言』（日知錄卷七夫子之言性與天道條）

亭林既憤慨當時學風以爲明亡由於此推原禍始自然責備到陽明他說。

『以一人而易天下其流風至於百有餘年之久者古有之矣王夷甫（衍）之清談王介甫（安石）之新

說其在於今則王伯安（守仁）之良知是也孟子曰「天下之生久矣一治一亂」撥亂世反諸正豈不在

後賢乎』（日知錄卷十八）

王船山亦以爲王學末流之弊從陽明本身出來他說。

『姚江王氏陽儒陰釋誣聖之邪說其究也刑戮之民閭賊之黨皆爭附焉而以充其「無善無惡圓融事理

」之狂妄』（正蒙注序論）

費燕峯說。

『清談害實始於魏晉而固陋變中盛於宋南北（案費氏揭倡「實」與「中」兩義故斥當時學派爲害實變中）自漢至唐異說亦時有然

士安學同中實尚存至宋而後齊遼意見專事口舌……又不降心將人情物理平居處事點勘離合說者自

說事者自事終爲兩斷一段好議論美聽而已……後儒所論惟深山獨處乃可行之城居郭聚有室有家必

不能也蓋自性命之說出而先王之三物六行亡矣……學者所嘗痛心而喜高好僻之儒反持之而下無

論其未嘗得而空言也果靜極矣活潑潑地會矣坐忘矣即物之理無不窮本心之大無不

立而良心無不致矣亦止與達摩面壁天台止觀同一門庭……何補於國何益於家何關於政事何救於民

生……學術蠱壞世道偏頗而夷狄寇盜之禍亦相挺而起…… 費氏遺書 弘道書卷中

起當然是新時代一種迫切的要求了.

大反動的成功自然在明亡清與以後但晚明最末之二三十年機兆已經大露試把各方面趨勢一一指陳

第一 王學自身的反動 最顯著的是劉蕺山 宗周 一派——蕺山以崇禎十七年殉難一六四四年 特標「證人」主義以「慎獨

」為入手對於龍溪 王畿 近溪 羅汝芳 心齋 王艮 諸人所述的王學痛加針砭總算是舍空談而趨實踐把王學

中談玄的成分減了好些但這種反動當然只能認為舊時代的結局不能認為新時代的開山

第二 自然界探索的反動 晚明有兩位怪人留下兩部怪書其一為徐霞客 名宏祖生萬曆十三年 一五 卒崇禎十三年 一六

四〇 年 是一位探險家單身步行把中國全國都游歷偏了他所著的書名曰霞客游記內中一半雖屬描寫

風景一半卻是專研究山川脈絡於西南——雲貴蜀桂地理玫證極為詳確中國實際調查的地理書當以此

為第一部 (注三)其二為宋長庚 名應星奉新人卒年無攷丁文江推定為卒於順治康熙間 是一位工業科學家他所著有兩部書一部是

畫音歸正據書名當是研究方音可惜已佚一部是天工開物 正在重印商務印書館 用科學方法研究食物被服用器以

及冶金制械丹青珠玉之原料工作繪圖貼說詳確明備（注四）這兩部書不獨一洗明人不讀書的空談，而且

比清人「專讀書的實談」還勝幾籌眞算得反動初期最有價值的作品本條所舉雖然不過一兩個人一兩

部書不能認爲代表時代然而學者厭蹈空喜踏實的精神確已漸漸表現了

（注三）潘稼堂（耒）徐霞客游記序云『霞客之游在中州者無大過人其奇絕者閩粵楚蜀滇黔百變荒徼之區皆往返再四其行不從

官道……先審視山脈如何去來水道如何分合既得大勢然後支搜節討』又云『沿溯瀾滄金沙窮南北盤江之源實中土人創闢

之事……向來山經地志之誤盤正無遺……然未嘗有怪迂修大之語欺人以所不知』

（注四）天工開物自序云『世有聰明博物者稠人推焉乃棗梨之花未賞而臆度楚萍釜鬵之範鮮經而侈談莒鼎畫工好圖鬼魅而惡犬

馬卽鄭僑晉華豈足爲烈哉』丁在君（文江）重印天工開物始末記云『三百年前言工業天產之書如此其詳且明者世界之中

無與比倫』

第三。明末有一場大公案爲中國學術史上應該大筆特書者曰歐洲歷算學之輸入。先是馬丁路得既創

新教羅馬舊教在歐洲大受打擊於是有所謂「耶穌會」者起。想從舊教內部改革振作他的計劃是要傳敎

海外中國及美洲實爲其最主要之目的地。於是利瑪竇龐迪我熊三拔龍華民鄧玉函陽瑪諾雅谷艾儒略

湯若望等自萬歷末年至天啓崇禎間先後入中國。中國學者如徐文定（名光啓號元扈上海人崇禎六年—一六三三年卒今上海徐家匯卽其故宅）

李涼庵（名之藻仁和人）等都和他們來往。對於各種學問有精深的研究先是所行「大統曆」循元郭守敬「授時曆」

之舊錯謬狠多。萬歷末年朱世堉邢雲路先後上疏指出他的錯處請重爲釐正天啓崇禎兩朝十幾年間很

拿這件事當一件大事辦。經屢次辨爭的結果卒以徐文定李涼庵領其事而請利龐熊諸客卿共同參豫。卒完

成歷法改革之業此外中外學者合譯或分撰的書籍不下百數十種最著名者如利徐合譯之幾何原本字字

精金美玉爲千古不朽之作無庸我再爲贊歎了其餘天學初函崇禎歷書中幾十部書都是我國歷算學界很

豐厚的遺產又辨學一編爲西洋論理學輸入之鼻祖又徐文定之農政全書六十卷熊三拔之泰西水法六卷

實農學界空前之鉅著之筆作那班人的箸譯書目一翻便可以想見他們對於新智識之傳播如

何的努力只要肯把那時候代表作品——如幾何原本之類擇一兩部細讀一過便可以知道他們對於學問

如何的忠實要而言之中國智識線和外國智識線相接觸晉唐間的佛學爲第一次明末的歷算學便是第二

次（中間元代時和阿拉伯文化有接觸但影響不大）在這種新環境之下學界空氣當然變換後此清朝一代學者對於歷算學都有與

味而且最喜歡談經世致用之學大概受利徐諸人影響不小（注五）

（注五）當時治利徐一派之學者問有周子愚韓式穀慶淳熙樊良樞汪應熊李天經楊廷筠鄭洪猷應京王汝淳周炳謨王家植瞿汝夔

曹于汴鄭以偉熊明遇陳亮采許胥臣熊士旂等人皆嘗爲箋譯各書作序跋者又蓮池法師亦與利瑪竇往來有書札見辨學遺牘中

可想見當時此派聲氣之廣

第四．藏書及刻書的風氣漸盛　明朝人不喜讀書已成習慣據費燕峯密所說『十三經注疏除福建版外

沒有第二部』書見弘道書卷上　固陋到這種程度實令人吃驚但是到萬歷末年以後風氣漸變了焦弱侯名竑江寧人萬歷四十八

○年卒 的國史經籍志在「目錄學」上就很有相當的價值范堯卿名欽鄞縣人創立天一閣實爲現在全國——

——或者還是全世界——　最古最大的私人圖書館以來已成了空殼子了　毛子晉名晉常熟人和他的兒子斧季鳳

他們家的汲古閣專收藏宋元刻善本所刻津逮秘書和許多單行本古籍直到今日還在中國讀書界有很大

價值這幾位都是明朝最後二三十年間人（清朝人毛斧季是他們這些事業都可以說是當時講學的反動（是焦弱侯也是王學家例如黃梨洲萬九沙全謝山都讀天一閣藏書汲古閣刻本書流布古籍最有功且大有益於校勘家）健將但他卻好讀書

第五 還有一件很可注意的現象這種反動不獨儒學方面爲然即佛教徒方面也甚明顯宋元明三朝直

可以說除了禪宗別無佛教到晚明忽然出了三位大師一蓮池（名株宏萬曆四三—一六一五年卒）二憨山（一名德清天啓三——一六二三年卒）三

蕅益（一名智旭順治九——）我們試把雲棲法彙（著蓮池）夢游集（憨山）靈峯宗論（著蕅益）一讀他們反禪宗的精神到處都

可以看得出來他們提倡的是淨土宗清朝一代的佛教——直到楊仁山爲止走的都是這條路禪淨優劣本

來很難說——我也不願意說但禪宗末流參話頭背公案陳陳相因自欺欺人其實可厭蓮池所倡淨宗從極

平實的地方立定做極嚴蕭的踐履工夫比之耶教各宗很有點「清教徒」的性質這是修持方面的反動不

惟如此他們既感覺掉弄機鋒之靠不住自然回過頭來研究學理於是憨山注楞伽楞嚴蕅益注楞嚴起信唯

識乃至把全藏通讀箇成閱藏知津一書他們的著述價值如何且不必論總之一返禪宗束書不觀之習回到

隋唐人做佛學的途徑是顯而易見了（同時錢牧齋（謙益）著了一大部楞嚴蒙鈔也是受遺個潮流的影響）

以上所舉五點都是明朝煞尾二三十年間學術界所發生的新現象雖然讀黃梨洲明儒學案一點看不出這

些消息然而我們認爲關係極重大後來清朝各方面的學術都從此中孕育出來我這部講義所以必把這二

三十年做個「楔子」其理由在此

「楔子」完了下回便入正文

二 清代學術變遷與政治的影響（上）

本講義目的要將清學各部分稍爲詳細解剖一番但部分解剖以前像應該先提挈大勢令學者得着全部大概的印象我現在爲省事起見將舊作清代學術概論頭一段鈔下來做個引線 原書葉一至六

「今之恆言曰「時代思潮」此其語最妙於形容凡文化發展之國其國民於一時期中因環境之變遷與夫心理之感召不期而思想之進路同趨於一方嚮於是相與呼應洶湧如潮然始焉其勢甚微幾莫之覺寢假而漲——漲——漲而達於滿度過時焉則落以漸至於衰熄凡「思」非皆能成「潮」能成潮者則其思必有相當之價值而又適合於其時代之要求者也凡「時代」非皆有「思潮」有思潮之時代必文化昂進之時代也其在我國自秦以後確能成爲時代思潮者則漢之經學隋唐之佛學宋及明之理學清之考證學四者而已。

「凡時代思潮無不由「繼續的羣衆運動」而成所謂運動者非必有意識有計畫有組織不能分爲誰主動誰被動其參加運動之人員每各不相謀各不相知其從事運動時所任之職役各不同所採之手段亦互異於同一運動之下往往分無數小支派甚且相嫉視相排擊雖然其中必有一種或數種之共通觀念焉同根據之爲思想之出發點此種觀念之勢力初時本甚微弱愈運動則愈擴大久之則成爲一種權威此觀念者在其時代中儼然現爲宗敎之色彩一部分人以宣傳捍衞爲己任常以極純潔之犧牲的精神赴之及其權威漸立則在社會上成爲一種公共之好尙忘其所以然而共以此爲嗜若此者今之譯語謂之「流行」古之成語則曰

「風氣」風氣者一時的信仰也人鮮敢嬰之亦不樂嬰之其性質幾比宗教矣一思潮播爲風氣則其成熟之時也

「佛說」一切流轉相例分四期曰生住異滅思潮之流轉也正然例分四期一啓蒙期（生）二全盛期（住）三蛻分期（異）四衰落期（滅）無論何國何時代之思潮其發展變遷多循斯軌啓蒙期者對於舊思潮初起反動之期也舊思潮經全盛之後如果之極熟而致爛如血之凝固而成瘀則反動不得不起反動者凡以求建設新思潮也然建設必先之以破壞故此期之重要人物其精力皆用於破壞而建設蓋有所未遑所謂未遑者非閣置之謂其建設之主要精神在此期間必已孕育如史家所謂「開國規模」者然雖然其條理未確立其研究方法正在間錯試驗中棄取未定故此期之箸作恆駁而不純但在殺亂粗糙之中自有一種元氣淋漓之象此啓蒙期之特色也當佛說所謂「生」相於是進爲全盛期破壞事業已告終舊思潮屏息慴伏不復能抗顏行更無須攻擊防衞以靡精力而經前期醞釀培灌之結果思想內容日以充實研究方法日以精密門戶堂奧次第建樹繼長增高「宗廟之美百官之富」粲然矣一世才智之士以此爲好尙相與淬厲精進團冗者猶希聲附和以不獲廁於其林爲恥此全盛期之特色也當佛說所謂「住」相更進則入於蛻分期境界國土爲前期人士開闢殆盡然學者之聰明才力終不能無所用也只得取局部問題爲「窄而深」的研究或取其研究方法應用之於別方面於是派中小派出焉而其時之環境必有以異乎前晚出之派進取氣較盛易與環境順應故往往以附庸蔚爲大國則新衍之別派與舊傳之正統派成對峙之形勢或且駸駸乎奪其席此蛻化期之特色也當佛說所謂「異」相過此以往則衰落期至焉凡一學派當全盛之後社會中希附末光者日衆陳陳相

因固已可厭其時此派中精要之義則先輩已瀝發無餘承其流者不過拾撤末節以弄詭辯且支派分裂排軋

隨之益自暴露其缺點境既已變易社會需要別轉一方向而猶欲以全盛期之權威臨之則稍有志者必不

樂受而豪傑之士欲翻新必先推舊遂以彼為破壞之目標於是入於第二思潮之啓蒙期而此思潮遂告終焉

此衰落期無可逃避之運命當佛說所謂「滅」相

「吾觀中外古今之所謂「思潮」者皆循此歷程以遞相流轉而有清二百餘年則其最切著之例證也

我說的『環境之變遷與心理之感召』這兩項要常為「一括搭」的研究內中環境一項包含範圍很廣而

政治現象關係最大所以我先要把這一朝政治上幾個重要關目稍為提絜而說明其影響於學術界者何如

一六四四年三月十九日以前是明崇禎十七年五月初十日之後便變成清順治元年了本來一姓與亡在歷

史上算不得什麼一回大事但這回和從前有點不同新是「非我族類」的滿洲而且來得太過突兀太

過僥倖北京南京一年之中唾手而得抵抗力幾等於零這種激刺喚起國民極痛切的自覺而自覺的率先表

現實在是學者社會魯王唐王在浙閩永歷帝在兩廣雲南實際上不過幾十位白面書生——如黃石齋道周

錢忠介張蒼水煌言 王完勛翌 羅文忠式耜 陳文忠子壯 張文烈家玉……諸賢在那裏發動主持他們多半是「

無官守無言責」之人儘可以不管閒事不過想替本族保持一分人格內則隱忍遷就於悍將暴卒之間外則

與「泰山壓卵」的新朝為敵雖終歸失敗究竟已把殘局支撐十幾年成績也算可觀了就這一點論那時候

的學者雖厭惡陽明學派我們卻應該從這裏頭認取陽明學派的價值因為這些學者留下許多可歌可泣的

事業令我們永遠景仰他們自身卻都是——也許他自己不認——從「陽明學派」這位母親的懷裏哺養

出來．

這些學者雖生長在陽明學派空氣之下因為時勢突變他們的思想也像蠶蛾一般經蛻化而得一新生命他

們對於明朝之亡認為是學者社會的大恥辱大罪責於是拋棄明心見性的空談專講經世致用的實務他們

不是為學問而做學問是為政治而做學問他們許多人都是把半生涯送在悲慘困苦的政治活動中所做學

問原想用來做新政治建設的準備到政治完全絕望不得已纔做學者生活他們因政治活動而死去的

人很多賸下生存的也斷斷不肯和滿洲人合作宵可把夢想的「經世致用之學」依舊託諸空言但求改變

學風以收將來的效果黃梨洲顧亭林王船山朱舜水便是這時候代表人物他們的學風都在這種環境中間

發生出來．

滿洲人的征服事業初時像狠容易越下去越感困難順治朝十八個年頭除閩粵桂滇之大部分始終奉明正

朔外其餘各地擾亂未嘗停息就中文化中心之江浙等省從清師渡江後不斷的反抗鄭延平成功張蒼水熸

會師北伐時順治十六年大江南北一個月間幾乎全部恢復到永歷帝從緬甸人手上賣給吳三桂的時候順治

帝已死去七個月了其年正月康熙帝卽位那年即順治十八年雲南蕩平鄭氏也遁入臺灣征服事業總算告一個結束但

不久又有三藩之亂擾攘十年方纔戡定至康熙二十二年所以滿洲人雖僅用四十日工夫便奠定北京卻須用四

十年工夫纔得有全中國他們在這四十年裏頭對於統治中國人方針積了好些經驗他們覺得用武力制服

那降將悍卒沒有多大困難最難纏的是一班「念書人」——尤其是少數有學問的學者因為他們是民眾

的指導人統治前途暗礁都在他們身上滿洲政府用全副精神對付這問題政策也因時因人而變略舉大概

第一期。　順治元年至十年約十年間利用政策。

第二期。　順治十一二年至康熙十年約十七八年間高壓政策。

第三期。　康熙十一二年以後　懷柔政策。

第一期為睿王多爾袞攝政時代滿兵倉猝入關一切要靠漢人為虎作倀所以一面極力招納降臣一面運用明代傳來的愚民工具——八股科舉年年鬧什麼「開科取士」把那些熱中富貴的人先行絆住第二期自多爾袞死去順治帝親政(順治七年)那時除了福建兩廣雲南尚有問題外其餘全國大部分都已在實力統治之下那羣被「誘姦」過的下等「念書人」不大用得着了於是扳起面孔抓着機會便給他們點苦頭吃吃其對於個人的操縱如陳名夏陳之遴錢謙益龔鼎孳那班貳臣」遭踢得淋漓盡致其對於全體的打擊如順治十四年以後連年所起的科場案把成千成萬的八股先生嚇得人人打噤那時滿廷最痛恨的是江浙人因為這地方是人文淵藪輿論的發縱指示所在「反滿洲」的精神到處橫溢所以自「窺江之役」(即順治六年之役)以後借「江南奏銷案」名目大大示威被牽累者一萬三千餘人縉紳之家無一獲免這是順治十八年的事其時康熙帝已即位鰲拜一派執政襲用順治末年政策變本加厲他們除遭踢那等下等念書人外對於真正智識階級還與許多文字獄加以特別摧殘最著名的如康熙二年湖州莊氏史案一時名士如潘力田壟章　吳赤溟炎等七十多人同時遭難此外如孫夏峯於康熙三年被告對簿顧亭林於康熙七年在濟南下獄黃梨洲被懸購緝捕前後四面這類史料若子細搜集起來還不知多少這種政策徒助長漢人反抗的氣餡、

可分三期。

中國近三百年學術史

一五

毫無效果．到第三期值康熙帝親政後數年．三藩之亂繼起康熙本人的性格本來是闊達大度一路當著這變

亂時代更不能不有戒心於是一變高壓手段爲懷柔手段他的懷柔政策分三着實施第一著爲康熙十二年

之薦舉山林隱逸第二着爲康熙十七年之薦舉博學鴻儒但這兩著總算失敗了被買收的都是二三等人物

稍微好點的也不過新進後輩那些負重望的大師一位也網羅不着倒惹起許多惡感第三着爲康熙十八年

之開明史館這一著郤有相當的成功因爲許多學者對於故國文獻十分愛戀他們別的事不肯和滿洲人合

作這件事到底不是私衆之力所能辦到只得勉強將就了以上所講是滿洲入關後三四十年對漢政策變遷

之大概除第一期沒有多大關係外第二期的高壓和第三期的懷柔都對於當時學風狠有影響．

還有應該附帶論及者一事卽康熙帝自身對於學問之態度他是一位極聰明而精力強滿的人熱心向慕文

化有多方面的興味他極信學科學對於天文曆算有狠深的研究能批評梅定九的算書他把許多耶穌會的

西洋人——南懷仁安多白進徐日昇張誠等放在南書房叫他們輪日進講——講測量數學全體學物理學

等等他得他們的幫助製定康熙永年曆並著有數理精蘊曆象考成等書又造成極有名的觀象臺——他費

三十年實測工夫——專用西洋人繪成一部皇輿全覽圖這些都是在我們文化史上值得特筆大書的事實．

他極喜歡美術西洋畫家焦秉貞是他狠得意的內廷供奉三王的畫也是他的嗜好品他好講理學崇拜程朱

他對於中國歷史也有相當的常識資治通鑑終身不離手他對中國文學也有相當的賞鑑能力在專制政體

之下．君主的好劣影響全國甚大所以他當然成爲學術史上有關係的人．

把以上各種事實綜合起來我們可以了解清代初期學術變遷的形勢及其來由了．從順治元年到康熙二十

年約三四十年間完全是前明遺老支配學界他們所努力者對於王學實行革命（內中也有對於王學加以

修正者）他們所要建設的新學派方面頗多而目的總在（經世致用）他們元氣極旺盛像用大刀闊斧打

開局面但條理不免疏闊康熙二十年以後形勢漸漸變了遺老大師彫謝略盡後起之秀多半在新朝生長對

於新朝的仇恨自然減輕先輩所講經世致用之學本來預備推倒滿洲後實見施行到這時候眼看滿洲不是

一時推得倒的在當時政府之下實現他們理想的政治也是無望那麼這些經世學都成爲空談了況且談到

經世不能不論到時政開口便觸忌諱經過屢次文字獄之後人人都有戒心一面社會日趨安寧人人都有安

心求學的餘裕又有康熙帝這種「右文之主」極力提倡所以這個時候的學術界雖沒有前次之波瀾壯闊

然而日趨於健實有條理其時學術重要潮流約有四支一閻百詩胡東樵一派之經學承顧黃之緒直接開後

來乾嘉學派二梅定九王寅旭一派之曆算書承晚明利徐之緒作科學先鋒三陸桴亭陸稼書一派之程朱學

在王學與漢學之間折衷過渡四顧習齋李剛主一派之實踐學完成前期對王學革命事業而進一步此則康

熙一朝六十年間全學界之大概情形也．

三　清代學術變遷與政治的影響（中）

講到這裏當然會發生兩個疑問第一那時候科學像有新興的機運爲什麼戞然中止第二那時候學派潮流

狠多爲什麼後來只偏向考證學一路發展我現請先解答第一個問題

學術界最大的障礙物自然是八股八股和一切學問都不相容而科學爲尤甚清初襲用明朝的八股取士不

管他是否有意借此愚民抑或誤認為一種良制度總之當時功名富貴皆出於此途有誰肯拋棄這種捷徑而

去學艱辛迂遠的科學呢我們最可惜的是以當時康熙帝之熱心西方文物為何不開個學校造就些人材就

算他不是有心窒塞民智也不能不算他失策因為這種專門學問非專門教授不可他既已好這些學問為什

麼不找些傳人呢所以科舉制度我認為是科學不興的一個原因

此外還有狠重大的原因是耶穌會內部的分裂明末清初那一點點科學萌芽都是從耶穌會教士手中販

進來前文已經說過該會初期的教士傳教方法狠巧妙他們對於中國人心理研究得極深透他們知道中國

人不喜歡極端迷信的宗教所以專把中國人所最感缺乏的科學智識來做引線表面上像把傳教變成附屬

事業所有信教的人仍許他們拜「中國的天」和祖宗這種方法行之數十年卓著成效無奈在歐洲的羅馬

教皇不懂情形突然發出有名的「一七○四年康熙四十三年教令」該教會的內容現在不必詳述總而言之是談

前此傳教方法之悖謬勒令他們改變方針最要的條件是禁拜祖宗自該教令宣布後從康熙帝起以至朝野

人士都鼓譟憤怒結果於康熙四十六年一七○七把教皇派來的公使送到澳門監禁傳教事業固然因此頓挫並

他們傳來那些學問也被帶累了

還有一件附帶原因也是教會行動影響到學界我們都知道康熙末年因各皇子爭立鬧得烏煙瘴氣這種宮

闈私鬥論理該不至影響到學問殊不知專制政體之宮廷一舉一動都有牽一髮動全身的力量相傳當時耶

穌會教徒黨於皇太子允礽喇嘛寺僧黨於雍正帝允禎雙方暗鬥黑幕重重後來雍正帝獲勝耶穌會勢力遂

一敗塗地這種史料現時雖未得有充分證據然而口碑相傳大致可信雍正元年浙閩總督滿寶奏請除在欽

天監供職之西洋人外其餘皆驅往澳門看管不許闌入內地得施行這件事是否於宮廷陰謀有關姑且不

論總之康熙五六十年間所延攬的許多歐洲學者到雍正帝即位之第一年忽然驅除淨盡中國學界接近歐

化的機會從此錯過一攔便攔了二百年了。

其次要解答「為什麼古典考證學獨盛」之問題。

明季道學反動學風自然要由蹈空而變為廢實——由主觀的推想而變為客觀的考察有兩條

路一自然界現像方面二社會文獻方面以康熙間學界形勢論本來有趨重自然科學的可能性且當時實在

也有點這種機兆然而到底不成功者其一如前文所講因為種種事故把科學媒介人失掉了其二則因中國

學者根本習氣看輕了「藝成而下」的學問所以結果逼着專走文獻這條路但還有個問題文獻所包範圍

很廣為什麼專向古典部分發展其他多付闕如呢問到這裏又須拿政治現象來說明。

康熙帝是比較有自由思想的人他早年雖間與文字之獄大抵都是他未親政以前的事而且大半由奸民告

訴官吏徼功未必出自朝廷授意他本身卻是闊達大度的人不獨政治上常采寬仁之義對於學問亦有宏納

衆流氣象試讀他所著庭訓格言便可以窺見一斑所以康熙朝學者沒有什麼顧忌對於各種問題可以自

由研究到雍正乾隆兩朝卻不同了雍正帝是個極猜忌刻薄的人而又十分雄驚他的地位本從陰謀攘奪而

來不得不立威以自固屠殺兄弟誅戮大臣四處密偵探闌得人人戰慄不但待官吏如此其對於士大夫社

會也極威嚇操縱之能事汪景祺雍正二年查嗣庭呂留良雍正十四年之獄都是雍正帝匠心獨運羅織出來尤當注意

者雍正帝學問雖遠不及乃翁他卻最愛出鋒頭和別人爭辯他生平有兩部最得意的著作一部是揀魔辨異

錄．專和佛教禪宗底下的一位和尚名弘忍者辯論（注一）一部是大義覺迷錄專與呂晚村留良的門生曾靜

辯論（注二）以一位帝王而親著幾十萬字書和一位僧侶一位儒生打筆墨官司．在中外歷史上眞算得絕無

僅有從表面看爲研求眞理而相辯論雖帝王也該有這種自由若僅讀他這兩部書我們並不能說他態度不

對．而且可以表相當的敬服但子細搜求他的行逕他著成揀魔辨異錄以後跟着把弘忍的著述盡行焚燬把

弘忍的門徒勘令還俗或改宗他著成大義覺迷錄以後跟着把呂留良發棺戮屍全家殺盡著作也都燬板像

這樣子那裏算得討論學問簡直是歐洲中世教皇在這種主權者之下學者的思想自由是剝奪淨盡

了．他在位僅十三年影響原可以不至甚大無奈他的兒子乾隆帝也不是好惹的人他學問又在乃祖乃父之

下卻偏要「附庸風雅」恃強爭勝他發布禁書令自乾隆三十九年至四十七年繼續燒書二十四回燒去的

書一萬三千八百六十二部直至乾隆五十三年還有嚴諭他一面說提倡文化一面又鈔襲秦始皇的藍本「

所謂黃金時代」的乾隆六十年思想界如何的不自由也可想而知了．

（注一）揀魔辨異錄　這部書是雍正十一年御製當時臨濟宗門下有一名僧曰法藏著五宗原其徒曰弘忍著五宗救皆對於當時禪學

有所批評雍正帝著此書專闢之書首冠以上諭有云『……朕今不加屛斥魔法何時熄滅著將藏內所有藏忍語錄並五宗原五宗

救等書盡行燬板僧徒不許私自收藏有違旨隱匿者發覺以不敬律論……法藏一支所有徒衆著直省督撫詳細察明盡削去支派

……果能於他方參學得正知見別嗣宗方許秉拂……』這書有殿板存大內外間向少見民國四年始由揚州藏經院刊行平心

而論這書所殿藏忍之說也許駁得不錯但這種「以人王而衆教主」的熊度太咄咄逼人了．

（注二）大義覺迷錄　這部書體裁甚奇全部是親自審問曾靜的口供冠以一篇秘長的上諭當作序文曾靜號蒲潭湖南人．呂晚村私淑

弟子當上書岳鍾琪力言夷夏之防數雍正九大罪勸其革命被拿到京帝親自審問他和他反覆辯駁內中最要者是辨夷夏問題

其次辨封建制度還有關於雍正帝本身遍母弒兄屠弟等種種罪惡之辨護據這部書說曾靜完全折服了還著有歸仁說一篇附刻

在後頭雍正帝於是把曾靜赦免放歸田里雖然如此卻說曾靜學說出於呂留良把留良戮屍滅族後來乾隆帝到底把曾靜也殺了

這部書當時印刷許多頒發各省府州縣學宮令秀才們當作聖經讀到乾隆朝將頒出的書都收回板也燬了列在禁書書目中

凡當主權者喜歡干涉人民思想的時代學者的聰明才力只有全部用去註釋古典維馬教皇權力最盛

時就是這種現象我國雍乾間也是一個例證記得某家筆記說『內廷唱戲無論何種劇本都會觸犯忌諱只

得專搬演些「封神」「西遊」之類和現在社會情狀絲毫無關不至鬧亂子』雍乾學者專務注釋古典也

自康雍以來皇帝都提倡宋學——程朱學派但民間——以江浙為中心「反宋學」的氣勢日盛標出漢學

許是被這種環境所構成至於他們忠實研究的結果在文獻上有意外的收穫和貢獻這是別問題後文再講

名目與之抵抗到乾隆朝漢學派殆占全勝政府方面文化事有應該特筆大書的一件事曰編纂四庫全書四

庫開館始自乾隆三十八年至四十七年而告成著錄書三千四百五十七部七萬九千七十卷存目書六千七

百六十六部九萬三千五百五十六卷編成繕寫七本頒貯各地一北京禁城之文淵閣本存今二西郊圓明園之

文源閣本咸豐間燬於英法聯軍三奉天之文溯閣本今移存北京四熱河之文津閣本今移存北京五揚州之文匯閣本六鎮江之

文宗閣本並燬於洪楊之亂七杭州之文瀾閣本洪楊之亂半燬現已補鈔存浙江圖書館原來搜集圖書製目錄本屬歷朝承平時代之常

事但這回和前代卻有點不同的確有他的特別意義和價值著錄的書每種都替他作一篇提要這種事業從

前只有私人撰述——如晁公武郡齋讀書志陳振孫直齋書錄解題……等所有批評都不過私人意見四庫

中國近三百年學術史

二

提要這部書卻是以公的形式表現時代思潮爲向來著述未嘗有當時四庫館中所網羅的學者三百多人都

是各門學問的專家露骨的說四庫館就是漢學家大本營四庫提要就是漢學思想的結晶體就這一點論也

可以說是康熙中葉以來漢宋之爭到開四館而漢學派全占勝利也可以說是朝廷所提倡的學風被民間自

然發展的學風壓倒當朱筠（漢學家）初奏請開四庫館時劉統勳（宋學家）極力反對結果還是朱說實

行此中消息研究學術史者不可輕輕放過也

漢學家所樂道的是「乾嘉諸老」因爲乾隆嘉慶兩朝漢學思想正達於最高潮學術界全部幾乎都被他占

領但漢學派中也可以分出兩個支派一曰吳派二曰皖派吳派以惠定宇棟爲中心以信古爲標幟我們叫他

做「純漢學」皖派以戴東原震爲中心以求是爲標幟我們叫他做「考證學」此外尚有揚州一派領袖人

物是焦里堂循汪容甫中他們研究的範圍比較的廣博有浙東一派領袖人物是全謝山祖望章實齋學誠他

們最大的貢獻在史學以上所舉派別不過從個人學風上以地域略事區分其實各派共同之點甚多許多著

名學者也不能說他們專屬那一派總之乾嘉間學者實自成一種學風和近世科學的研究法極相近我們可

以給他一個特別名稱叫做「科學的古典學派」他們所做的工作方面很多舉其重要者如下

一 經書的箋釋幾部　經和傳記逐句逐字爬梳引申或改正舊解者不少大部分是用筆記或專篇體裁

爲部分的細密研究研究進步的結果有人綜合起來作全書的釋例或新注新疏差不多每部經傳都有

了。

二 史料之蒐補鑑別　關於史籍之編著源流各書中所記之異同眞僞遺文佚事之闕失或散見者都分

部蒐集辨證內中補訂各史表志爲功尤多。

三　辨僞書　許多僞書或年代錯誤之書都用嚴正態度辨證大半成爲信讞。

四　輯佚書　許多亡佚掉的書都從幾部大類書或較古的著述裏頭搜輯出來。

五　校勘　難讀的古書都根據善本或薹審字句或推比章節還他本來面目。

六　文字訓詁　此學本經學附庸——因注釋經文而起但後來特別發展對於各個字意義的變遷及文法的應用在「小學」的名稱之下別成爲一種專門。

七　音韻　此學本「小學」附庸後來亦變成獨立對於古音方音聲母韻母等發明甚多。

八　算學　在科學中此學最爲發達經學大師差不多人人都帶著研究。

九　地理　有價值的著述不少但多屬於歷史沿革方面。

十　金石　此學極發達裏頭所屬門類不少近有移到古物學的方向。

十一　方志之編纂　各省府州縣皆有創編或續訂之志書多成於學者之手。

十二　類書之編纂　官私各方面多努力於大類書之編纂體裁多與前代不同有價值的頗多。

十三　叢書之校刻　刻書之風大盛單行善本固多其最有文獻者尤在許多大部頭的叢書。

以上所列十三項不過舉其大概分類並不精確且亦不能包舉無遺但乾嘉諸老的工作可以略窺一斑了至於他們的工作法及各項所已表見的成績如何下文再分別說明。

乾嘉諸老中有三兩位——如戴東原焦里堂章實齋等都有他們自己的哲學超乎考證學以上但在當時不

甚為學界所重視這些內容也待下文再講．

乾嘉間之考證學幾乎獨占學界勢力雖以素崇宋學之清室帝王尚且從風而靡其他更不必說了所以稍為

時髦一點的闊官乃至富商大賈都要「附庸風雅」跟著這些大學者學幾句考證的內行話這些學者得這

種有力的外護對於他們的工作進行所得利便也不少總而言之乾嘉間考證學可以說是清代三百年文化

的結晶體合全國人的力量所構成凡在社會秩序安寧物力豐盛的時候學問都從分析整理一路發展乾嘉

間考證學所以特別流行也不外這種原則罷了．

四　清代學術變遷與政治的影響（下）

考證學直至今日還未曾破產而且轉到別個方面和各種社會科學會發生影響雖然古典考證學總以乾嘉

兩朝為全盛時期以後便漸漸蛻變而且大部分趨於衰落了

蛻變趨衰落的原因有一部分也可以從政治方面解答前文講過考證古典之學半由「文網太密」所逼成

就這一點論雍正十三年間最厲害乾隆的前三四十年也還緊以後便漸漸鬆動了乾隆朝為清運轉移的

最大樞紐這位十全老人席祖父之業做了六十年太平天子自謂「德邁三皇功過五帝」其實到他晚年弄

得民窮財盡已種下後來大亂之根即就他的本身論因年老倦勤的結果委政和珅權威也漸失墜了不過還

藉太厚所以及身還沒有露出破綻來到嘉慶道光兩朝乾隆帝種下的惡因次第要食其報川湖陝的教匪甘

新的回亂浙閩的海寇一波未平一波又起跟着便是鴉片戰爭受國際上莫大的屈辱在這種陰鬱不寧的狀

態中度過嘉道兩朝四十五年。

那時候學術界情形怎麼樣呢。大部分學者依然繼續他們考證的工作但「絕對不問政治」的態度已經稍

變。如大經學家王懷祖念孫 抗疏劾和珅大史學家洪稚存亮吉 應詔直言以至譴戍。這種舉動在明朝學者只

算家常茶飯在清朝學者眞是麟角鳳毛了。但這種一兩個人的特別行動還算與大體無關欲知思潮之暗地

推移最要注意的是新興之常州學派。常州派有兩個源頭一是經學二是文學後來漸合爲一他們的經學是

公羊家經說。——用特別眼光去研究孔子的春秋由莊方耕存與 劉申受逢祿 開派他們的文學是陽湖派古

文——從桐城派轉手而加以解放由張皋聞惠言 李申耆兆洛 開派。兩派合一來產出一種新精神就是想在

乾嘉間考證學的基礎之上建設順康間「經世致用」之學代表這種精神的人是龔定庵自珍 和魏默深源

這兩個人的著述給後來光緒初期思想界很大的影響這種新精神爲什麼會發生呢頭一件考證古典的工

作大部分被前輩做完了後起的人想開闢新田地只好走別的路第二件當時政治現象令人感覺不安一面

政府箝制的威權也陵替了所以思想漸漸解放對於政治及社會的批評也漸漸起來了。但我們要知道這派

學風在嘉道間不過一枝「別動隊」學界的大勢力仍在「考證學正統派」手中這枝別動隊的成績也幼

稚得很。

咸豐同治二十多年間算是清代最大的厄運洪楊之亂蒲毒全國跟着捻匪回匪苗匪還有北方英法聯軍之

難到處風聲鶴唳慘目傷心政治上生計上所生的變動不用說了學術上也受非常壞的影響因爲文化中心

在江皖浙而江皖浙糜爛最甚公私藏書蕩然無存未刻的著述稿本散亡的更不少計多耆宿學者遭難彫落

中國近三百年學術史

二五

後輩在教育年齡也多半失學所謂「乾嘉諸老的風流文采」到這會祇成爲「望古遙集」的資料考證學

本已在落潮的時代到這會更不絕如縷了．

當洪楊亂事前後思想界引出三條新路其一宋學復興乾嘉以來漢學家門戶之見極深「宋學」二字幾爲

大雅所不道而漢學家支離破碎實漸已惹起人心厭倦羅羅山澤南　曾滌生國藩　在道咸之交獨以宋學相砥

礪其後卒以書生犯大難成功名他們共事的人多屬平時講學的門生或朋友自此以後學人輕蔑宋學的觀

念一變換個方面說對於漢學的評價逐漸低落「反漢學」的思想常在醞釀中

其二　西學之講求　自雍正元年放逐耶穌會敎士以後中國學界和外國學界斷絕來往已經一百多年了．

道光間鴉片戰役失敗逼着割讓香港五口通商咸豐間英法聯軍陷京師燒圓明園皇帝出走客死於外經這

次痛苦雖以麻木自大的中國人也不能不受點激刺所以亂定之後經曾文正李文忠這班人提倡忽有「洋

務」「西學」等名詞出現原來中國幾千年來所接觸者——除印度外——都是文化低下的民族因此覺

得學問爲中國所獨有「西學」名目實自耶穌敎會入來所創始其時所謂西學者除測算天文測繪地圖外

最重要者便是製造大礮陽瑪諾畢方濟等之見重於明末南懷仁徐日昇等之見重於清初大半爲此（註一）

西學中絕雖有種種原因但太平時代用不着大礮最少亦應爲原因之一過去事實既已如此那麼咸同間所

謂講求西學之動機及其進行路綫自然也該爲這種心理所支配質而言之自從失香港燒圓明園之後感覺

有發憤自强之必要而推求西之所以强最佩服的是他的「船堅礮利」上海的江南機器製造局福建的馬

尾船政局就因這種目的設立又最足以代表當時所謂西學家之心理同時又因國際交涉種種麻煩覺得須

有些懂外國話的人總能應付於是在北京總理衙門附設同文館在上海製造局附設廣方言館又挑選十歲

以下的小孩子送去美國專學說話第一期所謂西學大略如此這種提倡西學法不能在學界發生影響自無

待言但江南製造局成立之後很有幾位忠實的學者——如李壬叔善蘭　華　蘅芳　等輩在裏頭譯出幾十

種科學書此外國際法及其他政治書也有幾種自此中國人纔知道西人還有藏在「船堅砲利」背後的學

問對於「西學的觀念」漸漸變了雖然這是少數中之極少數一般士大夫對於這種「洋貨」依然極端的

輕蔑排斥當時最能了解西學的郭筠仙嵩燾　竟被所謂『清流輿論』者萬般排擠侘傺以死這類事實最足

為時代心理寫照了。

（註一）明天啟二年派人往澳門召羅如望陽瑪諾入京專製砲以禦滿洲崇禎二年畢方濟上疏言改良鑄砲大蒙嘉賞清康熙十三年為

討吳三桂命南懷仁等製神威砲三百二十門懷仁著有神威圖說一書進呈康熙帝大悅加懷仁工部侍郎衞康熙三十五年親征葛

爾丹命懷仁自進安多等扈駕專管砲術這都是明末清初因鑄造兵器而引用西士的故事。

其三．　排滿思想之引動　洪秀全之亂雖終歸平定但他們所打的是「驅逐胡人」這個旗號與一部分人

民心理相應所以有許多跡弛不羈的人服從他這種力量在當時還沒有什麼到後來光緒末年盛倡革命時

太平天國之「小說的」故事實為宣傳資料之一種鼓舞人心的地方很多所以論史者也不能把這回亂事

與一般流寇同視應該認識他在歷史上一種特殊價值了還有幾句話要附帶一說洪秀全之失敗原因雖多

最重大的就是他拿那種「四不像的天主教」做招牌因為這是和國民心理最相反的他們那種殘忍的破

壞手段本已給國民留下莫大惡感加以宗教招牌買怨益甚中國人對於外來宗教向來采寬容態度到同治

光緒間教案層見疊出雖由許多原因湊成然而洪秀全的「天父天兄」當亦爲原因之一因厭惡西教而遷

怒西學也是思想界一種厄運了．

同治朝十三年間爲恢復秩序耗盡精力所以文化方面無什麼特色可說光緒初年一口氣喘過來了各種學

問都漸有向榮氣象清朝正統學派——即考證學當然也繼續工作但普通經學史學的考證多已被前人做

盡因此他們要走偏鋒爲局部的研究其時最流行的有幾種學問一金石學二元史及西北地理學三諸子學

這都是從漢學家門庭孳衍出來同時因曾文正提倡桐城古文也有些宋學先生出來點綴點綴當時所謂舊

學的形勢大略如此．

光緒初年內部雖暫告安寧外力的壓迫卻日緊一日自六年中俄交涉改訂伊犂條約起跟着十年中法開戰

失掉安南十四年中英交涉強爭西藏這些事件已經給關心國事的人不少的刺激其最甚者二十年中日戰

役割去台灣及遼東半島俄法德干涉遼遠之後轉而爲膠州旅順威海之分別租借這幾場接二連三的大颶

風把空氣振盪得異常劇烈於是思想界根本動搖起來．

中國爲什麼積弱到這樣田地呢不如人的地方在那裏呢政治上的恥辱應該什麼人負責任呢怎麼樣纔能

打開出一個新局面呢這些問題以半自覺的狀態日日向（那時候的新青年）腦子上旋轉於是因政治的

劇變釀成思想的劇變又因思想的劇變致釀成政治的劇變前波後波展轉推盪至今日而未已

凡大思想家所留下話雖或在當時不發生效力然而那話灌輸到國民的「下意識」裏頭碰着機緣便會復

活而且其力極猛清初幾位大師——實卽殘明遺老——黃梨洲顧亭林朱舜水王船山……之流他們許多

話在過去二百多年間大家熟視無覩到這時忽然像電氣一般把許多青年的心絃震得直跳他們所提倡的

「經世致用之學」其具體的理論雖然許多不適用然而那種精神是「超漢學」「超宋學」的能令學者

對於二百多年的漢宋門戶得一種解放大膽的獨求其是他們曾痛論八股科舉之汨沒人才到這時讀起來

覺得句句親切有味引起一班人要和這件束縛思想錮蝕人心的惡制度拚命反抗滿洲的壯烈行動和

言論到這時因為在滿洲朝廷手上丟盡中國人的臉國人正在要勘他的責任讀了先輩的曹蕘地把二百

年廢去的民族意識覺醒轉來他們有些人曾對於君主專制暴威作大膽的批評到這時拿外國政體來

比較一番覺得句句都愜心切理因此從事於推翻幾千年舊政體的猛烈運動總而言之最近三十年思想界

之變遷雖波瀾一日比一日壯闊內容一日比一日複雜而最初的原動力我敢用一句話來包舉他是殘明遺

獻思想之復活

那時候新思想的急先鋒是我親受業的先生康南海（有為）他是從「常州派經學」出身而以「經世致用」

為標幟他雖然有很奇特很激烈的理想卻不大喜歡亂講他門下的人便狂熱不可壓制了我自己便是這裏

頭小小一員走卒當時我在我主辦的上海時務報和長沙時務學堂裏頭猛烈宣傳驚動了一位老名士而做

閒官的張香濤（之洞）糾率許多漢學宋學先生們著許多書和我們爭辯學術上新舊之關不久便牽連到政局

康南海正在用「變法維新」的旗號得光緒帝的信用舊派的人把西太后擁出來演成「戊戌政變」一齣

悲劇表面上所謂「新學家」完全失敗了。

反動日演日劇仇恨新學之不已遷怒到外國人跟着鬧出義和團事件丟盡中國的醜而滿洲朝廷的權威也

同時掃地無餘極恥辱的條約簽字了出走的西太后也回到北京了哈哈哈滑稽得可笑「變法維新」這面

大旗從義和團頭目手中重新豎起來了一切掩耳盜鈴的舉動且不必說他惟內中有一件事不能不記載八

股科舉到底在這時候廢了一千年來思想界之最大障礙物總算打破

清廷政治一日一日的混亂威權一日一日的失墜因亡命客及留學生陡增的結果新思想運動的中心移到

日本東京而上海為之轉輸其時主要潮流約有數支

第一。我自己和我的朋友繼續我們從前的奮鬥鼓吹政治革命同時「無揀擇的」輸入外國學說且力

　謀中國過去善良思想之復活

第二。章太炎_{炳麟}他本是考證學出身又是浙人受浙東派黃梨洲全謝山等影響甚深專提倡種族革命

　同時也想把考證學引到新方向

第三。嚴又陵　復他是歐洲留學生出身本國文學亦優長專翻譯英國功利主義派書籍成一家之言

第四。孫逸仙文　他雖不是個學者但眼光極銳敏提倡社會主義以他為最先。

以上幾個人各人的性質不同早年所受教育根柢不同各自發展他自己個性始終沒有什麼合作要之清末

思想界不能不推他們為重鎮好的壞的影響他們都要平分功罪

同時還有應注意的一件事是范靜生_{源廉}所倡的「速成師範」「速成法政」他是為新思想普及起見要

想不必學外國語言文字而得有相當的學識於是在日本特開師範法政兩種速成班最長者二年最短者六

個月畢業當時趨者若鶩前後人數以萬計這些人多半年已長大而且舊學略有根柢所以畢業後最形活動

辛亥革命成功之速這些人與有力焉而近十來年敎育界政治界的權力實大半在這班人手裏成績如何不用我說了。

總而論之清末三四十年間清代特產之考證學雖依然有相當的部分進步而學界活力之中樞已經移到「外來思想之吸受」一時元氣雖極旺盛然而有兩種大毛病一是混雜二是膚淺直到現在還是一樣這種狀態或者爲初解放時代所不能免以後能否脫離這狀態而有所新建設要看現代新靑年的努力如何了。

以上所論專從政治和學術相爲影響於方面說雖然有許多漏略地方然而重要的關目也略見了以後便要將各時期重要人物和他的學術成績分別說明。

近三百年學術史附表

明淸之際耶穌會敎士在中國者及其著述(以卒年先後爲次)

原 名	譯 名	國 籍	東 來 年	卒 年	卒地所在	著 書
Xavier (Saint Fran cois-de xavier)	方濟	西班牙	未詳	明嘉靖三十一(一五五二•三•二)	上川島	
Sande (Eduard da)	孟三德	葡萄牙	明萬曆十三(一五八五)	明萬曆二十八(一六〇〇•六•二二)	澳門	崇禎曆書 辰曆補注解惑 主制羣徵 主敎緣起 說主敎緣起 遠鏡 進呈書像 渾天儀說

西名	中名	國籍	來華	卒	地	著述
Soerio (Joao)	蘇如漢	葡萄牙	明萬曆二十三(一五九五)	明萬曆三十五(一六〇七、八)	澳門	聖教約言
Ricci (Matteo)	利瑪竇	意大利	明萬曆十一(一五八三)	明萬曆三十八(一六一〇、五、二)	北京	論天主實義 幾何原本 同文算指 交友論 西國記法 乾坤體義 渾蓋通測義 圜容較義 勾股義 測量法義 辨學遺牘十二篇 二十五言 萬國輿圖 畸人十篇 齋旨 天主實義續篇 憲量圖法說義 行容較義 奏疏揭人類 天神魔鬼說辯論七天
Pantoja (Diego de)	龐迪我	西班牙	明萬曆二十七(一五九九)	明泰昌元年(一六二〇、五)	澳門	疏 原始 克難苦 全義續篇 七克 龐子遺詮 天神魔鬼說 受難始末辯揭 奏類 人類原始
Ursis (Sabatthinusde)	熊三拔	意大利	明萬曆三十四(一六〇六)	明天啓三(一六二〇、五、三)	澳門	泰西水法 表度說 簡平儀
Rocha (Joao da)	羅如望	葡萄牙	明萬曆十六(一五八八)	明崇禎三(一六二二、三)	杭州	天主聖教啓蒙 天主聖像略說
Trigault (Nicolas)	金尼閣	法蘭西	明萬曆三十八(一六一〇)	明崇禎元年(一六二八、二十四)	杭州	宗徒禱文 西儒耳目資 況義(Eablescholseis d. Esope)意拾諭言(同上) 推曆年瞻禮法
Terenz (Jan)	鄧玉函	日耳曼	明天啓元年(一六二一)	明崇禎三(一六三三)	北京	遠西奇器圖說錄 測天約說 黃赤距度表 大測 人身說概 諸器圖說 球升度表正

Latin name	中文名	國籍	生年	卒年	地點	著作
Ruđomina (Andre)	盧安德	利查尼	明天啓六（一六二二）	明崇禎五（一六三五·三·九·）	福州	苦難禱文　五傷經禮規程　善終助功　天主
Fraes (Joas)	伏若望	葡萄牙	明天啓四（一六二）	明崇禎十一（一六三八·七·二）	杭州	聖教要理略　齋家西學言行紀略　達道紀略　天主
Vagnoni (Alfonso)	高一志　王豐肅	意大利	明萬曆三十五（一六〇五）	明崇禎十三（一六四〇·四·一九）	漳州	則聖十篇　勵學古言　四末論　始末西言　聖人行　聖母行實　修身西學　齊家西學　達道紀略　譬學　致末學推平　驗正道論　幼童教實　斐錄彙答　空際格致　天主
Cattaneo (Lazane)	郭居靜	瑞士	明萬曆二十五（一五九七）	明崇禎十三（一六四〇·）	杭州	性靈詣主
Figueredo (Roderide)	費樂德	西班牙	明天啓二年（一六二二）	明崇禎一五（一六四二·一〇·九）	開封	念經總牘　聖教源流念經勘
Tudeschini (Augustin)	杜奧定	日奴	明萬曆二十六（一五九八）	明崇禎十六（一六四三·）	福州	渡海苦蹟記　渡海苦蹟　杜奧定先生東
Monteiro(Joao)	孟儒望	葡萄牙	明崇禎十年（一六三七）	清順治五年（一六四八·）	印度	迷鏡略義　天學略義　天學辨敬錄　炤　彌撒祭義　禮拜　出像經解　性學　坤輿圖說　耶穌降生言行紀略　十二宗徒　楊淇園行略　萬物真原　滌罪正規　天主

姓名	譯名	國籍	生卒	地點	著述
Aleni (Giulio)	艾儒略	意大利	明萬歷四十一(一六一三)—清順治六年(一六四九•八•三)	福州	聖體要理、性學觕述、西學凡、職方外紀、西方答問、萬物真原、滌罪正規、悔罪要旨、口鐸日鈔、五十餘言、天主降生言行紀略、天主降生引義、耶穌言行紀略、聖夢歌、大西利先生行蹟、泰西思及先生行述艾、西方要紀
Ferreira (Gaspar)	費奇規	葡萄牙	明萬歷三十二(一六〇四)—清順治六年(一六四九•)		振心諸經、玫瑰經十五編、周年主保聖人單
Sambiaso (Francesco)	畢方濟	意大利	明萬歷四十二(一六一四)—清順治六年(一六四九•)	澳門	畫答、睡畫二答、奏摺、皇帝御製詩、靈言蠡勺
Furtado (Francisco)	傅汎濟	葡萄牙	明天啓元年(一六二一)—清順治十年(一六五三•二一)	澳門	名理探、寰有詮
Longobardi (Nicolao)	龍華民	意大利	明萬歷二十五(一五九七)—清順治十一(一六五四•九•一)	北京	死說、地震解、聖敎日課、念珠規程、急救事宜、聖若撒法始末、靈魂道體、聖人
Semedo (Alvaro)	魯德照	葡萄牙	明萬歷四十一(一六一三)—清順治十五(一六五八•九•六)	澳門	字考
Diaz (Emmanuel jeune)	陽瑪諾	葡萄牙	明萬歷三十八(一六一〇)—清順治十六(一六五九•三•四)	杭州	禱文、全書、袖珍日課、眞詮、聖若瑟行實、唐景敎碑頌正詮、聖經直解、避罪指南、輕世金書、天問略、代疑篇、天學擧要、天神會課、十誡

西名	中名	國籍	到華年	卒年	地點	著作
Cunha(Simonda)	瞿西滿	葡萄牙	明崇禎二年(一六二九)	清順治十七年(一六〇九)	澳門	經要直指
Ferran(Andre)	郎安德	葡萄牙	清順治十五年(一六五八)	清順治十八年(一六六一)	福州	
Martini(Martino)	衞匡國	匈牙利	明崇禎十六年(一六四三)	清順治十八年(一六六一)	杭州	眞主靈性理證 述反篇
Greslon(Gerommode)	賈宜陸	意大利	明崇禎十年(一六三七)	清康熙元年(一六六二·九·四)	漳州	提正編 辨惑論
Costa(Ignaciooda)	郭納爵	葡萄牙	明崇禎七年(一六三四)	清康熙五年(一六六六·)	廣東	原染虧益 身後編 老人妙
Schall von Bell(Johannesadam)	湯若望	日耳曼	明天啓二年(一六二二)	一年(一六一五?)六六(一六?)又康熙八六七(一六)六七(一六六九·八·)	北京	文傳 西洋新法曆書 新出日躔表 曉惑新法表異 星圖 小星圖 大測辨 交食曆指 恆星曆指 表 洋曆詮 共譯各圖 八線表 測食恆星指西 眞福訓詮 眞訓 古今交食考 渾天儀說 學曆小辨 勅諭 奏疏曆法
Ruggieri(Michaele)	羅明堅	意大利	明萬曆九年(一五八一)	清康熙六年(一六六七·五·二)	廣東	天主聖敎實錄
Santa maria(Antonio de)	利	西班牙	明崇禎六年(一六三三)	清康熙八年(一六六九·五·一三)	廣東	正學鏐石
Brancati(Franc:ac9)	潘國光	意大利	明崇禎十年(一六三七)	清康熙十年(一六七一·四·二五)	上海	十誡勸諭 聖體規儀 聖敎四規 聖安德助宗徒瞻禮 天神規課 天神會課 瞻禮口鐸

Verbiest (Ferdinand)	Buglio(Luigi)	Lobelli (Giovaniandrea)	Magalahens(Gabriel de)	Gouvea(Antonio de)	Rougemont(François de)
南懷仁	利類思	陵安德	安文思	何大化	盧日滿
比利時	意大利		葡萄牙	葡萄牙	荷蘭
清順治十六（一六五九）	明崇禎十年（一六三七）	清順治十六（一六五九）	明崇禎十三（一六四〇）	明崇禎九年（一六三六）	清順治十六（一六五九）
清康熙二十七（一六八八．一．二九）	清康熙二十三（一六八四．一〇．七．）	清康熙二十二（一六八三．）	清康熙十六（一六七七．五．六）	清康熙十六（一六七七．二．一四）	清康熙十五（一六七六．二．四）
北京	北京	澳門	北京	福州	漳州
妄推吉凶辯　善惡報略說　坤輿全圖　坤輿圖說　康熙永年曆法簡規　儀象志　靈台儀象志　赤道南北兩總星圖　形性理推　妄占平總辨　測驗紀略　驗氣圖說　光辨星紀象論	超性學要　天主正教約徵　不得已辯　主制群徵　進呈鷹論　獅子說　彌撒經典　聖母小日課　聖事禮典　已亡者日課經　善終瘞塋禮典　昭事經典　形物之理　生靈萬物原始論　受造神體　體行概要　日課始終　善惡報略說	聖教要略　撮言　默想規矩　福音略說　聖終始路說　真福直指　聖教要理　聖教問答　萬民四末　默想大聖圖　全教生	復活論	蒙引要覽	要理六端　天主聖教要理　問世編

	中文名	國籍	來華年	卒年	地	著作
Motel (Jacques)	穆迪我	荷蘭	清順治十四(一六五七)	清康熙三十一(一六九二•六•二)	武昌	聖洗規儀 同　向異驗理推理 理辨之引咎御 目司圖總理 覽圖總理各國說 平新儀式用法 理學 進呈窮
Couplet (Philippe)	柏應理	比利時	清順治十六(一六五九)	清康熙三十二(一六九三•五•一六)	臥亞	天主聖教永瞻禮單 教要問答 四末真論 而日亞行實 聖若瑟禱文 歲聖人行略 天主聖教 聖人行略
San Pascual (Augustinde)	利安定	西班牙	清康熙九年(一六七○)	清康熙三十四(一六九五•)	未詳	永福天衢 天成人要集
Intorcetta (Prospero)	殷鐸澤	意大利	清順治十六(一六五九)	清康熙三十五(一六九六•一○•三)	杭州	耶穌會例 西文四書直解 殷覺斯先生行述 泰西殷覺斯先生行述
Creslon (Adrien)	聶仲遷	法蘭西	清康熙十四(一六五)	清康熙三十六(一六九七•三)	贛州	古聖行實
Brollo (Basillio)	葉宗賢		清康熙二十三(一六八四)	清康熙四十三(一七○四•一六)	西安	宗元直指
Pinuela (Pedoro)		墨西哥	清康熙十五(一六七六)	清康熙四十三(一七○四•七•三○)	漳州	初會問答 永暫定衡 大赦解略 默想神功 哀矜煉靈 略說
Pereyra (Thomasz)	徐日昇	西班牙	清康熙十二(一六七三)	清康熙四十七(一七○八•二•二四)	北京	南先生行述 律呂正義續篇
Castner (Gaspar)	龐嘉賓	日耳曼	清康熙十八(一六七九)	清康熙四十八(一七○九•二•九)	北京	

姓名	譯名	國籍	生年	卒年	地點	著述
San juan Bautista(mannelde)	利安寧	西班牙	清康熙二十四(一六八五)	清康熙四十九(一七〇三●一〇)	北京	破迷集　聖文都辣聖母日課
Chavaguac(Emaric de)	沙守信		清康熙三十九(一七〇〇)	清康熙五十六(一七一六●九●一四)	饒州	眞道自證
Noel(Francois)	衛方濟	比利時	清康熙二十六(一六八七)	清雍正七年(一七二九●九●一七)	Lille	人罪至重
Bouvet(jaochiu)	白晉	法國	清康熙二十六(一六八七)	清雍正八年(一七三〇●)	北京	天學本義　古今敬天鑒
Tellez(Manoel)	德瑪諾	葡萄牙	清康熙四十三(一七〇四)	清雍正十一(一七三三●)	饒州	顯相十五端玫瑰經
Rho (Giacomo)	羅雅各	意大利	明天啓四年(一六二四)	清乾隆三年(一七三八●九●一七)	澳門	聖若瑟傳　天主經解　天神會課　求說　周歲警醒　聖記百言　克齋　哀矜行詮　測量全義　五緯曆指　黃赤距度表　月離表　經緯表　考正晝球夜刻　籌算分　比例規解　斠食　日躔曆指　五言記齋天
Premare(Josephmarj ede)	馬若瑟	葡萄牙	清康熙三十七(一六九八)	清乾隆三年(一七三八●九●一七)	澳門	經傳議論　楊淇園行蹟　德行譜
Parrenin(Domimque)	巴多明	法蘭西	清康熙二十八(一六八九)	清乾隆六年(一七四一●九●二)	北京	濟美篇　德行譜
Dentrecblles(Francoi szavier)	殷弘緒	法蘭西	清康熙三十七(一六九八)	清乾隆六年(一七四一●)		主經體味　逆耳忠言　凶惡勸誡　訓慰神編　莫居

西名	華名	國籍	生年	卒年	地點	著作
Mendez(Martino)	孟由義	葡萄牙	清康熙二三（一六八四）	清乾隆八年（一七四三●）	澳門	與嘓撈功程
Hinderer(RoMain)	德瑪諾	法蘭西	清康熙四十六（一七○七）	清乾隆九年（一七四四）	南京	
Kögler(Ignac)	戴進賢	日耳曼	清康熙五十五（一七一六）	清乾隆十一（一七四六●三●二九）	北京	儀象考成
Mailla(Joseph Marie Annede M jyria de)	馮秉正	法蘭西	清康熙四十二（一七○三）	清乾隆十三（一七四八●六●二八）	北京	明來集說 聖心規程 聖體仁愛經規條 室經廣益 盛世芻蕘 聖年廣益 避靜鞠鈔
Varo(Francisco)	萬濟谷		清順治十一（一六五四）	未詳	未詳	聖敎明證
Benvente(Alvare)	白	西班牙	清康熙十九（一六八○）	未詳	未詳	要經略解
Ortiz(Hortis)	白多瑪	西班牙	清康熙三十四（一六九五）	未詳	未詳	聖敎功要 四絡略意
Silva(Antoniode)	林安多	葡萄牙	清康熙三十四（一六九五）	未詳	未詳	崇修精蘊
Duarte(Jean)	聶若望	葡萄牙	清康熙三十九（一七○○）	未詳	未詳	八天避靜神書

五 陽明學派之餘波及其脩正——

——黃梨洲附孫夏峰，李二曲，餘姚王學家，李穆堂。

凡一個有價值的學派已經成立而且風行斷無驟然消滅之理但到了末流流弊當然相緣而生繼起的人往

往對於該學派內容有所脩正給他一種新生命然後可以維持於不敝王學在萬歷天啓間幾已與禪宗打成

一片東林領袖顧涇陽憲成　高景逸攀龍　提倡格物以救空談之弊算是第一次脩正劉蕺山宗周　晚出提倡慎

獨以救放縱之弊算是第二次脩正明清嬗代之際王門下惟蕺山一派獨盛學風已漸趨健實清初講學大師

中州有孫夏峰關中有李二曲東南則黃梨洲三人皆聚集生徒開堂講道其形式與中晚明學者無別所講之

學大端皆宗陽明而各有所脩正三先生在當時學界各占一部分勢力而梨洲影響於後來者尤大梨洲為清

代浙東學派之開創者其派復衍為二　一為史學二卽王學而稍晚起者有江右之李穆堂則王學最後一健將

也今本講以梨洲為中堅先以夏峰二曲而浙東諸儒及穆堂附焉清代陽明學之流風餘韻略具於是矣

孫夏峰名奇逢字啓泰號鍾元直隸容城人生明萬歷十二年卒清康熙十四年（一五八四——一六七五）

年九十二他在清初諸儒中最為老輩當順治元年已經六十三歲了他在明季以節俠聞天啓閒魏閹竊柄荼

毒正人左光斗魏大中周順昌被誣下獄時一般人多懼禍引避夏峯與其友鹿伯順善繼　傾身營救義聲動天

下此外他替個人急難主持公道替地方任事開發公益所做的事很不少崇禎九年清師入關大掠畿輔列城俱

陷他以一諸生督率昆弟親戚調和官紳固守容城清兵攻之不下而去其後流寇偪地人無安枕他率子弟

門人入易州五公山避亂遠近聞風來依者甚衆他立很簡單的規條互相約束一面脩飭武備抵抗寇難一面

從容講學養成很健全的風俗在中國歷史上三國時代田子春以後夏峯算是第二個人了鼎革以後他依舊

家居講學未幾清廷將畿輔各地圈占賞給旗員作采地他的田園廬墓都被占去舉家避地南下河南輝縣之

百泉山——即夏峯亦名蘇門山爲宋時邵康節所曾居他因仰慕昔賢暫流寓在那裏後來有一位馬光裕把

自己的田分送給他他便在夏峰躬耕終老所以學者稱爲夏峰先生他在明清兩代被薦舉十數次屢蒙詔書

特徵他始終不出他八十一歲的時候康熙三年曾有人以文字獄相誣陷他聞信從容說道『天下事只論有媿無

媿不論有禍無禍』卽日投呈當局請對薄後亦無事他的祖父從陽明高弟鄒東廓守益 受學他的摯友鹿伯

順又專服膺陽明所以他的學問自然是得力於陽明者最深但他並無異同門戶之見對於程朱陸王各道其

長而不諱其短門人有問晦翁陽明得失者他說

又說

『門宗分裂疑按此四字有誤 使人知反而求諸事物之際晦翁之功也然晦翁沒而天下之實病不可不洩詞章繁

與使人知反而求諸心性之中陽明之功也然陽明沒而天下之虛病不可不補』夏峯語錄

『諸儒學問皆有深造自得之處故其生平各能了當一件大事雖其閒異同紛紜辯論未已我輩只宜平心

探討各取其長不必代他人爭是非求勝負也

一有爭是非求勝負之心卻於前人不相干便是己私便是浮氣此病關係殊不小』同上

他對於朱王兩派之態度大略如此他並不是模稜調停他確見得爭辯之無謂這是他獨到之處但他到底是

王學出身他很相信陽明所謂「朱子晚年定論」所以他不覺得有大異同可爭

他不像晚明人空談心性他是很切實辦事的人觀前文所述他生平行事可見大概了他很注重文獻著有理

學宗傳二十六卷記述宋明學術流派又有幾輔人物考中州人物考兩大案錄甲申大難錄孫文正公年譜蘇

中國近三百年學術史

四一

門紀事等書皆有價值之史料。

他因為年壽長資格老人格又高尚性情又誠摯學問又平實所以同時人沒有不景仰他門生弟子徧天下遺

老如申鳬孟涵光　劉五公餘佑　……達官如湯孔伯斌魏環極象樞　魏石生裔介……皆及門受業乃至鄉農販

豎他都不吝教誨許多人見他一面聽他幾句話便奮志向上做人要之夏峯是一位有肝膽有氣骨有才略的

人晚年加以學養越發形成他的人格之尊嚴所以感化力極大屹然成為北學重鎮

李二曲名顒字中孚陝西盩厔人明天啓六年卒清康熙四十四年（一六二七——一七〇五）年七十九。

他是僻遠省分絕無師承的一位窮學者他父親當兵死於流寇之難他幼年窮得沒有飯吃有人勸他母親把

他送到縣裏當衙役他母親不肯一定要令他讀書幾次送他上蒙館因為沒有錢納脩金各塾師都不收他後

來好容易認識字便借書來讀自動的把學問磨練出來他學成之後曾一度到東南無錫江陰靖江武進宜興

各處的學者相爭請他講演在陝境內富平華陰都是他常常設講之地康熙初年陝撫薦他「山林隱逸」特

詔徵他力辭繞免其後又徵「博學鴻儒」地方官強迫起行他絕粒六日最後拔刀自刎繞背饒他他覺得為

虛名所累從此把門反鎖除顧亭林來訪偶一開門外連子弟也不見面康熙帝西巡傳旨地方官必要召見他

他歎道這回真要逼死我了以廢疾堅辭幸而免他並不是矯情鳴高但不肯在清朝做官是他生平的志氣他

四十歲以前嘗著經世蠡測時務急策十三經糾繆廿一史糾繆等書晚年以為這是口耳之學無當於身心不

復以示人專以返躬實踐悔過自新為主所著四書反身錄極切實有益脩養他教學者入手方法說要「先觀

象山慈湖陽明白沙之書以洞斯道大原」但對於晚明王學家之專好談玄卻認為不對他說

四二

「先覺倡道皆隨時補救如人患病不同投藥亦異晦庵之後墮於支離葛藤故陽明出而救之以致良知令

人當下有得及其久也易至於談本體而略工夫……今日吾人通病在於昧義命鮮羞惡苟有大君子志切

拯救惟宜力扶廉恥……」十二南行述卷

觀此他的講學精神大略可見了他絕對不作性命理氣等等哲理談一力從切身處逼拶所以他的感化力入

人甚深他自己拔自疏微所以他的學風帶有平民的色彩著有觀感錄一篇所述皆晚明真儒起自賤業者內

鹽丁樵夫吏胥窖匠商賈農夫賣油佣戍卒網巾匠各一人見二曲集卷二十二

總而論之夏峰二曲都是極結實的王學家他們倔強堅苦的人格正孔子所謂「北方之強」他們的創造力

雖不及梨洲亭林卻給當時學風以一種嚴肅的鞭辟說他們是王學後勁可以當之無愧

現在要講清代王學唯一之大師黃梨洲了

梨洲名宗羲字太沖浙江餘姚人生明萬曆三十八年卒清康熙十六年（一六一〇—一六九五）年八十五

他是王陽明的同里後學他的父親忠端公尊素 是東林名士為魏閹所害他少年便倜儻有奇氣常袖長錐思

復父仇年十九伏闕上書訟父冤崇禎初元魏閹伏誅他聲譽漸高隱然為東林子弟領袖而他從此折節屬

學從劉蕺山遊所得日益深粹崇禎十七年北京陷賊福王立於南京閹黨阮大鋮柄政驟興大獄名捕蕺山及

許多正人他也在其列他避難亡命日本經長崎達江戶 全謝山謂梨洲常偕馮躋仲乞師日本本誤也他到日本在躋仲前四年 明年福王走南京

覆他和錢忠介肅樂 起義兵守浙江拒清師號世忠營失敗後遁入四明山寨把餘兵交給王翊翊自己跟著

魯王在舟山和張蒼水煌言 馮躋仲京第 等力圖匡復仍潛行往來內地有所布置清廷極畏忌他他晚年自

四三

述說道『自北兵南下懸書購余者二名捕者一守圍城者一以謀反告評者三絕氣沙墠者一晝夜其他連染

邏哨所及無歲無之可謂瀕於十死者矣』集（南雷餘怪說）讀此可以知道他奔走國難所經歷的艱苦何如了明統既

絕他繾綣意國事奉母鄉居從事著述其後設「證人講會」於浙東從遊者日衆「證人」者以蕺山所著書

名其會也康熙十七年詔徵博學鴻儒許多人要薦他他的門生陳錫嘏說『是將使先生為蕺山九靈之殺身

也』乃止未幾開明史館清廷必欲羅致他下詔督撫以禮敦聘他力辭不往乃由督撫就他家中將他的著述

關於史事者鈔送館中又聘他的兒子百家他的門生萬斯同入館備顧問他晚年在他父親墓傍自營生壙中

置石牀不用棺槨子弟疑之他作葬制或問一篇援趙邠卿陳夷例戒身後無得違命他所以如此者據全謝

山說是『身遭國變期於速朽』但或者是他關於人生問題一種特別見解也未可知總之我們佩服梨洲不

僅在他的學問而實在他的人格學者若要稍為詳細的知道請讀全謝山的梨洲先生神道碑銘（結埼亭集卷十一）

梨洲的父親被逮入獄時告訴他一句話『學者最要緊是通知史事可讀獻徵錄』所以梨洲自少時即致力

史學他家裏藏書本甚多同鄉鈕氏世學樓祁氏澹生堂范氏天一閣的書都到處借鈔借讀所以他記誦極博

各門學問都有所探索他少年便從劉蕺山受學終身奉為依歸所以清初王學不能不認他為嫡派全謝山總

論梨洲學術曰

『公謂「明人講學襲語錄之糟粕不以六經為根柢束書而從事於遊談」故受業者必先窮經經術所以

經世方不為迂儒之學故兼令讀書史又謂「讀書不多無以證斯理之變化多而不求於心則為俗學」故

凡受公之教者不墜講學之流弊公以濂洛之統綜合諸家橫渠之禮敎康節之數學東萊之文獻艮齋止齋

之經濟水心之文章莫不旁推交通自來儒林所未有也」

陳悔廬汝成　說

『梨洲黃子之敎人頗泛濫諸家然其意在乎博學詳說以集其成而其歸究於蕺山愼獨之旨乍聽之似駁．而實未嘗不醇』全謝山大理陳公神道碑銘

這兩段話對於梨洲學風說得最爲明白謝山雖極其崇拜梨洲然亦不阿其所好他說．

『先生之不免餘議者則有二其一則黨人之習氣未盡蓋少年卽入社會門戶之見深入而不可猝去其二則文人之習氣未盡以正誼明道之餘技猶留連於枝葉』鮚埼亭集答問學術帖子

這段話把梨洲的短處也說得公平總之梨洲純是一位過渡人物他有清代學者的精神卻不脫明代學者的面目。

梨洲之學自然是以陽明爲根柢但他對於陽明所謂「致良知」有一種新解釋他說

『陽明說「致良知於事事物物」致字卽是行字以救空空窮理在「知」上討個分曉之非乃爲後之學者．測度想像求見本體只在知識上立家儅以爲良知則陽明何不仍窮理格物之訓而必欲自爲一說耶』明儒學案

像他這樣解釋致良知——說致字卽是行字很有點像近世實驗哲學的學風你想認識路只要往前行過便自了然關著門冥想路程總是枉用工夫所以他對於本體的測度想像都認爲無益梨洲的見解如此所以他一生無日不做事無日不讀書獨於靜坐參悟一類工夫絕不提倡他這種解釋是否適合陽明本意另爲一問

卷十姚江學案

題．總之和王門所傳有點不同了所以我說梨洲不是王學的革命家也不是王學的承繼人他是王學的修正者．

梨洲有一部怪書名曰明夷待訪錄（注二）這部書是他的政治理想從今日青年眼光看去雖像平平無奇但三百年前——盧騷民約論出世前之數十年有這等議論不能不算人類文化之一高貴產品其開卷第一篇原君從社會起原說起先論君主之職務次說道

『……後之為人君者不然以為天下利害之權皆出於我我以天下之利盡歸於己天下之害盡歸於人亦無不可使天下人不敢自私不敢自利以我之大私為天下之大公始而慚焉久而安焉視天下為莫大之產業傳諸子孫受享無窮……此無他古者以天下為主君為客凡君之所畢世而經營者為天下也今也以君為主天下為客凡天下之無地而得安寧者為君也是以其未得之也屠毒天下之肝腦離散天下之子女以博我一人之產業曾不慘然曰我固為子孫創業也其既得之也敲剝天下之骨髓離散天下之子女以奉我一人之淫樂視為當然曰此我產業之花息也然則為天下之大害者君而已矣……而小儒規規焉以君臣之義無所逃於天地之間至桀紂之暴猶以為湯武不當誅之……豈天下之大於兆民萬姓之中獨私其一人一姓乎……』

其原法篇云

『……後之人主既得天下唯恐其祚命之不長也子孫之不能保有也思患於未然以為之法然則其所謂法者一家之法而非天下之法也，……法愈密而天下之亂即生於法之中所謂非法之法也……夫非法之

法前王不勝其利欲之私以創之後王或不勝其利欲之私以壞之壞之者固足以害天下其創之者亦未始

非害天下者也……論者謂有治人無治法吾以謂有治法而後有治人……』

其學校篇說

『……必使治天下之具皆出於學校而後設學校之意始備。……天子之所是未必是天子之所非未必非

天子亦遂不敢自爲非是而公其非是於學校……』

像這類話的確含有民主主義的精神——雖然很幼稚——對於三千年專制政治思想爲極大膽的反抗在

三十年前——我們當學生時代實爲刺激青年最有力之興奮劑我自己的政治運動可以說是受這部書的

影響最早而最深此外書中各篇——如田制兵制財計等雖多半對當時立論但亦有許多警拔之說如主張

遷都南京主張變通推廣『衞所屯田』之法使民能耕而皆有田可耕主張廢止金銀貨幣此類議論雖在今

日或將來依然有相當的價值。

（注一）梨洲極自負他的明夷待訪錄顧亭林亦極重之亭林與梨洲書云『讀待訪錄知百王之敝可以復振』其折服可謂至矣今本篇

目如下。

原君　原臣　原法　置相　學校　取士上　取士下　建都　方鎭　田制一　田制二　兵制一　兵制二　兵制三　財計

一　財計二　凡二十篇

惟據全謝山跋云『原本不止於此以多嫌諱不盡出』然則書僅非足本狠可惜

此書乾隆間入禁書類光緒間我們一班朋友曾私印許多送人作爲宣傳民主主義的工具。

章太炎不喜歡梨洲說這部書是向滿洲上條陳這是看錯了待訪錄成於康熙二年當時遺老以順治方殂光復有日梨洲正欲為

代清而興者說法耳他送萬季野北行詩戒其勿上河汾太平之策豈有自己想向清廷討生活之理

梨洲學問影響後來最大者在他的史學現行的明史大半是萬季野稿本而季野之史學實傳自梨洲梨洲替

季野作歷代史表序其末段云

『嗟乎元之亡也危素趨報恩寺將入井中僧大梓[名]云「國史非公莫知公死是死國之史也」素是以不死

後修元史不聞素有一辭之贊及明之亡朝之任史事者眾矣顧獨藉一草野之萬季野以留之不亦可慨也

夫』南雷文約卷四

前明遺獻大率皆惓惓於國史梨洲這段話足見其感慨之深他雖不應明史館之聘然而館員都是他的後學

每有疑難問題都咨詢他取決曆志則求他審正後纔算定稿地理志則大半採用他所著今水經原文其餘史

料經他鑑別的甚多[全作神道碑墓誌銘纊舉多條]他關於史學的著述有重修宋史未成書有明史案二百四十卷已佚有行朝

錄八種——一隆武紀年二贛州失事記三紹武爭立紀四魯紀年五舟山與廢六日本乞師紀七四明山寨紀

八永曆紀年其餘如賜姓本末(記鄭成功事)海外慟哭記思舊錄等今尚存都是南明極重要史料而其在

學術上千古不磨的功績尤在兩部學案

中國有完善的學術史自梨洲之箸學案始明儒學案六十二卷梨洲一手著成宋元學案則梨洲發凡起例僅

成十七卷而卒經他的兒子[名百]未史家及全謝山兩次補續而成所以欲知梨洲面目當從明儒學案求之

箸學術史有四個必要的條件第一須一個時代的學術須把那時代重要各學派全數網羅不可以愛憎為去

取．

第二　敘某家學說須將其特點提挈出來令讀者有很明晰的觀念第三要忠實傳寫各家眞相勿以主觀上下其手第四要把各人的時代和他一生經歷大概敘述看出那人的全人格梨洲的明儒學案總算其備這四個條件那書卷首有「發凡」八條說

『此編所列有一偏之見有相反之論學者於其不同處正宜著眼理會……以水濟水豈是學問』

他這書以陽明學派爲中堅因爲當時時代精神焦點所在應該如此但他對於陽明以外各學派各還他相當位置並不抹殺正合第一條件他又說

『大凡學有宗旨是其人之得力處亦是學者之入門處……講學而無宗旨即有嘉言是無頭緒之亂絲也學者而不能得其人之宗旨即讀其書亦猶張騫初至大夏不能得月氏要領……每見鈔先儒語錄者薈撮數條不知去取之意謂何其人一生精神未嘗透露如何見其學術』

我們讀明儒學案每讀完一案便覺這個人的面目活現紙上梨洲自己說『皆從各人全集纂要鈎元』可見他用功甚苦但我們所尤佩服者在他有眼光能纂鈎得出這是合第二個條件梨洲之前有位周海門曾箸書學宗傳一書他的範圍形式都和明儒學案差不多梨洲批評他道『是海門一人之宗旨非各家之宗旨』梨洲這部書雖有許多地方自下批評但他僅在批評裏頭表示梨洲自己意見至於正文的敘述卻極忠實從不肯拿別人的話作自己注腳這是合第三個條件他在每案之前各做一篇極翔實的小傳把這個人的時代經歷師友淵源詳細說明令讀者能把這個人的人格捉摸到手這是合第四個條件所以明儒學案這部書我認爲是極有價值的創作將來做哲學史科學史文學史的人對於他的組織雖有許多應改良之處對於他的方

中國近三百年學術史

四九

法和精神是永遠應採用的（注二）

（注一）唐鑑著國朝學案小說嘗譏梨洲謂其以陳（白沙）王（陽明）與薛（敬軒）胡（敬齋）平列爲不識道統可謂陋已極無

理．

論道統之說我們根本不能承認試思明代學術令陳王外更有何物梨洲尊陳王而不廢薛胡還算公道豈有專取薛胡而棄陳王之

此外梨洲之重要著作如易學象數論六卷力辯河洛方位圖說之非爲後來胡朏明謂易圖明辨的先導如授

書隨筆一卷則閱百詩若璩問尚書而作此告之實百詩古文尚書疏證的先導這兩部書都於清代經學極有

關係他又最喜曆算之學著有授時曆故大統曆推法授時曆假如西曆回回曆假如句股圖說開方命算割圜

八綫解測圜要義等書皆在梅定九文鼎以前多所發明其遺文則有南雷文定凡五集晚年又自刪定爲南雷

文約四卷又嘗輯明代三百年之文爲明文海四百八十二卷又續輯宋文鑑元文鈔皆未成

他的兄弟宗炎字晦木偁儻權奇過梨洲嘗以奔走國事爲清吏所捕梨洲集壯士以計纂取之著有愛患學易

一書考證太極圖出自道士陳摶其書今佚梨洲子未史能傳家學續輯學案又從梅定九學算有著書

梨洲弟子最著者萬充宗斯大　萬季野斯同　兄弟別見次講．

陽明蕺山梨洲皆浙東人所以王學入到清代各處都漸漸衰息惟浙東的流風餘韻還傳衍得很長陽明同縣

（餘姚）人著籍弟子最顯者曰徐曰仁愛　錢緒山德洪　明清之交名其學者則梨洲與沈求如國模求如親受

業緒山年輩在梨洲上國變時已八十餘歲了他的學風和梨洲不同全然屬於周海門次登　一派幾與禪宗無

異梨洲少年時曾極力和他抗辯餘姚之姚江書院實求如所創求如弟子最著者曰韓遺韓　孔當邵魯公魯可

相繼主講姚江書院而梨洲則倡證人學會故康熙初年浙東王學略成沈黃兩派對峙的形勢魯公之孫邵念

魯（延采）受業韓孔當又從梨洲學算念魯繼主姚江講座最久兩派始歸於一時清聖祖提倡程朱學孫承澤熊

錫履輩揣摩風氣專以詆毀陽明為事念魯常倪倪與抗不稍懾著有陽明王子傳蕺山劉子傳王門弟子傳劉

門弟子傳宋遺民所知錄明遺民所知錄姚江書院志略東南紀事（記南明閩浙事）西南紀事（記南明滇桂事）思復堂文集等書

蓋陽明同里後輩能昌其學者以念魯為殿其粢檀史學則梨洲之教也念魯族孫二雲（祖望）為乾嘉間小學名

家亦邃於史而鄞縣全謝山（祖望）與二雲最交親同為浙學後勁下方更專篇論之

陽明雖浙人而在贛服官講學最久故當時門下以江右為最盛其後中絕殆將百年了及康熙末而有臨川李

穆堂紱出卒年乾隆十五年十八穆堂並未嘗以講學自居然其氣象俊偉純從王學得來他歷仕康雍乾三朝內而卿貳

外而督撫皆經屢任他辦事極風烈而又條理縝密但賦性伉直常觸忤權貴所以一生風波極多暮年卒以錮

廢終而其氣不稍挫全謝山所作臨川李公神道碑銘說。

『公以博聞強識之學朝章國故如肉貫弗抵掌而談如決潰隄而東注不學之徒已望風不敢前席而公揚

休山立左顧右盼千人皆廢未嘗肯少接以溫言故不特同事者惡之即班行者亦多畏之嘗有中州一巨公

自負能昌明朱子之學一日謂公曰「陸氏之學非不岸然特返之吾心兀兀多未安者以是知其於聖人之

道未合也」公曰「君方總督倉場而進羨餘不知於心安否是在陸門五尺童子且唾之矣」其人失色而

去終身不復與公接……世方以閉眉合眼喔咿嚅唲伺察廟堂意旨隨聲附和為不傳之祕則公之道宜其

所往輒窮也。

凡豪傑之士往往反抗時代潮流終身挫折而不悔若一味揣摩風氣隨人毀譽還有什麼學問的獨立明末王

學全盛時依附王學的人我們很覺得可厭清康雍間王學爲衆矢之的的有毅然以王學自任者我們卻不能不

崇拜到極地並非有意立異實則個人品格要在這種地方纔看出來清代「朱學者流」——所謂以名臣兼

名儒者從我們眼中看來眞是一文不值據我個人的批評敢說清代理學家陸王學派還有人物程朱學派絕

無人物參看第九講程朱學派李穆堂卻算是陸王派之最後一人了他所著書有穆堂類稿五十卷續稿五十卷別稿五

十卷春秋一是二十卷陸子學譜二十卷陽明學錄若干卷除類稿外今不傳

邵念魯全謝山結浙中王學之局李穆堂結江右王學之局這個偉大學派自此以後便僅成爲歷史上名詞了

我因爲講黃梨洲順帶著把王學講個結束已經將時代蹼講幾十年了以後仍請讀者回轉眼光再看明末清

初別個學派

六 清代經學之建設——

——顧亭林 閻百詩附胡朏明 萬充宗

清儒的學問若在學術史上還有相當價值那麼經學就是他們惟一的生命清儒的經學和漢儒宋儒都根本

不同是否算得一種好學問另爲一問題他們這一派學問也離不了進化原則經一百多年纔漸漸完成但講

到「篳路藍縷」之功不能不推顧亭林爲第一顧亭林說『古今安得別有所謂理學者經學即理學也自有

含經學以言理學者而邪說以起」又說．『今日只當著書不當講學』他這兩段話對於晚明學風表出堂堂

正正的革命態度影響於此後二百年思想界者極大所以論清學開山之祖舍亭林沒有第二個人

亭林初名絳國變後改名炎武字曰寧人學者稱爲亭林先生江蘇崑山人生明萬曆四十一年卒清康熙二十

一年年七十（一六一三——一六八二）他是一位世家子弟——江南有名的富戶他承祖父命出繼堂叔

爲子他的母親王氏十六歲未婚守節撫育他成人他相貌醜怪瞳子中白而邊黑性情耿介不諧於俗惟與同

里歸元恭莊爲友時有歸奇顧怪之目（注一）他少年便留心經世之學

最喜歡鈔書徧覽二十一史明代十三朝實錄天下圖經前輩文編說部

以至公移邸鈔之類有關於民生利害者分類錄出旁推互證著天下郡

國利病書未成而國難作清師下江南亭林糾合同志起義兵守吳江失

敗後他的朋友死了好幾位他幸而逃脫他母親自從崑山城破之日起絕粒二十七日而死遺命不許他事滿

洲．他本來是一位血性男子受了母親這場最後熱烈激刺的敎訓越發把全生

涯的方嚮決定了．（注二）他初時只把母親淺殯立意要等北京恢復崇禎帝奉

安後繞舉行葬禮過了兩年覺得這種希望很杳茫勉強把母先葬然而這一段

隱痛永久藏在他心坎中終身不能忘卻他後來棄家遠遊到老不肯過一天安

逸日子就是爲此他葬母之後隆武帝（唐王）在福建遙授他職方司主事他本要奔赴行在但因爲道路阻隔

去不成他看定了東南的悍將惰卒不足集事且民氣柔脆地利亦不宜於進取於是決計北游想通觀形勢陰

（注一）歸元恭明亡後屢次起
義晚年築土室於叢冢間．與妻偕
隱自署門聯云：「要太聰明夫太
怪．人何寥落鬼何多」．

（注二）亭林餘集裏頭
有一篇王碩人行狀讀之
便可知亭林受他母親影
響到怎麼程度．

結豪傑以圖光復曾五謁孝陵〔明太祖陵在南京〕六謁思陵〔明懷宗陵在直隸昌平〕在其時他的家早已破了但他善於理財故一生

羈旅曾無困乏每到一地他爲有注意價值者便在那裏墾田墾好了交給朋友或門生經理他又往別處去江

北之淮安山東之章邱山西雁門之北五臺之東都有他墾田遺跡（注三）

可見他絕對的不是一位書欵子他所提倡窮經致用之學並非紙上空談

若論他生平志事本來不是求田問舍的人原有的家產尚且棄而不顧他

到處經營這些事業弄些錢做甚麼用處我們試想一想他下半世的生涯

大半消磨在旅行中他旅行照例用兩匹馬換着騎兩匹騾馱帶應用書籍

到一險要地方便找些老兵退卒問長問短倘或和平日所聞不合便就近到茶房裏打開書對勘到晚年乃定

居陝西之華陰他說『秦人慕經學重處士持清議實他邦所少而華陰綰轂關河之口雖足不出戶而能見天

下之人聞天下之事一旦有警入山守險不過十里之遙若志在四方則一出關門亦有建瓴之勢』可見他卽

住居一地亦非漫無意義他雖南人下半世卻全送在北方到死也不肯回家他本是性情極厚守禮極嚴的君

子他父母墳墓幾十年不祭掃夫人死了也只臨風一哭爲何舉動反常到如此田地這個啞謎只好讓天

下萬世有心人胡猜罷了他北游以前曾有家中世僕受里豪唆使告他「通海」〔當時與魯王唐王通者謂之通海〕他親自把

那僕人抓住投下海去因此鬧一場大官司幾乎送命康熙三年他在京山東忽然關什麼文字獄牽連到他他

立刻親到濟南對簿入獄半年這是他一生經過的險難比起黃梨洲也算平穩多了康熙十七年開博學鴻儒

科都中闊人相爭要羅致他他令他的門生宣言『刀繩具在無速我死』次年開明史館總裁葉方藹又要特

（注三）相傳山西票號由亭
林創辦一切組織規則皆其手
定後人率循之遂成爲二百餘
年金融中心此事不見前賢所
作傳未知確否。

薦他他給葉信說道「七十老翁何所求正欠一死若必相逼則以身殉之矣」清廷諸人因此再不敢惹他他

的外甥徐乾學徐元文少時由他撫養提拔後來他們做了闊官要迎養他南歸他無論如何都不肯他生平制

行極嚴有一次徐乾學兄弟請他吃飯入坐不久便起還寓乾學等請終席張燈送歸他作色道「世間惟有淫

奔納賄二者皆於夜行之豈有正人君子而夜行者乎」其方正類如此

我生平最敬慕亭林先生爲人想用一篇短傳傳寫他的面影自愧才力薄弱寫不出來但我深信他不但是經

師而且是人師我以爲現代青年很應該用點工夫多參閱些資料以看出他的全人格有志於是者請讀全謝

山鮚埼集亭林先生神道碑銘亭林文集中卷三與葉訒庵書答原一公肅兩甥書卷四與人書十餘篇又與

潘次耕書亭林餘集王碩人行狀答潘次耕書等篇若更要詳細一點請讀張石洲的亭林先生年譜

亭林學術大綱略見於他所作與友人論學書卷文集三其文曰「……竊歎夫百餘年以來之學者往往言心言

性而茫乎不得其解也命與仁孔子之所罕言也性與天道子貢之所未得聞也性命之理著之易傳未嘗數

以語人其答問士也則曰「行己有恥」其爲學則曰「好古敏求」其與門弟子言舉堯舜所謂危微

精一之說一切不道而但曰「允執其中四海困窮天祿永終」嗚呼聖人之所以爲學者何其平易而可循

也……今之君子則不然聚賓客門人之學者數十百人譬諸草木區以別矣而一皆與之言心言

而識以求一貫之方置四海之困窮不言而終日講危微精一是必其道之高於孔子而其門弟子之賢於子

貢也我弗敢知也孟子一書言言性亦諄諄矣乃至萬章公孫丑陳代陳臻周霄彭更之所問與孟子之所

答者常在乎出處去就辭受取與之間以伊尹之元聖堯舜其君其民之聖德大功而其本乃在乎千駟一介

之不視不取伯夷伊尹之不同於孔子也而其同者則以行一不義殺一不辜而得天下不爲是故性也命也

孔子之所罕言而今之君子之所恆言也出處去就辭受取與之辨孔子孟子之所恆言而今之君子所罕言

也……我弗敢知也熟所謂聖人之道者如之何曰「博學於文」曰「行已有恥」自一身以至於天下國

家皆學之事也自子臣弟子以至於出入往來辭受取與之間皆有恥之於人大矣不恥惡衣惡食

而恥匹夫匹婦之不被其澤……嗚呼士而不先言恥則爲無本之人非好古而多聞則爲空虛之學以無本

之人而講空虛之學吾見其日從事於聖而去之彌遠也……」

亭林學術之最大特色在反對向內的——主觀的學問而提倡向外的——客觀的學問他說

自宋以後一二賢智之徒病漢人訓詁之學得其粗跡務矯之以歸於內而「達道」「達德」「九經」「

三重」之事置之不論此眞所謂「告子未嘗知義」者也 日知錄卷七行吾敬故證之內也條

又說．

「孟子言「學問之道無他求其放心而已矣」然則但求放心然後可不必學問乎與孔子言「以思無益不

如學也」者何其不同耶……孟子之意蓋曰能求放心然後可以學問「使弈秋誨二人弈其一人專心致

志惟弈秋之爲聽「一人雖聽之一心以爲有鴻鵠將至……」此放心而不知求也然但知求放心而未嘗

窮中鵠之方悉雁行之勢亦必不能從事於奕」 同上求其放心條

亭林著作中像這類的話很不少以上所引不過略舉爲例要之清初大師如夏峰梨洲二曲輩純爲明學餘波．

如船山舜水輩雖有反明學的傾向而未有所新建設或所建設未能影響社會亭林一而指斥純主觀的王學

不足為學問一面指點出客觀方面許多學問塗徑來於是學界空氣一變二三百年間跟着他所帶的路走去

亭林在清代學術史所以有特殊地位者在此

亭林所標『行已有恥博學於文』兩語一是做人的方法一是做學問的方法做人為什麼專標『行已有恥

』呢因為宋明以來學者動輒教人以明心見性超凡入聖及其末流許多人濫唱高調自欺欺人而行檢之間

反蕩然無忌憚晚明政治混濁滿人入關從風而靡皆由於此亭林深痛之所以說

『古之疑衆者行僞而堅今之疑衆者行僞而脆』文集卷十四與人書

亭林以為人格不立便講一切學問都成廢話怎樣纔能保持人格他以為最忌的是圓滑最要的是方嚴他說

『讀屈子離騷之篇 原文云『彼堯舜之耿介兮既遵道而得路何桀紂之昌披兮夫惟捷徑以窘步』 乃知堯舜所以行出乎人者以其耿介也同乎

流俗合乎汙世則不可以入堯舜之道矣』三日知錄卷十耿介條

『老氏之學所以異乎孔子者「和其光同其塵」此所謂似是而非也卜居漁父二篇盡之矣非不知其言

之可從也而義有所不當為也揚子雲而知此義也反離騷其可不作矣尋其大指「生斯世也為斯世也善

斯可矣」此其所以為莽大夫與』同上鄉原條

亭林欲樹人格的藩籬簡單直捷提出一個「恥」字他說

『禮義廉恥是謂四維四維不張國乃滅亡……然而四者之中恥為尤要故夫子之論士曰「行已有恥」

孟子曰「人不可以無恥無恥之恥無恥矣」又曰「恥之於人大矣為機變之巧者無所用恥焉」所以然

者人之不廉而至於悖禮犯義其原皆生於無恥也故士大夫之無恥謂之國恥』同上籠恥條

中國近三百年學術史

五七

亭林以爲無恥之習中於人心非關到全個社會滅亡不止他嘗借魏晉間風俗立論極沈痛的說道。

「有亡國有亡天下亡國與亡天下奚辨曰易姓改號謂之亡國「仁義充塞而至於率獸食人人將相食」……保國者其君其臣肉食者謀之保天下者匹夫之賤與有責焉耳矣」同上正始條

他確信改良社會是學者的天職所以要人人打疊自己說道

「匹夫之心天下人之心也」

又說

「松柏後彫於歲寒雞鳴不已於風雨」

他自己稱述生平說

「某雖學問淺陋而胸中磊磊絕無闒然媚世之習」十一與人書

他教訓他最親愛的門生沒有多話但說

「自今以往當思「以中材而涉末流」之戒」文集卷四與潘次耕書

總而言之亭林是教人豎起極堅強的意志抵抗惡社會其下手方法尤在用嚴正的規律來規律自己最低限度要個人不至與流俗同化進一步還要用個人心力改造社會我們試讀亭林著作這種精神幾於無處不流露他一生行誼又實在能把這種理想人格實現所以他的說話雖沒有什麼精微玄妙但那種獨往獨來的精神能令幾百年後後生小子如我輩者尙且「頑夫廉懦夫有立志」

亭林教人做學問專標「博學於文」一語所謂「文」者非辭章之謂「文」之本訓指木之紋理故凡事物

之條理亦皆謂之文古書「文」字皆作此解亭林說。

亭林專標「博學於文」其目的在反對宋明學者以談心說性爲學他解釋論語道『夫子之文章無非夫子之言行與天道故曰吾無隱乎爾吾無行而不與二三子者』[日知錄卷七夫子條]之言行與天道都散寄於事物條理（文章）之中我們做學問最要緊是用客觀工夫講求事物條理愈詳博愈好這便是『博學於文』若厭他瑣碎嫌他粗淺而專用主觀的冥想去求「性與天道」那卻失之遠了他說『昔之清談談老莊今之清談談孔孟……不考百王之典不綜當代之務……以明心見性之空言代己治人之實學』[日知錄卷七博學於文條]正指此輩。

然則他自己博學於文的方法怎麼樣呢他雖沒有詳細指授我們我們可以從他的傳記和著述中約略看出些來。

書籍自然是學問主要的資料亭林之好讀書蓋其天性潘次耕日知錄序說『先生精力絕人無他嗜好自少至老未嘗一日廢書』據他自己說十一歲便讀資治通鑑鈔書[文集卷二日知錄序]他纂輯天下郡國利病書從崇禎己卯起凡閱書一千餘部[文集卷六]崇禎己卯他年纔二十六耳其少年之用力如此潘次耕請刻日知錄他說『要以其老年之用力如此他說『生平所見之友以窮以老而遂至於衰頹者什而七八臨終絕筆爲定」與次耕書[文集卷五]大概亭林自少至老眞赤豹……復書曰「老則息矣能無倦哉」此言非也君子之學死而後已」與人書[卷六]無一日不在讀書中他旅行時候極多所計畫事情尤不少卻並不因此廢學這種劇而不亂老而不衰的精神

實在是他學問大成的主要條件。

亭林讀書並非專讀古書他最注意當時的記錄又不徒向書籍中討生活而最重實地調查潘次耕說『先生足跡半天下所至交其賢豪長者考其山川風俗疾苦利病如指諸掌』日知錄序全謝山說『先生所至呼老兵逃卒詢其曲折或與平日所聞不合則即坊肆中發書而勘之』神道碑銘亭林先生可見亭林是最尊實驗的人試細讀日知錄中論制度論風俗各條便可以看出他許多資料非專從紙片上可得就這一點論後來的古典考證家只算學得「半個亭林」罷了

亭林所以能在清代學術界占最要位置第一在他做學問的方法給後人許多模範第二在他所做學問的種類替後人開出路來

其做學問方法第一要看他搜集資料何等精勤亭林是絕頂聰明人諒來誰也要承認但他做工夫卻再笨沒有了他從小受祖父之教說『著書不如鈔書』文集卷二他畢生學問都從鈔書入手換一方面看也可說他「以鈔書為著書」如天下郡國利病書肇域志全屬鈔撮未經泐定者無論矣（注四）若日知錄實他生平最得意之作我們試留心細讀則發表他自己見解者其實不過十之二三鈔錄別人的話最少居十之七八故可以說他主要的工作在鈔而不在著

（注四）天下郡國利病書自序云『歷覽二十一史以及天下郡縣志書一代名公文集及章卷文冊之類有得即錄共成四十餘帙。』肇域志自序云『先取一統志後取各省府州縣志後取二十一史參互書中凡閱書一千餘部。本行不盡則注之旁行。旁行不盡則別為一集目備錄。』

有人問『這樣做學問法不是很容易嗎誰又不會鈔』哈哈不然不然有人問他日知錄又成幾卷他答道

『嘗謂今人纂輯之書正如今人之鑄錢古人采銅於山今人則買舊錢名之曰廢銅以充鑄而已所鑄之錢

既已麤惡而又將古人傳世之寶春到碎散不存於後豈不兩失之乎承問日知錄又成幾卷蓋期之以廢銅

而某自別來一載早夜誦讀反復尋究僅得十餘條然庶幾采山之銅也』與文集卷四人書卷十

你說日知錄這樣的書容易做嗎他一年纔做得十幾條我們根據這種事實可以知道不獨著書難即鈔也

不容易了須知凡用客觀方法研究學問的人最要緊是先澈底了解一事件之真相然後下判斷能否得真相

全視所遜籍之資料如何資料從量的方面看要求豐備從質的方面看要求確實所以資料之蒐羅和別擇實

占全工作十分之七八明白這個意思便可以懂得亭林所謂采山之銅與銅之分別何如他這段話對於治學

方法之如何重要也可以領會了

亭林的日知錄後人多拿來比黃東發的黃氏日鈔和王厚齋的困學紀聞從表面看來體例像是差不多細按

他的內容卻有大不同處東發之書多半是單詞片義的隨手箚記日知錄不然每一條大率皆合數條或

數十條之隨手箚記而始能成非經過一番「長編」工夫決不能得有定稿試觀卷九宗室藩鎮宦官各條卷

十蘇松二府田賦之重條卷十一黃金銀銅各條卷十二財用俸祿官樹各條卷二十八押字邸報酒禁賭博各

條卷二十九騎驛海師少林僧兵從戎各條卷三十古今神祠條卷三十一長城條他每撰成一條事前要多

少準備工夫可以想見所以每年僅能成十數條即爲此不然日知錄每條短者數十字最長亦不過一二千字

何至旬月纔得一條呢不但此也日知錄各條多相銜接含有意義例如卷十三周末風俗秦紀會稽山刻石兩

漢風俗正始宋世風俗清議名教廉恥流品重厚耿介鄉原之十二條實前後照應共明一義剪裁組織煞費苦心其他各卷各條類此者也不少所以我覺得拿閣百詩的潛丘箚記和黃氏日鈔困學紀聞相比還有點像顧亭林的日知錄卻與他們都不像他們的隨手箚記性質屬於原料或粗製品最多可以比綿紗或紡線亭林精心結撰的日知錄確是一種精製品是籠燈底下纖纖女手親織出來的布亭林作品的價值全在此後來王伯申的經傳釋詞經義述聞陳蘭甫的東塾讀書記都是模仿這種工作這種工作正是科學研究之第一步無論做何種學問都該用他

亭林對於著述家的道德問題極為注意他說『凡作書者莫病乎其以前人之書改竄為自作也』文集卷二又說『晉以下人則有以他人之書而竊為己作者郭象莊子注何法盛晉中興書之類是也若有明一代之人鈔書自序其所著書無非竊盜而已』日知錄卷十又說『今代之人但有薄行而無儁才不能通作者之義其盜竊所成之書必不如元本名為鈍賊何辭』八篇書條十上同他論著述的品格謂『必古人所未及就後世之所必不可無者而後為之』日知錄卷十九他做日知錄成書後常常勘改『或古人先我而有者則削之』日知錄自序著書之難條

明而與前人暗合者尚且不屑存何況剽竊學者必須有此志氣繞配說創造哩自亭林極力提倡此義遂成為清代學者重要之信條「偷書賊」不復能存立於學者社會中於學風所關非細

大學者有必要之態度二一曰精慎二曰虛心亭林著作最能表現這種精神他說「著述之家最不利乎以未定之書傳之於人」潘次耕書與又說『古人書如司馬溫公資治通鑑馬貴與文獻通考皆以一生精力為之……後人之書愈多而愈舛漏愈速而愈不傳所以然者視成書太易而急於求名也」日知錄卷十九潘次耕

請刻日知錄他說要再待十年其初刻日知錄自序云『舊刻此八卷歷今六七年老而益進始悔向日學之不

博見之不卓……漸次增改……而猶未敢自以爲定……蓋天下之理無窮而君子之志於道也不成章不達

故昔日之所得不足以爲於後日之所成不容以自限』便常常和初進學校的青年一樣亭林說『人之爲學不 卷文集二

己學問已經成就那便衰了常常看出「今是昨非」自視欿然與潘次耕書四他說『時人之言亦不敢沒君子之

可自小又不可自大……自小也自大亦少也」 日知錄卷七他的日知錄百詩駁正若干條他一見便欣

然采納作闇墓志 見趙執信所他的音學五書經張力臣改正一二百處見文集卷四

謙也然後可以進於學」十述古條 日知錄卷二這種態度眞永遠可爲學者模範了

亭林的箸述若論專精完整自然比不上後人若論方面之多氣象規模之大則乾嘉諸老恐無人能出其右要

而論之清代許多學術都由亭林發其端而後人衍其緒今列舉其所著書目而擇其重要者稍下解釋如下

日知錄三十二卷是他生平最得意的著作他說『平生之志與業皆在其中』 文集卷三與友人論學書

又說『有王者起將以見諸行事以躋斯世於治古之隆而未敢爲今人道也』 文集卷六與人書二十五

又說『意在撥亂滌汙法古用夏啓多聞於來學待一治於後王』 楊雪臣書文集卷四與讀這些話可以知道他著書

宗旨了四庫總目提要敍列這部書的內容『前七卷皆論經義八卷至十二卷皆論政事十三卷論世風十

四十五卷論禮制十六十七卷論科舉十八至二十一卷論藝文二十二至二十四卷論名義二十五卷論古

事眞妄二十六卷論史法二十七卷論注書二十八卷雜事二十九卷論兵及外國事三十卷論天象術數

三十一卷論地理三十二卷雜考證』大抵亭林所有學問心得都在這書中見其梗概每門類所說的話都

給後人開分科研究的途徑

神。

天下郡國利病書一百卷肇域志一百卷。這兩部書都是少作利病書自序云『……亂後多有散佚亦或增補而其書本不曾先定義例又多往代之言地勢民風與今不盡合年老善忘不能一一刊正……』肇域志自序亦略同據此知並非成書了但這兩部書願力宏偉規模博大後來治掌故學地理學者多感受他的精

音學五書三十八卷這書以五部組織而成一古音表三卷二易音三卷三詩本音十卷四唐韻正二十卷五。音論三卷他自己對於這部書很滿意說道『某自五十以後於音學深有所得為五書以續三百篇以來久絕之傳』人文集卷四與清儒多嗜音韵學而且研究成績極優良大半由亭林提倡出來書卷二十五

金石文字記六卷亭林篤嗜金石所至搜輯碑版寫其文字以成此書他對於金石文例也常常論及清代金石學大昌亦亭林為嚆矢。

此外著述尚有五經同異三卷。左傳杜解補正三卷。九經誤字一卷。五經考一卷。求古錄一卷。韻補正一卷。二十一史年表十卷。歷代宅京記二十卷。十九陵圖志六卷。萬歲山考一卷。昌平山水記二卷。北平古今記十卷。建康古今記十卷。營平二州史事六卷。官田始末考一卷。京東考古錄一卷。山東攷古錄一卷。顧氏譜系考一卷。菰中隨筆三卷。文集六卷。詩集五卷。其書或存格論詩律蒙古下學指南各一卷。當務書六卷。譎觚一卷。莾錄十五卷。救文或佚今不具注但觀其目可以見其影響於後此學術界者何如矣。

要之亭林在清學界之特別位置一在開學風排斥理氣性命之玄談專從客觀方面研察事務條理二曰開治
學方法如勤蒐資料綜合研究如參驗耳目聞見以求實證如力戒雷同勤說如虛心改訂不護前失之類皆是
三曰開學術門類如參證經訓史蹟如講求音韻如說述地理如研精金石之類皆是獨有生平最注意的經世
致用之學後來因政治環境所壓迫竟沒有傳人他的精神一直到晚清纔漸漸復活至於他的感化力所以能
歷久常新者不徒在其學術之淵粹而尤在其人格之崇峻我深盼研究亭林的人勿將這一點輕輕看過

附亭林學友表

亭林既老壽且足跡半天下雖不講學然一時賢士大夫樂從之遊觀其所與交接者而當時學者社會之
面影略可覩焉今鉤稽本集參以他書造此表其人無關學術者不錄弟子及後輩附見。

潘檉章　給字力田吳江人明諸生國變後改名柽章稱其學著有明史考異與松陵文獻兩種其亭林早年摯友長於史學與吳赤溟合著明史亭林以所藏史料盡供其……甚慟所著書未成今存者僅

路澤溥　云字安卿一陰阻營與時拯尿亭仲吾不如路安卿……於湖州莊氏史獄死亭林廣師篇有詩贈之「一篇」

萬壽祺　隰字年少徐州人明孝廉入清服僧服有慧壽著有……草堂集亭林早年游淮上與定交有詩贈之

歸莊　字元恭昆山人明孝廉入清……亭林少同學最相契亭林哭之詩稱其學著有歸元恭文鈔

吳炎　曰字赤溟吳江人與潘力田同學亭林哭之……史學與吳赤溟合著明史亭林以所藏史料盡供

賈必選　堂字徒南上元人有賈倉部必選說易一首詩集有南陵

王潨　集字元倬亭林集中有贈詞

任唐臣　老字良披，縣人，亭林從假韻與才。

張爾岐　一字稷若，號蒿菴，濟陽人，亭林之濟曰南先生，著有師儀篇，云鄭注獨句讀，十七禮卷，亭林師之，序云：清儒治禮學自稷若始，長人亭林論己。

〔學二書（見前著）爲學，總子心詳性言，天而命將復，格驗盡諸天已下，溫之探理力而索於一日，不可內之理也……不……可。〕蓋裕漸漬，以俟自悟，如異謂亦不學，苟人。

〔本所合與散，所集著，蒿除儀，開禮話句等讀外。司何如此，所集著蒿菴閒話句讀等讀外。分人上不了也，無交未涉始，是將可格驗盡諸天已，下溫之探理，力而索於一日，不可內之理也……不……可，愛蓋裕漸漬，以俟自悟，如異謂亦不學，苟人。〕

徐夜　字嵇東，詞不廢，就濟南人，林以詩有酬答，舉詩博學。

馬驌　字宛斯，鄒平人，著繹史極，其百六十卷，專研古史，郊外訪古史碑，時人……其家與書。

劉孔懷　字辭，析疑義，長山人，著林極服其，字微古，五經微亦。林游山東，常主其家著廣。

傅山　字青主，陽曲人，機不游如山，傅青主其，不居華陰，皆熙戊午，徵鴻博，授檢討，不就職，與子德論學，書最多，子德，步往濟南，急其雄……深。

李因篤　後字子德，富平人，機不游，如傅青主，寒熙戊午，鴻博，不赴，著有易象圖述，山史。

王宏撰　志字無異，號山史，齋集等書，華陰人，明諸生，康熙戊午，鴻博不赴，著有易象圖述，山史。

李顒　字見師，有晚年堅苦力學，無師而成，吾林不如李中孚相見。

申涵光　廣州字，著有聰山集，永平人，集平人，林有夏，贈柔弟詩子，晚年苦力學，無師而成，吾林不如李中孚。

孫奇逢　訪別夏峰有亭，贈孫徵君詩，見孟津，山集，有聰山集，贈孫徵君詩縣。

朱彝尊　字別見「亭林」章在爾雅中宅始交竹垞有贈答詩文吾不如朱錫鬯師

屈大均　字外字翁山在關山中番禺人交亭林有有贈答詩文

顏光敏　字修來曲阜人時修來有奔走園最集力亭

張昭　臣字任力校臣刻山陽獄卒時修來有樂園集金石文

王錫闡　不別見王寅旭莆田人菁有學究六書信石好古吾不如張力臣「力」

吳志伊　曰別見廣師篇云中有學贈王天高士薙乎閱詩吾不如吳任臣「廣注」

閻若璩　等字百詩調改亭林於太原條原出

楊瑀　云字一雪臣號武進人秉鐙集中一有詩贈

錢澄之　字歷原帝名乘遺民字飲光關有九死永歷亡易僧裝終老著有田間易學田間詩學藏山閣稿田間集明末野史「永歷實錄」

戴廷栻　爲字楓亭修林築室於祁縣人博學好古著有書半可集啟

戴笠　次初名笠字耕之師立亭字仲祁縣人築室於祁之南山且著有書供採覽

黃宗羲　字別梨洲見所著亭林舊錄中但六十四歲二人似與梨洲未通書見

湯斌　諡文正字孔伯號峴相明史以人來夏峰問義弟子例卒在林答「達官」

朱鶴齡　字春字秋長集儒證吳等江書人又明注諸杜生工入部李義山著詩亭林集中有贈詩傳

陳芳績　字理沿革表四十七卷鼎和爲林集亭林友有贈亮工著詩數首地

潘耒　字次耕號稼堂吳江人力田之弟遭家難年甫數歲易姓為吳從母姓也既壯從亭林學於汾州亭林爭用力最

視之猶子集中與論學書最多次耕

勤事　又師事徐俟齋戴耘野皆經學其後事風義獨絕著有遂初堂集

亭林著述自日知錄及文集其他多種皆由次耕編定初校刻次耕

徐乾學　字原一號健菴崑山人亭林外甥官至刑部尚書

又書主修一統志著有讀禮通考憺園集

徐元文　字公肅號立齋健之弟官至大學士嘗主修明史

說亭林是清代經學之建設者因為他高標『經學卽理學』這句話成為清代經學家信仰之中心其實亭林之學問決不限於經學而後此之經學也不見得是直衍亭林之傳其純以經學名家而且於後來經學家學風直接有關係者或者要推閻百詩其次則胡朏明和萬充宗。

閻百詩名若璩別號潛丘居士山西太原人寄籍江蘇之山陽生明崇禎九年卒清康熙四十三年（一六三六——一七〇四）年六十九他的父親名修齡號牛叟本淮南鹽商但很風雅也可算一位名士或一位遺老百詩人格之峻整遠不如亭林生平行誼除學者日常生活外無特別可記康熙十七年他應博學鴻儒科下第很發牢騷其後徐健菴在洞庭山開局修大清一統志聘他參與其事他六十八歲的時候清聖祖南巡有人薦他召見趕不上他很懊喪時清世宗方在潛邸顏收羅名士把他請入京他垂老嬰病而往不久便卒於京寓其行歷可記者僅如此所著書曰古文尚書疏證八卷毛朱詩說一卷四書釋地六卷潛邱箚記六卷孟子生卒年月考一卷困學紀聞注二十卷

百詩僅有這點點成績為什麼三百年來公認他是第一流學者呢他的價值全在一部古文尚書疏證尚書在漢代本有今古文之爭伏生所傳二十八篇叫做「今文尚書」別有十六篇說是孔安國所傳叫做「古文尚

書」然而孔安國這十六篇魏晉之間久已沒有人看見到東晉忽然有梅賾其人者拿出一部古文尚書來篇

數却是比今文增多二十五篇而且有孔安國做的全傳——即全部的注到初唐陸德明據以作經典釋文孔

穎達據以作正義自此以後治尚書者都用梅賾本一千餘年著爲功令中間雖有吳棫朱熹吳澄梅鷟諸人稍

稍懷疑但都未敢昌言攻擊百詩著這部古文尚書疏證纔盡發其覆引種種證據證明那二十五篇和孔傳都

是東晉人贗作百詩從二十歲起就着手著這部書此後四十年間隨時增訂直至臨終還未完成自這部書出

版後有毛西河奇齡 著古文尚書冤詞和他抗辯在當時學術界爲公開討論之絕大問題結果閻勝毛敗四庫

提要許閣書所謂『有據之言先立於不可敗也』自茲以後惠定宇棟之古文尚書考段茂堂玉裁 之古文尚

書撰異等皆衍閻緒益加綿密而僞古文一案遂成定讞最後光緒年間雖有洪右臣良品 續作冤詞然而沒有

人理他成案到底不可翻了。

請問區區二十篇書的真僞辨明有何關係值得如此張皇推許嗎答道，是大不然這二十幾篇書和別的書

不同二千餘年來公認爲神聖不可侵犯之寶典上自皇帝經筵進講下至蒙館諫讀沒有一天不背誦他忽焉

真賍實證發現出全部是假你想想思想界該受如何的震動呢學問之最大障礙物莫過於盲目的信仰凡信

仰的對象照例是不許人研究的造物主到底有沒有耶穌基督到底是不是人這些問題基督教徒敢出諸口

嗎何止不敢出諸口連動一動念也不敢哩若使做學問的都如此那麼更無所謂問題更無所謂研究還有什

麼新學問發生呢新學問發生之第一步是要將信仰的對象一變爲研究的對象既成爲研究的對象則因問

題引起問題自然有無限的生發中國人向來對於幾部經書完全在盲目信仰的狀態之下自古文尚書疏證

出來總知道這幾件「傳家寶」裏頭也有些靠不住非研究不可研究之路一開便相引於無窮自此以後今文和古文的相對研究六經和諸子的相對研究乃至中國經典和外國經典相對研究經典和「野人之語」的相對研究都一層一層的開拓出來了所以百詩的古文尚書疏證不能不認為近三百年學術解放之第一功臣。

百詩為什麼能有這種成績呢因為他的研究方法實有過人處他的兒子說道『府君讀書每於無字句處精思獨得而辯才銳穎證據出入無方當之者輒失據常曰「讀書不尋源頭雖得之殊可危」手一書至檢數十書相證侍側者頭目為眩而府君精神湧溢眼爛如電一義未析反復窮思飢不食渴不飲寒不衣熱不扇必得其解而後止』閻詠左汾近稿 先府君行述 他自己亦說『古人之事應無不可考者縱無正文亦隱在書縫中要須細心人一搜出耳』潛邱劄記卷六 戴東原亦說『閻百詩善讀書百詩讀一句書能識其正面背面』段玉裁著戴先生年譜 大抵百詩學風如老吏斷獄眼光極尖銳手段極嚴辣然而判斷必遵證據證據往往在別人不注意處得來四庫提要讚美他說『考證之學未之或先』古文尚書疏證條下 百詩在清學界位置之高以此。

四庫提要又說『若璩學問淹通而負氣求勝與人辯論往往雜以毒詈惡讟與汪琬遂成讎釁顛乖著書之體』記潛邱劄據條下 他的著述和傳記看來這種毛病實所不免比顧亭林的虛心差得多了又以著書體例論如古文尚書疏證本專研究一個問題乃書中雜入許多信札日記之類與全書宗旨無涉如四書釋地標名釋地而所釋許多溢出地理範圍外如孟子生卒年月考考了一大堆年月依然無著諸如此類不能不說他欠謹嚴雖然凡一個學派的初期作品大率粗枝大葉瑕類很多正不必專責備百詩哩。

清初經師閻胡齊名胡朏明名渭號東樵浙江德清人卒康熙五十三年（七七一四）年八十二他行歷更簡單不過一老諸生曾和閣百詩萬季野黃子鴻同參一統志局晚年清聖祖南巡獻頌一篇聖祖賜他「耆年篤學」四個大字他一生事蹟可記者僅此他著書僅四種一禹貢錐指二十卷附圖四十七幅二易圖明辨十卷三洪範正論五卷四大學翼眞七卷他的學風不尙泛博專就一個問題作窄而深的研究開後人法門不少幾部書中後人最推重的是禹貢錐指這部書雖然有許多錯處還但精勤搜討開後來研究地理沿革的專門學問。

價值當然也不可磨滅但依我看東樵所給思想界最大影響還是在他的易圖明辨易圖明辨是專辨宋儒所傳「太極」「先天」「後天」——即所謂「河圖」「洛書」等種種矯誣之說這些圖是宋元明儒講玄學的惟一武器關得人神昏眼亂始終莫名其妙但他們說是伏羲文王傳來的實具誰也不敢看輕他看不懂只好認自己笨拙罷了明清之交黃梨洲宗羲晦木宗炎兄弟始著專書關其謬東樵曾否見他們的書不可知但他卻用全副精力做十卷的書專來解決這問題他把這些圖的娘家找出來原來是華山道士陳摶弄的把戲發展轉傳到邵雍又把娘家的娘家尋根抵原來是誤讀讖緯等書加以穿鑿傅會造出來的於是大家都知道這些都是旁門左道和易經了無關係我們生當今日這些鬼話久已沒人過問自然也不感覺這部書的重要但須知三百年前像周濂溪太極圖說朱子易本義一類書其支配思想界的力量和四書五經差不了多少東樵這種廓清闢真所謂「功不在禹下」哩洪範正論的旨趣也大略相同專掃盪漢儒『五行災異』之說破除迷信所以我說東樵破壞之功過於建設他所以能在學術界占重要位置者以此。

萬充宗也是初期經學界一位重要人物充宗名斯大浙江鄞縣人康熙二十二年卒（一六八三）年五十一

父泰字履安黃梨洲老友履安有八子都以學問著名充宗行六最幼的是季野〔斯同〕八兄弟皆從學梨洲但都不大理會他的陽明學季野稱史學大師而充宗以經學顯梨洲替充宗作墓志銘述其治學方法曰『充宗以爲非通諸經不能通一經非以經釋經則亦無由悟傳注之失何謂通諸經以通一經經文錯互有此略而彼詳者有此同而彼異者因詳以求其略因異以求其同學者所當致思也何謂悟傳注之失學者入傳注之重圍其於經也無庸致思經既不思則傳注無失矣若之何而悟之何謂以經解經世之信傳注者過於信經試拈二節爲例(文繁不引)……充宗會通各經證墜輯缺聚訟之議渙然冰釋奉正朔以批閏位百注遂無堅城……』讀這段話充宗的經學怎樣做法可以概見了充宗著書有春秋隨筆十卷學禮質疑二卷儀禮商三卷禮記偶箋三卷周官辨非二卷依我看周官辨非價值最大周官這部書歷代學者對他懷疑的很不少著專書攻擊而言言中肯者實以此書爲首萬氏兄弟皆講風節充宗尤剛毅張蒼水嘗言就義他親自收葬即此可想見其爲人可惜死得早了若使他有顧黃閻胡的年壽他所貢獻於學界怕不止此哩

同時還有一位學者不甚爲人所稱道而在學術史上實有相當位置者曰姚立方立方名際恆一字首源安徽休寧人寄籍仁和爲諸生(生卒年待考)據古文尚書疏證知道他此圖百毛西河詩話云『亡兄爲仁和廣〔詩小十一歲但未知卒在何年〕文嘗曰「仁和祇一學者猶是新安人」謂姚際恆也予嘗作何氏存心藏書序以似兄曰「何氏所藏有幾不過如姚立方腹笥已耳」……據此則立方學問之博可以概見立方五十歲著手注九經閱十四年而成名曰九經通論又著庸言錄雜論經史理學諸子這兩部書我都未得見不知其內容如何所見者只有他的古今偽書考自易經的孔子十翼起下至許多經注許多子書他都懷疑真算一位「疑古的急先鋒」了他別有

書十卷專攻僞古文尚書閣百詩說他「多超人意外」喜歡極了手鈔許多散入疏證各條下見古文尚書<small>疏證卷八</small>我

想立方這個人奇怪極了我希望將來有機會全讀他的著作再下批評

附初期經學家表

清代經學至惠定宇戴東原而大成前此只能算啓蒙時代除本講及前後諸講特舉論列之諸家外就

憶想所及表其姓名其蹈襲明學緒餘者不入

黃宗炎二字晦木餘姚人梨洲之弟著有憂患學易一書內分周易象辭十九卷專門徐論圖學辨惑一卷圖學辨惑即辨先後天方圓等圖也又有六書會通論小學

張爾岐學見友表

朱鶴齡同上

錢澄之同上

陳啓源字長發吳江人著毛詩稽古編三十卷

馮景字山公錢店人與閻若璩友嘗助其著古文尚書外孫也著有解春集二十卷盧文弨其外孫也

臧琳字玉林武進人著經義雜記三十卷尚書集解百二十卷閻若璩謂爲隱德君子嘉慶間其元孫庸始校刻其書

七 兩畸儒

—— 王船山 朱舜水

中庸說「君子之道闇然而日章」南明有兩位大師在當時在本地一點聲光也沒有然而在幾百年後或在

外國發生絕大影響其人曰王船山曰朱舜水、

船山名夫之字而農一號薑齋湖南衡陽人因晚年隱居於湘西之石船山學者稱為船山先生生明萬曆四十

七年卒清康熙三十一年（一六一九——一六九二）年七十四他生在比較偏僻的湖南除武昌南昌肇慶

三個地方曾作短期流寓外未曾到過別的都會當時名士除劉繼莊（獻廷）外沒有一個相識又不開門講學所

以連門生也沒有張獻忠蹂躪湖南時候他因為不肯從賊幾乎把命送掉清師下湖南他在衡山舉義反抗失

敗後走桂林大學士瞿文忠（式耜）很敬重他特薦於永歷帝授行人司行人時永歷帝駐蹕肇慶王化澄當國紀綱

大壞獨給諫金堡等五人志在振刷不為羣小所容把他們下獄行將殺害船山奔告少傅嚴起恆力救他們化

澄於是參起恆船山亦三上疏參化澄恨極誓要殺他有降帥某救他繞免返桂林依瞿式耜因母病回衡

陽其後式耜殉節桂林起恆也在南寧遇害船山知事不可為遂不復出當時清廷嚴令薙髮不從者死他誓死

抵抗轉徙苗猺山洞中艱苦備嘗到處拾些破紙或爛帳簿之類充着作稿紙著書極多二百年來幾乎沒有人

知道直至道光咸豐間鄧湘皋（顯鶴）纔蒐集起來編成一張書目同治間曾沅圃（國荃）纔刻成船山遺書共七十

七種二百五十卷此外未刻及已佚的還不少內中說經之書關於易經者五種（周易內傳 周易大象解 周易稗疏 周易考異 周易外傳）關

於書經者三種（書經稗疏 書經引義 考異）關於詩經者三種（詩經稗疏 詩廣傳 詩經考異）關於禮記者一種（禮記章句）關於春秋者四種（春秋

家說 春秋世論 春秋左傳博議）關於四書者五種（四書訓義 四書稗疏 四書大全說 四書考異 四書詳解）關於小學者一種（說文廣義）其解釋諸子之書則

有老子衍莊子解莊子通呂覽釋淮南子注其解釋宋儒書則有張子正蒙注近思錄釋其史評之書則有讀通

鑑論宋論其史料之書則有永曆實錄其雜著則有思問錄內外篇俟解噩夢黃書識小錄龍源夜話等此外詩文集詩餘詩話及詩選文選等又若干種內中最特別的有相宗絡索及三藏法師八十規矩論贊之兩種研究法相宗的著述晚唐來千餘年此為僅見了鄧湘皋既述其目系以敍論曰「先生生當鼎革竊自維先世為明世臣存亡與共甲申後崎嶇嶺表備嘗險阻既知事不可為乃退而著書竄伏祁永漣邵山中流離困苦一歲數徙其處……故國之戚生死不忘……當是時海內儒碩北有容城西有整崖東南則有崑山餘姚先生刻苦似二曲貞晦過夏峯多聞博學志節皎然不愧顧黃兩先生顧諸君子肥遯自甘聲名亦炳雖隱逸之薦鴻博之徵皆以死拒而公卿交口天子動容其志易白其書易行先生竄身猺峒絕跡人間席棘飴茶聲影不出林莾門人故舊又無一有氣力者為之推挽歿後遺書散佚後生小子至不能舉其名姓可哀也已」這段話可謂極簡括極沈痛讀之可以想見船山為人了

船山和亭林都是王學反動所產人物但他們不但能破壞而且能建設拿今日的術語來講亭林建設方向近於「科學的」船山建設方向近於「哲學的」

西方哲家前此惟高談宇宙本體後來漸漸覺得不辨知識之來源則本體論等於瞎說於是認識論和論理學成為哲學主要之一部分船山哲學正從這方向出發他有知性論一篇把這個問題提出說道

「言性者皆曰吾知性也折之曰性弗然也猶將曰性胡弗然也故必正告之曰爾所言性者非性也今吾勿問其性且問其知知實而不知名知名而不知實皆不知也……目擊而遇之有其成象而不能為之名如是者於體非芒然也而不給於用無以名之斯無以用之也曾聞而識之謂有名之必有實而究不能得其實如

是者執名以起用而芒然於其體雖有用固異體之用非其用也。夫二者則有辨矣。知實而知名弗求名焉則

用將終紬問以審之學以證之思以反求之。則實在而終得乎名。體定而終伸其用……知名而不知實以爲

既知之矣。則終始於名而怡悦以測其影。斯問而益疑。學而益辟。思而益甚。其狂惑以其名加諸迥異之體枝

辭曰與愈離其本。……夫言性者則皆有名之可見。而終不知何者之爲性。蓋不知何如之爲「

知」。而以知名當之。……故可直折之曰。其所云性者非性。其所自謂知者非知……

然則他對於「知」的問題怎樣解答呢。他排斥「唯覺主義」他說

『見聞可以證於知已知之後。而知不因見聞而發』正蒙註卷四上

『耳與聲合。目與色合。皆心所翕闢之牖也。合故相知。乃其所以合之故。則豈耳目聲色之力哉。故與薪過前

羣言雜至而非意所屬。則見如不見。聞如不聞。其非耳目之受而即合明矣』同上

前文所錄知性篇言「知名不知實」之弊。其意謂向來學者所論爭只在名詞上。然而名詞的來源實不過見

聞上一種習氣。他說

『感於聞見觸名思義不得謂之知能……聞見習也。習所之知者有窮』同上

又說

『見聞所得者象也……知象者本心也。非識心者象也。存象於心而據之以爲知。則其知者象而已。象化其

心而心唯有象。不可謂此吾心之知也明矣』同上

「象化其心」怎麼解呢。他說

七六

『其所爲信諸已者或因習氣或守一先生之言漸漬而據爲亡心』解俟

他根據這種理論斷言『緣見聞而生之知非眞知』同上以爲因此發生二蔽其一『流俗之徇欲者以見聞域

其所知」其二則『釋氏據見聞之所窮而遂謂無』他因此排斥虛無主義說道。

目所不見非無色也耳所不聞非無聲也言所不通非無義也故曰『知之爲知之不知爲不知』知其有不

知者存則既知有之矣是知也……』內篇思問錄

他又從論理方面難虛無主義說道。

『言無者激於言有者而破除之也就言有者之所謂有而謂無其有也天下果何者而可謂之無哉……言

者必有所立而後其說成今使言者立一「無」於前博求之上下四維古今存亡而不可得窮矣』同上

他於是建設他的實有主義說道。

『無不可爲體人有立人之體百姓日用而不知爾雖無形跡而非無實使其無也則生理以何爲體而得存

耶……』正蒙注卷三下

他所認的實體是什麼就是人的心他說。

過去吾識也未來吾慮也現在吾思也天地古今以此而成天下之賾賾以此而生』內篇思問錄

他的本體論重要根據大概在此我們更看他的知識論和本體論怎麼的結合他所謂「眞知」是『誠有而

自喻如暗中自指其口鼻不待鏡而悉』正蒙注卷四上這種知他名之曰「德性之知」但他並不謂知限於此他說。

『因理而體其所以然知以天也（超經驗的）事物至而以所聞所見者證之知以人也（經驗的）通學

識之知於德性之所喻而體用一源則其明自誠而明也．正蒙注卷三下

又說

『誰知有其不知而必因此（所知者）以致之（即大學致知之致）不迫於其所不知而索之。』思問錄內篇

又說

『內者心之神外者物之法象．法象非神不立神非法象不顯多聞而擇多見而識乃以啟發其心思而令歸於一又非徒恃存神而置格物窮理之學也』正蒙注卷四上

欲知船山哲學的全系統非把他的著作全部子細紬繹後不能見出．可惜我未曾用這種苦功．而且這部小講義中也難多講簡單說．

一．他認「生理體」爲實有．

二．認宇宙本體和生理體合一．

三．這個實體即人人能思慮之心．

四．這種實體論建設在知識論的基礎之上．其所以能成立者因爲有超出見聞習氣的「眞知」在．

五．見聞的「知」也可以補助「眞知」與之駢進．

依我很粗淺的窺測船山哲學要點大略如此若所測不甚錯那麼我敢說他是爲宋明哲學闢一新路．因爲知識本質知識來源的審查宋明人是沒有注意到的船山的知識論對不對另一問題他這種治哲學的方法不能不說比前人健實許多了他著作中有關於法相宗的書兩種或者他的思想受法相宗一點兒影響也未可

知．

亭林極端的排斥哲理談——最不喜講「性與天道」船山不然一面極力提倡實行一面常要研求最高原

理爲什麼如此呢船山蓋認爲有不容已者他說

『人之生也君子而極乎聖小人而極乎禽獸苟不知所以生不知所以死則爲善爲惡皆非性分之所固有職

分之所當爲下焉者何弗蕩棄彝倫以逐其苟且私利之欲其稍有恥之心而厭焉者則見爲寄生兩間去來無

準惡爲贅疣善亦弁髦生無所從而名與善皆屬漚瀑以求異於逐而不返之頑鄙乃其究也不可以終日則又

必侊出狂爲無縛無礙之邪說終歸於無忌憚自非究吾之所始與其所終神之所化鬼之所歸效天下之正

而不容不懼以終始惡能釋其惑而使信於學……』注張子正蒙自序

船山之意以爲要解決人生問題須先講明人之所以生若把這問題囫圇躲過不講那麼人類生活之向上便

無根據無從鞭策起來否則爲不正當的講法所誤致人生越發陷於不安定船山所以不廢哲理談者意蓋在

此．

船山雖喜言哲理然而對於純主觀的玄談則大反對他說

『經云「事有終始知所先後則近道矣」遞推其先則曰「在格物物格而後知至」……蓋嘗論之何以

謂之德行焉而得之謂也何以謂之善處焉而宜之謂也不行胡得不處胡宜則君子之所謂知者吾心喜怒

哀樂之節萬物是非得失之幾誠明於心而不昧之謂耳……今使絕物而始靜焉舍天下之惡而不取天下

之善墮其志息其意外其身於是而洞洞焉晃晃焉若有一澄澈之境……莊周瞿曇氏之所謂知盡此矣然

而求之於身身無當也求之於天下天下無當也行焉而不得處焉而不宜則固然矣於是曰「吾將不行矣

不得不處奚不宜」乃勢不容己而抑必與物接則又洸洋自恣未有不躓而狂者也……有儒之駮者起焉

有志於聖人之道而憚至善之難止也……於是取大學之教疾趨以附二氏之途以其恍惚窅明之見名之

曰此明德也此知也此致良知而明明德也體用一知行合善惡派介然有覺頹然任之而德明於天下矣乃

羅織朱子之過而以窮理格物爲其大罪天下之畏難苟安以希冀不勞無所忌憚而坐致聖賢者翕然起而

從之……」傳衍大學補

可以整理出來

爲沒有研究清楚不敢多說有志研究的人請把他所著正蒙注思問錄內篇做中堅再博看他別的著作或者

船山反對王學的根本理由大概如此他所以想另創新哲學的理由亦在此至於他的哲學全系統如何我因

自將船山遺書刻成之後一般社會所最歡迎的是他的讀通鑑論和宋論這兩部自然不是船山第一等著作、

但在史評一類書裏頭可以說是最有價值的他有他的一貫精神借史事來發表他有他的特別眼光立論往

往迥異流俗所以這兩部書可以說是有主義有組織的書若拿出來和呂東萊的東萊博議張天如的歷代史

論等量齊觀那便錯了「攘夷排滿」是裏頭主義之一種所以給晚清青年的刺激極大現在事過境遷這類

話倒覺無甚意義了。

船山本來不是考證學派但他的經說考覈精詳者也不少鄧湘皋說『當代經師後先生而與者無慮百十家

所言皆有根柢然諸家所著有據爲新義輒爲先生所已言者四庫總目於春秋稗疏會及之以余所見尤非一

事蓋未見其書也」湘泉這話很不錯越發可見船山學問規模之博大了．

船山學術二百多年沒有傳人到咸同間羅羅山潭南像稍為得著一點後來我的畏友譚壯飛嗣同研究得很

深我讀船山書都是壯飛教我但船山的復活只怕還在今日以後哩．

有一位大師在本國幾乎沒有人知道然而在外國發生莫大影響者曰朱舜水日本史家通行一句話說『

德川二百餘年太平之治』說到這句話自然要聯想到朱舜水

舜水名之瑜字魯璵浙江餘姚人生明萬歷二十八年卒清康熙二十一年（一六〇〇——一六八二）年八

十三他是王陽明黃梨洲的胞同鄉他比梨洲長十一歲比亭林長十四歲他和亭林同一年死僅遲三個月最

奇怪的我們研究他的傳記知道他也曾和梨洲同在舟山一年然而他們倆像未曾相識其餘東南學者也並

沒有一位和他有來往他的「深藏若虛」可比船山還加幾倍了

崇禎十七年明亡時候他已經四十五歲了他早年便絕意仕進那時不過一位貢生並無官職福王建號南京．

馬世英要羅致他他不就逃跑了從南京失陷起到永曆被害止十五年間他時而跑日本安南跑暹羅時而

返國內日日奔走國事他曾和張蒼水煌言在舟山共事他曾入四明山助王完勳翊練寨兵他曾和馮躋仲京

第到日本乞師他曾隨鄭延平成功入長江北伐到最後百無可為他因為抵死不很薙髮只得亡命日本以終

老當時日本排斥外人不許居住有幾位民間志士敬重他為人設法破例留他住在長崎住了七年日本宰相

德川光國請他到東京待以賓師之禮光國親受業為弟子其餘藩侯藩士（日本當時純為封建制像我國春

秋時代）請業的很多舜水以極光明俊偉的人格極平實淹貫的學問極肫摯和藹的感情給日本全國人以

莫大的感化德川二百年日本整個變成儒教的國民最大的動力實在舜水後來德川光國著一部大日本史。

專標「尊王一統」之義五十年前德川慶喜歸政廢藩置縣成明治維新之大業光國這部書功勞最多而光

國之學全受自舜水所以舜水不特是德川朝的恩人也是日本維新致強最有力的導師。

舜水並沒有開門講學也沒有著書我們研究這個人只靠他一部文集裏頭的信札和問答他以羈旅窮困之

身能博鄰國全特他人格的權威他說『不侫生平無有言而不能行者無有行而不如其言者。

文集卷九答安東守約書 又說『弟性直率毫不猶人不論大明日本惟獨行其是而已不問其有非之者也』文集卷十二答小宅

朱順水問 又說『自流離喪亂以來二十六七年矣其瀕於必死大者十餘⋯⋯是故青天白日隱然若雷霆震於

文集卷十八德始堂記 又說『僕事事不如人獨於「富貴不

其上至於風濤險巇傾蕩顛危則坦然無疑蓋自信者素耳

能淫貧賤不能移威武不能屈」似可無愧於古聖先賢萬分之一一身親歷之事固與士子紙上空談者異也。

小宅生順書 他是個德行純粹而意志最堅強的人常常把整個人格毫無掩飾的表現出來與人共見所以

當時日本人對於他「如七十子之服孔子」殊非偶然

他的學風主張實踐排斥談玄他說『先儒將現前道理每每說向極微極妙處固是精細工夫然聖狂分於毫

氂未免使人懼不侫舉極難重事一概都說到明明白白平平常常似乎膚淺庸陋「然人人皆可爲堯舜」之

意也。⋯⋯末世已不知聖人之道而偶有向學之機又與之辨析精微而逆折之使智者詆爲詔狗而不肖者望

若登天⋯⋯此豈引掖之意乎」安東守約書 又說『顏淵問仁孔子告以非禮勿視聽言動夫視聽言動者耳

目口體之常事禮與非禮者中智之衡量而「勿」者下學之持守豈夫子不能說玄說妙言高言遠哉抑顏淵

八二

之才不能爲玄爲妙爲高爲遠哉……故知道之至極者在此而不在彼也』〔文集卷十勿齋記〕舜水之教人者大略如

此

這種學風自然是王學的反動所以他論陽明許以豪傑之士但謂其多却講學一事〔文集卷六答佐野同翁書〕不惟王學爲

然他對於宋以來所謂「道學家」皆有所不滿他說『有良工能於棘端刻沐猴此天下之巧匠也然不佞得

此必詆之爲砂礫何也工雖巧無益於世用也……宋儒辨析毫釐終不曾做得一事況又於其屋下架屋哉』

他論學問以有實用爲標準所謂實用者一曰有益於自己身心二曰有益於社會他說『爲學之道在於近裏

着己有益天下國家不在掉弄虛脾捕風捉影……勿剝穚粉飾自號於人曰我儒者也處之危疑而弗能決投

之艱大而弗能勝豈儒者哉』〔文集卷十答村庸禮書〕他所謂學問如此然則不獨宋明道學卽淸儒之考證學也非他所

許可以推見了

舜水嫻習藝事有巧思『嘗爲德川光國作學宮圖說圖成模之以木大居其三十分之一棟樑枅椽莫不悉備

而殿堂結構之法梓人所不能通曉者舜水親指授之及度量分寸湊離機巧教喻縝密經歲乃畢光國欲作石

橋舜水授梓人制度梓人自愧其能之不及此外器物衣冠由舜水繪圖教製者甚多』〔據今井弘濟安積覺我合撰舜水先生行實〕我

們因這些事實可以見舜水不獨爲日本精神文明界之大恩人卽物質方面所給他們的益處也不少了

總而言之舜水之學和亭林習齋皆有點相近博學於文工夫不如亭林而守約易簡或過之摧陷廓淸之功不

如習齋而氣象比習齋博大舜水之學不行於中國是中國的不幸然而行於日本也算人類之幸了

中國近三百年學術史

八三

夏峯棃洲亭林船山舜水這些大師都是才氣極倜儻而意志極堅強的人舜水尤為伉烈他反抗滿洲的精神，

至老不衰他著有陽九述略一篇內分致虜之由虜禍滅虜之策等條末題「明孤臣朱之瑜泣血稽顙謹述」。

此外文集中關於這類的話很多這類話入到晚清青年眼中像觸着電氣一般震得直跳對於近二十年的政

治變動影響實在不小他死後葬在日本現在東京第一高等學校便是他生前的住宅死後的墳園這回大震

災儌倖沒有毀掉聽說日本人將我們的避難學生就收容在該校我想這些可愛的青年們當着患難時候瞻

仰這位二百多年前蒙難堅貞的老先生的遺跡應該受不少的感化罷。

八　清初史學之建設

——萬季野　全謝山附初期史學家及地理學家——

我最愛晚明學者虎虎有生氣他們裹頭很有些人用極勇銳的努力想做大規模的創造即以對於明史一事

而論我覺得他們的氣魄比現代所謂學者們高得多了。

史事總是時代越近越重要考證古史雖不失為學問之一種但以史學自任的人對於和自己時代最接近的

史事資料較多詢訪質證亦較便不以其時做成幾部宏博翔實的書以貽後人致使後人對於這個時代的史

蹟永遠在迷離徜徉況中又不知要費多少無謂之考證繞能得其真相那麼真算史學家對不起人了我想將來

一部「清史」——尤其關於晚清部分眞不知作如何交代直到現在我所知道的像還沒有人認這問題為

重要把這件事引為己任比起晚明史學家我們真是慚愧無地了。

明清之交各大師大率都重視史學——或廣義的史學卽文獻學試一閱亭林梨洲船山諸家著述目錄便可以看出這種潮流了內中專以史學名家極可佩服而極可痛惜的兩個人先要敍他們一敍

吳炎字赤溟潘檉章字力田俱江蘇吳江人兩位都是青年史學家——顧亭林忘年之友不幸被無情的文字獄犧牲了兩位所要做的事業都未成功又蒙奇禍而死死後沒有人敢稱道他我們幸而從顧亭林潘次耕著逃裏頭得着一點資料亭林詩集汾洲祭吳潘二節士詩有『一代文章亡左為千秋仁義在吳潘』之句可謂推挹到極地了亭林文集有書吳潘二子事一篇據所記則赤溟力田二人皆明諸生國變時年僅二十以上發願以私人之力著成一部明史亭林很敬慕他們把自己所藏關於史料之書千餘卷都借給他們康熙二年湖州莊廷鑨史獄起牽累七十多人陸麗京折卽其一也而吳潘皆與其難亭林說他們『懷紙吮筆早夜矻矻其所手書盈林滿篋而其才足以發之』又說『二子少余十餘歲而余視為畏友』他們的學問人格可想見了。

力田實次耕之兄過難後家屬都被波累次耕改從母姓為吳其後次耕從亭林及徐昭法學克成德業從兄志也兩人合著的明史遭難時抄沒焚燒了（亭林藏書也燒在裏頭）赤溟別無著書（我僅在歸元恭文續鈔裏面看見他作的一篇序）力田著書存者有國史考異松陵文獻兩種但國史考異已成者三十卷燒膡下的僅有六卷次耕的遂初堂集對於這兩部書各有一篇序我們從這兩篇序裏頭可以看出力田的著述體例及其用力方法大約大部分工夫費在鑑別史料上頭用科學精神治史要首推兩君了。（因本校圖書館無遂初堂集未能徵引原文改天再補入）兩君明史稿之遭刦我認為是我們史學界不能回復之大損失嗚呼

野．

我在第五講裏頭曾經說過黃梨洲是清代史學開山之祖梨洲門下傳受他的史學者是萬充宗的兄弟萬季

季野名斯同卒康熙四十一年（一七〇二）年六十他的籍貫家世在第五講已經敍過了他的父兄都是有

學問的人兄弟八人他最幼據全謝山做的傳說他小孩子時候異常淘氣他父親履安先生泰每說要把他送

和尚廟裏當徒弟他頑性依然不改於是把他鎖在空房裏他看見架上有明史料數十冊翻一翻覺得有趣

幾日間讀完了自是便刻志向學踰年遂隨諸兄後學於梨洲門下年最少梨洲最賞愛他梨洲學問方

面很多所著明史案今僅存其目否成書蓋未可知季野學固極博然尤嗜文獻最熟明代掌故自幼年即以

著明史爲己任康熙十七年詔徵鴻博有人薦他他力拒乃免明年開明史館亭林的外甥徐元文當總裁極力

要羅致他他因爲官局搜羅資料較容易乃應聘入京給他官他不要請以布衣參史事不署銜不受俸住在元

文家裏所有纂修官的稿都由他核定他極反對唐以後史書設局分脩的制度說道

「昔遷固才既傑出又承父學故事信而言文其後專家之書才雖不逮猶未至如官修者之雜亂也譬如入

人之室始而周其堂寢匭瀆繼而知其蓄產禮俗久之其男女少性質剛柔輕重賢愚無不習察然後可制

其家之事若官修之史倉卒而成於衆人不暇擇其才之宜與事之習是猶招市人而謀室中之事也吾所

以辭史局而假館總裁所者惟恐衆人分操割裂使一代治亂之迹闇昧而不明耳」錢大昕潛研堂集萬季野先生傳

季野自少時已委身於明史至是旅京十餘年繼續他的工作著成明史稿五百卷他略述著書旨趣道

「史之難言久矣……而在今則事之信尤難好惡因心而毀譽隨之一家之事言者三人而其傳各異矣況

數百年之久乎言語可曲附而成事跡可鑿空而搆其傳而播之者未必皆直道之行也其聞而書之者未必

有裁別之識也非論其世而知其人而具見其表裏則吾以爲信而枉者多矣……實錄者直載其事與言而無

所增飾者也因其世以考其事竅其言而平心察之則其本末十得八九矣然言之發或有所由事之端或由

所起而其流或有所激則非他書不能具也凡實錄之難詳者吾以他書證之他書之誣且濫者吾以所得於

實錄者裁之雖不敢具謂可信而枉者或鮮矣昔人於宋史已病其繁燕而吾所述將非倍爲非不知簡之爲貴

也吾恐後之人務博而不知所裁故先爲之極使知吾所取者有可損而所不取者必非其事與言之眞而不

可益也」方苞望溪文集萬季野先生墓表

自唐以後設官局脩史大抵湊雜成篇漫無別擇故所成之書燕穢特甚內中如歐陽永叔之五代史記朱晦庵

之通鑑綱目等號稱爲有主義的著作又專講什麼「春秋筆法」從一兩個字眼上頭搬演花樣又如蘇老泉

東坡父子呂東萊張天如等輩專作油腔滑調的批評供射策勸說之用宋明以來大部分人——除司馬溫公

劉原父鄭漁仲諸人外——所謂史學大率如此到潘力田萬季野他們所做的工作與前不同他們覺得歷

史其物非建設在正確事實的基礎之上便連生命都沒有了什麼「書法」和批評豈非都成廢話然而欲求

事實的正確決非靠空洞的推論和尖巧的臆測所能得必須用極耐煩工夫在事實自身上旁推反勘纔可以

得著眞相換一句話說他們的工作什有七八費在史料之蒐集和鑑別他們所特別致力者雖在明史但這種

研究精神影響於前淸一代史學界不少將來健實的新史學恐怕也要在這種研究基礎之上纔能發生呵

現行明史在二十四史中——除馬班范陳四書外最爲精善殆成學界公論了明史雖亦屬官局分修然實際

上全靠萬季野。錢竹汀說『乾隆初大學士張公廷玉等奉詔刊定明史，以王鴻緒史稿爲本而增損之。王氏稿大半出先生手』。瀰研堂集。乾隆四年張廷玉進明史表云『惟舊臣王鴻緒之史稿經蓋實錄也名人三十載之用心……』名人即指季野不便質言耳。關於這件事，我們不能不替萬季野不平。而且還替學界痛惜。蓋明史館總裁自徐元文後繼任者爲張玉書、爲陳廷敬、爲王鴻緒，都敬禮季野。費十幾年工夫纔把五百卷的明史藁著成。季野卒於京師，旁無親屬，所藏書籍數十萬卷都被錢名世其人者全數乾沒去，明史稿原本便落在王鴻緒手。鴻緒本屬斂壬巧宦，康熙末年依附皇八子搆煽奪嫡，卒坐放廢，這類人有什麼學問什麼人格呢，他得着這部書便攘爲己有，叫人謄鈔一分，每卷都題『王鴻緒著』，而且板心都印有「橫雲山人集」字樣，拿去進呈，自此萬稿便變成王稿了。這還不要緊，因爲這位「白晝行刦的偷書賊」贓證具在人人共知，徒加增自己劣跡，並無損於季野。最可恨者，他偷了季野的書卻把他改頭換面，顚倒是非，叫我們摸不清楚那部分是眞的那部分是假的。關於這件公案，後來學者零碎起來做一篇詳細考證。記得魏默深微堂外集有書明史稿兩篇可參看。古季野所謂『非其事與言之眞而不可益』者，他卻「益」了許多季野根本精神一部分被偷書賊喪掉眞寃透了。

季野著書除明史藁外，尙有歷代史表六十卷、紀元彙考四卷、廟制圖考四卷、儒林宗派八卷、石經考二卷、書學彙考八卷、歷代宰輔彙考八卷、宋季忠義錄十六卷、六陵遺事一卷、庚申君遺事一卷、羣書疑辨十二卷、周正編二十二卷、崑崙河源考二卷、河渠考十二卷、石園詩文集二十卷。自周正彙考以下十種錢竹汀都說未見。但書疑沸現有單行本。六陵遺事庚申君遺事各叢書多採入，其俗佚俟不可知了。又徐乾學的讀禮通考全部由季野捉刀，秦蕙田的五禮通考恐怕多半也是偷季野的。全謝山萬貞文先生傳因諂先生云『先生之初至京也時議意其專長在史及崑山徐侍郎居憂先生纂讀禮通考一書上自國卹以訖家禮十四經之箋疏廿一史之

據謝山說季野既懷作五禮之書二百餘卷這部書往那裏去了呢只怕也像明史稿一樣被關人偷去撐門面了我們讀歷代史表可以看出季野的組織能力讀羣書

疑辨可以看出他考證精神讀讀禮通考可以看出他學問之淵博和判斷力之銳敏除手創明史這件大事業

不計外專就這三部書論也可以推定季野在學術界的地位了

季野雖屬梨洲得意門生但關於講學宗旨（狹義的講學）和梨洲卻不同梨洲是很有些門戶之見季野卻

一點也沒有四庫提要說『明以來談道統者揚己陵人互相排軋卒釀門戶之禍斯同目觀其弊著儒林宗派凡漢後唐前傳經之儒一一具列持論獨爲平允』他這部書著在明儒學案以後雖彼此範圍本自不同亦可

見他對於梨洲的褊見不甚以爲然了

還有一件應注意的事季野晚年對於顧習齋的學術像是很悅服的他替李剛主所著的大學辨業作一篇序

極表推崇之意據剛主述季野自道語云『吾自誤六十年矣吾少從黃先生游聞四明有潘先生者〔潘平格字德與〕怪之往詰其說有據同學因轟言予叛黃先生先生亦怒予謝曰「請以往不談學

道陸子禪」〔啟超案此當是德興格字〕「請以往不談學專窮經史」遂忽忽至今……」〔怨谷後集卷六 萬季野小傳〕據此愈可證明季野雖出黃門對於什麼程朱陸王之爭他卻

是個局外中立者至於他的人格受梨洲教育的影響甚深自無待言

季野兄子經字九沙斯大子言字貞一斯年子皆傳家學而尤致力於史九沙著明史舉要貞一在史館獨任崇

顧長編而九沙最老壽全謝山嘗從問業衍其緒

章實齋學誠 論浙東學術 從陽明蕺山說到梨洲說道「……梨洲黃氏出蕺山劉氏之門而開萬氏弟兄經史

之學以至全氏祖望輩尚存其意。……世推顧亭林氏爲開國儒宗，然自是浙西之學不知同時有梨洲出於浙

東雖與顧氏並峙而上宗王劉下開二萬較之顧氏源遠而流長矣顧氏宗朱而黃氏宗陸蓋非講學專家各持

門戶之見者故互相推服而不相非詆。……浙東貴專家浙西尚博雅各固其習而習也」又說「浙東之學言

性命者必究於史此其所以卓也」又說「朱陸異同所以紛綸則惟騰空言而不切於人事耳知史學之本於

春秋知春秋之將以經世則知性命無可空言而講學者必有事事不特無門戶可持亦且無以持門戶矣浙東

之學雖源流不異而所遇不同故其見於世者功戢山得之而爲事功義梨洲得之而爲隱逸萬氏

兄弟得之爲經術史裁授受雖出於一而其目迴殊以其各有事事故也彼不事所事而但空言德性空言學

則黃茅白葦極目雷同不得不殊門戶以爲自見地耳故惟陋儒則爭門戶也」文史通義卷五 從地理關係上推論學

風實學術史上極有趣味之一問題實齋浙東人或不免有自譽之嫌然而這段話我認爲大端不錯最少也可

說清代史學界偉大人物屬於浙東產者最多

現在要講浙東第三位史學大師全謝山 以年代編次梨洲第一季野第二

謝山名祖望字紹衣浙江鄞縣人生康熙四十四年卒乾隆二十二年（一七〇五——一七七五）年七十一

他生當承平時代無特別事蹟可紀然其人格之峻嚴狷介讀他全集到處可以見出他嘗入翰林因不肯趨附

時相散館歸班候補便辭官歸曾主講本郡蕺山書院因地方官失禮便拂衣而去寧捱餓不肯曲就晚年被聘

主講吾粵之端溪書院對於粵省學風影響頗深粵督要疏薦他他說是「以講學爲市」便辭歸窮餓終老子

又先殤死時竟至無以爲斂他體弱善病所有著述大率成於病中得年僅及中壽未能竟其所學假使他像梨

九〇

洲亭林一般獲享大年，不知所成當更何若這眞可爲我學界痛惜了。他的朋友姚薏田王裁 說他『子病在不善持志理會古人事不了，又理會今人事安得不病』謝山年譜 這話雖屬責善雅謔，卻極能傳出謝山學風哩。

謝山著述今存者有鮚埼亭集三十八卷外集五十卷詩集十卷經史問答十卷校水經注三十卷續宋元學案一百卷困學紀聞三箋若干卷輯甬上耆舊詩若干卷其未成或已佚者則有讀史迪表歷朝人物世表歷朝人物親表等鮚埼亭集被杭董浦世駿 藏匿多年今所傳已非完璧有同治澗徐時棟著煙嶼樓集 記杭董浦篇述始顏詳 水經注則謝山與其友趙東潛一清 合作屢相往復討論各自成書而謝山本並經七校宋元學案黃梨洲草創僅成十七卷其子末史百家 續有補葺亦未成謝山於黃莘有案者增訂之無案者續補之洶爲百卷本但亦未成而歿今本則其同縣後學王梓材所續訂而大體皆謝山之舊也

沈果堂彤說『讀鮚埼亭集能令人傲亦能令人壯得失相半』謝山亦深佩其言云 楊鍾羲雪橋詩話三集卷四 若問我對於古今人文集最愛讀某家我必舉鮚埼亭爲第一部了謝山性情極腴厚而品格極方峻所作文字隨處能表現他的全人格讀起來令人興奮他是個史學家但他最不愛發空論像蘇明允張天如一派的史論文章全集可說沒有一篇他這部集記明末清初掌故約居十之四五訂正前史訛舛約居十之二三其餘則爲論學書札及雜文等內中他自己的親友及同鄉先輩的傳記關係不甚重要的也有一部分他生當清代盛時對於滿廷並沒有什麼憤恨但他最樂道晚明仗節死義之士與夫抗志高蹈不事異姓者眞是『其心好之不啻若自其口出』試看他關於錢忠介張蒼水黃梨洲王完勳……諸人的記述從他們立身大節起乃至極瑣碎之遺言佚

事有得必錄至再至三像很怕先輩留下的苦心芳躅從他手裏頭丟掉了他所作南明諸賢之碑誌記傳等真可謂情深文明其文能曲折盡情使讀者自然會起同感所以晚清革命家受他暗示的不少有江浙人獨詳別

個地方不多但也難怪他他只是記自己閱見最親切的史蹟他最善論學術流派最會描寫學者面目集中梨洲亭林二曲季野桴亭繼莊穆

堂……諸碑傳能以比較簡短的文章包舉他們學術和人格的全部其識力與技術真不同尋常他性極狷介

不能容物對於僞學者如錢謙益毛奇齡李光地等輩直揭破他們的面目絲毫不肯假借他的文筆極鋒利

針見血得罪人的地方也很不少所以有許多人恨他他對於宋明兩朝「野史」一類書所見最多最能用公

平銳敏的眼光評定他們的價值此外訂正歷代史蹟之傳訛及前人評論史蹟失當者甚多性質和萬季野輩

書疑辨有點相像鮚埼亭集內容和價值大略如此

謝山是陽明蕺山梨洲的同鄉後學受他們的精神感化甚深所以他的學術根柢自然是樹在陽明學派上頭

但他和梨洲有兩點不同第一梨洲雖不大作玄談然究未能盡免謝山著述卻真無一字理障了第二梨洲門

戶之見頗深謝山卻一點也沒有所以我評論謝山說他人格的光明俊偉是純然得力王學可以與他的朋友

李穆堂同稱王門後勁若論他學術全體可以說是超王學的因爲對王學以外的學問他一樣的用功一樣的

得力

宋元學案這部書雖屬梨洲創始而成之者實謝山謝山之業視梨洲蓋難數倍梨洲以晚明人述明學取材甚

易謝山既生梨洲後數十年而所敍述又爲梨洲數百年前之學所以極難云「鮚埼亭集卷三十蕺山相韓舊塾記予續南雷宋儒學案旁搜不遺

臨沒尚未完稿其用力之勤可想拿這書和明儒學案比較其特色最容易看出者第一不定一尊各派各家乃

至理學以外之學者平等看待第二不輕下主觀的批評各家學術爲並時人及後人所批評者廣搜之以入「

附錄」長短得失令學者自讀自斷著者絕少作評語以亂人耳目第三注意師友淵源及地方的流別每案皆

先列一表詳舉其師友及弟子以明思想淵源所自又對於地方的關係多所說明以明學術與環境相互的影

響以上三端可以說是宋元學案比明儒學案更進化了至於裏頭所采資料頗有失於太繁的地方學案之金

錄皇極經世……等　我想這是因爲謝山未能手訂全稿有許多本屬「長編」未經刪定後有學者能將這

書再修正增刪一遍纔算完黃全未竟之志哩

　　從永樂大典裏頭纂輯佚書是乾隆開四庫館最初的動機讀朱筠河叟請開四庫館原摺便可知道了然而這

種工作實由謝山和李穆堂最先發起本集卷十七有鈔永樂大典記一篇詳述其始末這件事於謝山學術雖

無甚關係故卻很有關係附記於此

　　浙東學風從梨洲季野謝山起以至於章實齋蔚然自成一系統而其貢獻最大者實在史學實齋可稱爲「歷

史哲學家」其著作價值更高了下文別有一篇詳論他現在且緩講

　　此外要附帶講兩個人曰無錫二顧

　　顧祖禹字景范江蘇無錫人生明天啟四年卒清康熙十九年（一六二四——一六八○）年五十七他父親

是一位績學遺老他和閻潛丘胡東樵交好同在徐健庵的大清一統志局中修書除此以外他未曾受清朝一

官一祿他生平著述只有一部讀史方與紀要從二十九歲做起一日都不歇息到五十歲纔做成然而這一部

書已足令這個人永遠不朽了這書自序中述他父親臨終的話說道「及余之身而四海陸沈九州鼎沸……

嗟乎園陵宮闕城郭山河儼然在望而十五國之幅員三百年之圖籍泯焉淪沒文獻莫徵能無悼歎乎余死汝

其志之」又「自述著書本意道」「……凡吾所以為此書者亦重望乎世之先知之也不先知之而以悯然

無所適從者任天下之事舉宗廟社稷之重一旦束手而畀諸他人此先君子所為憤痛呼號扼腕以至於死也

」可見他著述動機實含著無限隱痛這部書凡一百三十卷首輿圖次歷代州域形勢次直隸等十三省封域

山川險要次川瀆異同這部書體裁很特別可以說是一百三十卷幾百萬言合成一篇長論文每卷皆提挈綱

領為正文而凡所考證論列則低一格作為解釋解釋之中又有小注解釋之文往往視正文十數倍所以他這

書可以說是自為書而自注之因此之故眉目極清晰令讀者趣味依我看清代著作家組織力之強要推

景范第一了他自述著述經過說道「集百代之成言考諸家之緒論窮年累月矻矻不休至於舟車所經亦必

覽城郭按山川稽道里問關津以及商旅之子征戍之夫或與從容談論考覈異同」其用力之勤可以推見然

而他並不自滿足他說「……按之圖畫索之典籍亦舉一而廢百耳又旦了於胸中而身至其地反若若

焉……」又說「予之書其足據乎」其虛心又如此魏冰叔最佩服這書其所作序稱為「數千百年絕無僅有之作

」可謂知言景范這書專論山川

險隘攻守形勢而據史蹟以推論得失成敗之故其性質蓋偏於軍事地理殆遺老力謀匡復所將有事耶然而

這部書的組織及其研究方法真算得治地理學之最好模範我們若能將這種精神應用到政治地理經濟地

理文化地理之各部分那麼地理便不至成為乾燥無味的學科了。

顧棟高字復初一字震滄江蘇無錫人生卒年無考大約和全謝山年輩相當他著有一部好書名曰春秋大事

表這部書的體例是將全部左傳拆散拈出若干個主要題目把書中許多零碎事實按題搜集起來列為表的

形式比較研究其有用特別眼光考證論列者則別為敍說論辯考等凡為表五十篇敍說等百三十一篇禮記

說『屬辭比事春秋之教』治史的最好方法是把許多事實連屬起來比較研究這便是『屬辭比事』這些

事實一件件零碎擺着像沒有什麼意義一屬一比便會有許多新發明用這種方法治歷史的人向來很少震

滄這部書總算第一次成功了他研究的結果雖有許多令我們不能滿足但方法總是對的震滄所著還有司馬溫公年譜王荆公年譜兩書

體例也極精審後來如錢竹汀丁儉卿張石洲等做了許多名人年譜像還沒有那部比得上他所以我認震滄

為史學界有創作能力的人

附初期史學家及地理學家表

馬驌字驥卿一字宛斯鄒平人康熙十二年卒著繹史一百六十卷起天地開闢訖秦之亡顧亭林見之驚歎

史體改為紀事本末體亦便讀者其後有李鍇字鐵君奉天人著尚有左傳事緯十二卷將左傳的編年

史七十卷改釋史之紀事本末為紀傳體其材料全本本繹史云

吳偉業字駿公號梅村太倉人康熙二十年卒梅村文學人人共知其史學似亦用力甚勤著有春秋地理志十

卷春秋氏族志二十四卷吾皆未見恐已佚若存或有價值也今存綏寇紀略一書專記明季

流寇始末一名鹿樵野史今本乃彼

鄒漪所撰但改顛倒是非甚多非梅村史之舊也

九　程朱學派及其依附者——

—— 張楊園　陸桴亭　陸稼書　王白田附其他

王學反動其第一步則返於程朱自然之數也因爲幾百年來好譚性理之學風不可猝易而王學末流之敝又已爲時代心理所厭矯放縱之敝則尚持守矯空疏之敝則尊博習而程朱學派比較的路數相近而毛病稍輕故由王返朱自然之數也。

清初諸大師夏峯梨洲二曲雖衍王緒然而都有所修正夏峯且大有調和朱王的意味了至如亭林船山舜水雖對於宋明人講學形式都不大以爲然至其自己得力處大率近於朱學讀諸家著作中關於朱王之批評語可見也其專標程朱旨以樹一學派而品格亦嶽然可尊者最初有張楊園陸桴亭繼起則陸稼書王白田楊園名履祥字考夫浙江桐鄉縣人所居曰楊園里故學者稱楊園先生生明萬曆三十九年卒清康熙十三年（一六一一——一六七四）年六十四九歲喪父母沈氏授以論語孟子勉屬他說『孔孟只是兩家無父兒也』他三十二歲謁黃石齋問學三十四歲謁劉蕺山受業爲弟子當時復社聲氣甚廣東南人士爭相依附楊園說『東南壇坫西北干戈其爲亂一也』又說『一入聲氣便長一傲字便熟一僞字百惡都從此起矣』於是斷斷自守不肯和當時名士來往中甲申閏國變縞素不食者累日嗣後杜門謝客訓童蒙以終老晚年德望益隆有事以師禮者終不肯受說道『近見時流講學之風始於浮濫終於潰敗平日所深惡也豈肯窮自蹈之』楊園雖學於蕺山而不甚墨守其師說嘗輯『黃梨洲方以紹述蕺山鼓動天下楊園說『此名士非儒者也』楊園雖學於蕺山而不甚墨守其師說嘗輯劉子粹言一書專錄蕺山矯正陽明之語他極不喜歡陽明的傳習錄說道『讀此書使人長傲文過輕自大而卒無得』又說『一部傳習錄各驕二字足以蔽之』他一生專用劉苦工夫闇然自修嘗說『人知作家計須苦喫苦掙』不知讀書學問與夫立身行己俱不可不苦喫苦掙晚年寫寒風佇立圖自題云『行己欲清恆入

於濁求道欲勇恆病於怯噫君之初志豈不曰「古之人古之人」老斯至矣其彷彿乎何代之民」他用力堅

苦的精神大略可見了他所著有經正錄顧學記問目備忘錄初學備忘訓子語言行見聞錄近鑑等書他居鄉

躬耕習於農事以為「學者舍稼穡外別無治生之道能稼穡則無求於人而廉恥立知稼穡之艱難則不敢妄

取於人而禮讓興」補農書這部書有海昌人范鯤曾刻之陳梓做的楊園小傳說這書『不戒於火天下惜之

』據錢林文獻徵存錄說因為某次文字獄怕有牽累把板燬了農書尚且遭此阨可謂大奇楊園因為是清儒

中闢王學的第一個人後來朱學家極推尊他認為道學正統依我看楊園品格方嚴踐履篤實固屬可敬但對

於學術上並沒有什麼新發明新開拓不過是一位獨善其身的君子罷了當時像他這樣的人也還不少推尊

太過怕反失其真罷。

陸桴亭字道威江蘇太倉人生明萬曆三十九年卒清康熙十一年(一六一一──一六七二)年六十二早

歲有志事功嘗著論論平流寇方略語極中肯明亡嘗上書南都不見用又嘗參人軍事被清廷名捕事既解返

鄉居鑿池十畝築亭其中不通賓客號曰桴亭故學者稱桴亭先生所著有思辨錄全謝山謂其『上自周漢諸

儒以迄於今仰而象緯律歷下而禮樂政事異同旁及異端其所疏證剖析蓋數百萬言無不粹且醇......而其

最足厭諸家紛爭之說百世俟之而不惑者尤在論明儒』鮚埼亭集陸桴亭先生傳 桴亭不喜白沙陽明之學而評論最公

絕不為深文搘擊其論白沙曰

「世多以白沙為禪宗非也白沙曾點之流其意一主於灑脫曠間以為受用不屑苦思力索故其平日亦多

賦詩寫字以自遣便與禪思相近......是故白沙「靜中養出端倪」之說中庸有之矣然不言戒慎恐懼而

惟詠歌舞蹈以養之則近於手持足行無非道妙之意矣……其言養氣則以勿忘勿助為要夫養氣必先集

義所謂必有事焉也白沙但以勿忘勿助為要失卻最上一層矣……」思辨錄諸儒學案篇

其論陽明曰。

『陽明之學。原自窮理讀書中來。不然龍場一悟安得六經皆湊泊但其言朱子格物之非謂嘗以庭門竹子

試之七日而病是則禪家參竹篦之法元非朱子格物之說陽明自誤會耳蓋陽明少時實嘗從事於禪宗而

正學工夫尚寡初官京師雖與甘泉講道非有深造南中三載始覺有得而才氣過高遂為致良知之說自樹

一幟是後畢生執掌軍旅之中雖到處講學然終屬聰明用事而少時之熟處難忘亦不免逗漏出來是則陽

明之定論也要之致論知固可入聖然切莫打破敬字乃是壞良知也其致之亦豈能廢窮理讀書陽明之

意主於簡易直捷以救支離之失故聰明者喜從之而一聞簡易直捷之說則每厭窮理讀書之繁動云「一

切放下」「直下承當」心粗膽大祇為斷送一敬字不知卽此簡易直捷之一念便已放鬆腳跟也故陽明

在聖門狂者之流門人昧其苦心以負之耳』同上

此外論各家的話很多大率皆極公平極中肯所以梓亭可以說是一位最好的學術批評家——倘使他做一

部明儒學案價值只怕還在梨洲之上因為梨洲主觀的意見到底免不掉梓亭眞算得毫無成心的一面鏡子

了梓亭常說『世有大儒決不別立宗旨譬之國手無科無方不精無藥不用豈有執一海上方而沾沾語

人曰「舍此更無科無方無藥也」近之談宗旨者皆海上方也』這話與梨洲所謂『凡學須有宗旨是其人

得力處亦卽學者用力處』者正相反了由此言之後此程朱派學者硬拉梓亭為程朱宗旨底下一個人其實

不對他不過不見得專宗程朱將「性」分為二說『義理之性善氣質之性惡』此說

他便不贊同他論性卻有點和顏習齋同調他教學者止須習學六藝謂『天文地理河渠兵法之類皆切於世

用亟當講求』也和習齋學風有點相類他又不喜歡講學嘗說『天下無講學之人此世道之衰天下皆講學

之人亦世道之衰也』又說『近世講學多似晉人清談清談甚害事孔門無一語不教人就實處做』他自述

存養工夫對於程朱所謂「靜中驗喜怒哀樂未發氣象」者亦有懷疑他說『嘗於夜間閉目危坐屏除萬慮

以求其所謂「中」究之念慮不可屏一波未平一波又起間或一時強制得定嗒然若忘以為此似之矣然此

境有何佳處而先儒教人為之……故除卻「戒慎恐懼」別尊「未發」不是槁木死灰便是空虛寂滅」據

此看來桴亭和程朱門庭不盡相同顯然可見了

他的思辨錄顏習齋李恕谷都很推重我未得見原本正誼堂叢書裏頭的思辨錄輯要係馬肇易(負圖) 所輯張

孝先伯行 又刪訂一番必須與程朱相合的話始行錄入已經不是桴亭真面了

陸稼書名隴其浙江平湖人生明崇禎三年卒清康熙三十一年(一六三〇──一六九二)年六十三．他是

康熙間進士出身曾任嘉定靈壽兩縣知縣很有惠政人民極愛戴他後來行取御史很上過幾篇好奏疏他是

梗直而恬淡的人所以做官做得不得意自己也難進易退清朝講理學的人共推他為正統清儒從祀孔廟的

頭一位便是他他為什麼獨占這樣高的位置呢因為他門戶之見最深最嚴他說『今之論學者無他亦宗朱

子而已宗朱子為正學不宗朱子卽非正學董子云「諸不在六藝之科孔子之術者皆絕其道勿使並進然後

統紀可一而法度可明」今有不宗朱子者亦當絕其道勿使並進』質而言之他是要把朱子做成思想界的

專制君主凡和朱學稍持異同的都認為叛逆他乃至高景逸涇陽學風介在朱王之間者也

不肯饒恕所以程朱派的人極頌他衛道之功比於孟子距楊墨平心而論稼書人格極高潔踐履極篤實我們

對於他不能不表相當的敬意但因為天分不高性情又失之狷狹或者也因王學末流猖狂太甚有激而發所

以日以尊朱黜王為事在他自己原沒有什麼別的作用然而那些戴假道學面具的八股先生們跟着這條走

路走既可以掩飾自己的空疏不學還可以唱高調罵人於是相爭捧他捧上天去不獨清代學界之不幸也算

稼書之不幸哩他能力真平常程朱派學者大率如此也難專怪他李恕谷嘗記

他一段軼事道『陸稼書任靈壽邵子昆任清苑並有清名而稼書以子昆宗陸王遂不相合刊張武承所著王

學質疑相訴屬及征噶爾旦撫院將命稼書運餉塞外稼書不知所措使人問計子昆子昆答書云「些須小事

便爾張皇若遇何以處之速將王學質疑付之丙丁則僕之荒計出矣）……」恕谷著中庸傳註間我們對於

稼書這個人的評價這種小事也是該參考的資料哩

王白田名懋竑字予中江蘇寶應人生康熙八年卒乾隆六年（一六六八——一七四一）年七十四他是康

熙間進士出身改授教官雍正間以特薦召見授翰林院編修不久便辭官而歸他是一位極謹嚴方正的人王

國安念孫說他『自處閨門里卷一言一行以至平生出處大節舉無愧於典型』王文肅公集李子年譜序他生平只有一

部著作曰朱子年譜四卷附考異四卷這部書經二十多年四易稿然後做成是他一生精力所聚也是研究朱

學唯一的好書要知道這部書的價值先要知道明清以來朱王兩派交涉的形勢

朱子和陸子是同時講學的朋友但他們做學問的方法根本不同兩位見面和通信時已經有不少的辯論後

一〇〇

來兩家門生越發鬧成門戶水火這是公然的事實無庸爲諱的王陽明是主張陸學的人但他千不該萬不該

做了一部書叫做朱子晚年定論這部書大意說朱子到了晚年也覺得自己學問支離漸漸悔悟走到陸象山

同一條路上去了朱子學問是否免得了支離兩個字朱陸兩家學問誰比誰好另一問題但他們倆的出發點

根本不同這是人人共見的陽明是一位豪傑之士他既卓然有所自信又何必依傍古人晚年定論這部書明

明是援朱入陸有高攀朱子借重朱子的意思既失朱子而目也失自己身分這是我們不能不替陽明可惜的

這部書出來之後自然引起各方面反動晚明時候有一位廣東人陳淸瀾著一部學蔀通辨專駁他朱王兩

派交換砲火自此始後來顧亭林的日知錄也有一條駁得很中要害而黃梨洲一派大率左陽

明內中彭定求的陽明釋毀錄最爲激烈調停派當然發生但調停派卻並非第三者乃出於兩派之

自身一邊是王派出身的孫夏峯一邊是朱派出身的陸桴亭都是努力想把學派學說異中求同省卻無謂的

門戶口舌但這時候王學正値盛極而衰的末運朱學則皇帝喜歡他大臣恭維他一種烘烘熱熱的氣勢朱派

乘盛窮追王派的砲火漸漸衰熄了這場戰爭裏頭依我看朱派態度很有點不對陳淸瀾是最初出馬的人他

的書純然破口嫚罵如何能服人陸稼書比較穩健些但太褊狹了一定要將朱派造成專制的學閥對於他派學說

要應用韓昌黎「人其人火其書」的手段如何行得去呢尤可恨的許多隨聲附和的人對於朱陸兩派學說

內容並未嘗理會過一味跟着人吶喊瞎罵結果當然惹起一般人討厭兩派同歸於盡乾嘉以後「漢學家」

這面招牌出來將所有宋明學一齊打倒就是爲此在這個時候朱陸兩派各有一個人將自己本派學說平心

靜氣忠忠實實的說明眞相旣不作模棱的調和也不作意氣的攻擊其人爲誰陸派方面是李穆堂朱派方面

是王白田而白田的成績就在一部朱子年譜。

「朱子年譜」從前有三個人做過一李果齋晦，朱子門人其書三卷，魏了翁爲之序，二李古沖默，明嘉靖間人，三洪去蕪璟，清康熙間人，果齋本今不存，因爲古沖本以果齋本作底本而改竄一番後者行而前者廢了，洪本則將古沖本增删，無甚特識古沖生王學正盛之時，腦子裏裝滿了朱子晚年定論一派話援朱入陸之嫌實是無可解免白田著這部新年譜的主要動機，自然是要矯正這一點。但白田和陳清瀾一派的態度截然不同，清瀾好用主觀的批評。雖然客觀方白田則盡力搜羅客觀事實，把年月日調查得清清楚楚，令敵派更無強辯的餘地，所以他不用說閑話爭閑氣，自然壁壘森嚴，顛撲不破，我常說王白田真是「科學的研究朱子」朱子著作注釋纂輯之書無慮數百卷，他鑽在裏頭寢饋幾十年沒有一個字不經過一番心而且連字縫間也不放過，此外別派的著作如張南軒呂伯恭陸梭山象山陳同甫陳止齋……等凡和朱子有交涉的一律忠實研究，把他們的交情關係和學說異同都照原樣介紹過來他於年譜之外又附一部年譜考異凡事實有須考證的都嚴密鑑定一番令讀者知道他的根據何在，又附一部朱子論學切要語把朱子主要學說都提挈出來，我們要知道朱子是怎樣一個人，我以爲非讀這部書不可，而且讀這部書也足夠了。

白田其他的著述還有一部白田草堂存稿內中也是研究朱子的最多他考定許多僞託朱子的書或朱子未成之書由後人續纂者如文公家禮通鑑綱目名臣言行錄及易本義前面的九個圖和筮儀等等，都足以廓清障霧爲朱子功臣此外許多雜考證也有發明如考漢初甲子，因三統曆寶亂錯了四年也是前人沒有留意到的事。

清初因王學反動的結果許多學者走到程朱一路即如亭林船山舜水諸大師都可以說是朱學者流自餘如

應潛齋撝謙刁蒙吉包徐俟齋枋朱伯廬用純……等氣節品格能自異於流俗者不下數十輩大抵皆治朱學

故當晚明心學已衰之後盛清考證學未盛以前朱學不能不說是中間極有力的樞紐然而依草附木者 別詳附表

流亦出乎其間故清代初期朱派人獨多而流品亦最雜

清初依草附木的為什麼多跑朱學那條路去呢原來滿洲初建國時候文化極樸陋他們向慕漢化想找些漢

人供奔走看見科第出身的人便認為有學問其實這些八股先生除了四書大全五經大全外還懂什麼呪入

關之後稍為有點志節學術的人或舉義反抗或抗節高蹈其望風迎降及應新朝科舉的又是那輩極不堪的

八股先生除了四書集注外更無學問清初那幾位皇帝所看見的都是這些人當然認這種學問便是漢族文

化的代表朱學派變成當時宮廷信仰的中心其原因在此古語說：「城中好高髻四方高一尺」專制國皇

帝的好尚自然影響到全國靠朱做闊官的人越發多程朱旗下的嘍囉也越發多況且掛着這個招牌可以

不消讀書只要口頭上講幾句：「格物窮理」便戲了那種謬為恭謹的樣子又可以不得非人恰當社會人心

厭倦王學的時候趁勢打死老虎還可以博儒道的美名有這許多便宜當誰又不會幹呢所以那時候的程

朱學家其間伏處巖穴闇然自修者雖未嘗沒有可以令我們佩服的人至於那些「以名臣兼名儒」的大人

先生們內中如湯斌如魏裔介如魏象樞等風骨尚可欽但他們都是孫夏峯門生半帶王學色彩湯斌並且很

受排擠不得志其餘如熊賜履張玉書張伯行……等輩不過一羣「非之無舉刺之無刺」的「鄉愿」此外

越愛出鋒頭的人品格越不可問誠有如王崑繩所謂：『朝乞食墦間暮殺越人於貨而攦拾程朱唾餘猶猶焉

中國近三百年學術史

言陽明於四達之衢』者今試舉數人為例．

一孫承澤　他是明朝一位闊官李闖破北京投降李闖滿洲入關投降滿洲他卻著了許多理學書擺出一副道貌巖巖的面孔據全謝山說清初排陸王的人他還是頭一個領袖哩看鮚埼亭集陳汝咸墓誌

一李光地　他號稱康熙朝「主持正學」的中堅人物一雙眼睛常常釘在兩廡的幾塊冷豬肉上頭他的官卻是賣了一位老朋友陳夢雷換來他的老子死了他卻貪做官不肯奔喪他臨死卻有一位外婦所生的兒子來承受家產看全祖望鮚埼亭集李文貞遺事錢文敏戲鴻存錄李光地條

一方苞　他是一位「大理學家」又是一位「大文豪」他曾梓戴南山做了一篇文集的序南山著了文字獄他硬賴說那篇序是南山冒他名的他和李恕谷號稱生死之交恕谷死了他作一篇墓志銘說恕谷因他的忠告背叛顏習齋了看劉辰篹的恕谷年譜的他口口聲聲說安貧樂道晚年卻專以殖財為事和鄉人爭烏龍潭魚利打官司著看永憲錄

此外像這一類的程朱學家還不少我不屑多汚我的筆墨只舉幾位負盛名的為例罷了我是最尊崇先輩萬分不願意說人壞話的人但對於這羣假道學先生實在痛恨不過破口說那麼幾句望讀者恕我．

總而言之程朱學派價值如何另一問題清初程朱之盛只怕不但是學術界的不幸還是程朱的不幸哩．

十　實踐實用主義——

——顏習齋　李恕谷　附　王崑繩　程綿莊　惲皋聞　戴子高

有清一代學術初期為程朱陸王之爭次期為漢宋之爭末期為新舊之爭其間有人焉舉朱陸漢宋諸派所遺

藉者一切推陷廓清之對於二千年來思想界為極猛烈極誠摯的大革命運動其所樹的旗號曰「復古」而

其精神純為「現代的」其人為誰曰顏習齋及其門人李恕谷。

顏習齋名元字渾然直隸博野縣人生明崇禎八年卒清康熙四十三年（一六三五——一七〇四）年七十。

他是京津鐵路線中間一個小村落——楊村的小戶人家兒子他父親做了蠡縣朱家的養子所以他幼年冒

姓朱氏他三歲的時候滿洲兵入關大掠他父親被擄他母親也改嫁去了他二十多歲纔知道這些情節改還

本姓正要出關尋父碰着三藩之亂蒙古響應遼東戒嚴直到五十一歲方能成行北達鐵嶺東抵撫順南出天

覆門困苦不可名狀經一年餘卒負骨歸葬他的全生涯十有九都在家鄉過活除出關之役外五十六七歲時

候曾一度出游到過直隸南部及河南六十二歲曾應肥鄉漳南書院之聘往設教要想把他自己理想的教育

精神和方法在那裏試驗分設四齋日文事日武備日經史日藝能正在開學碰着漳水決口把書院淹了他自

此便歸家不復出他曾和孫夏峯朱二曲陸桴亭通過信但都未識面當時知名之士除刁蒙吉包王介祺餘佑

外都沒有來往他一生經歷大略如此。

他幼年曾學神仙導引術娶妻不近既而知其妄乃折節為學二十歲前後好陸王書未幾又從事程朱學信之

甚篤三十歲以後纔覺得這路數都不對他說唐虞時代的教學是六府——水火金木土穀三事——正德利

用厚生周禮教士以三物六德——知仁聖義忠和六行——孝友睦婣任卹六藝——禮樂射御書數孔子以

四教——文行忠信和後世學術專務記誦或靜坐冥想者門庭迥乎不同他說『必有事焉學之要也心有事

則存身有事則修家之齊國之治皆有事也無事則治與道俱廢故正德利用厚生曰事不見諸事非用非

生也德行藝曰物不徵諸物非德非行非藝也」李塨著習齋年譜卷上 他以爲離卻事物無學問離卻事物而言學問便

非學問在事物上求學問則非實習不可他說「如天文地志律歷兵機等類須日夜講習之力多年歷驗之功。

非比理會文字之可坐而獲也」『存學編卷二』所以他極力提倡一個「習」字名所居曰「習齋」學者因稱

爲習齋先生他所謂習絕非溫習書本之謂乃是說凡學一件事都要用實地練習工夫所以我叫他做「實踐

主義」他講學問最重效率董仲舒說『正其誼不謀其利明其道不計其功』他翻這個案說要『正其誼以

謀其利明其道而計其功」他用世之心極熱凡學問都要以有益於人生可施諸政治爲主所以我又叫他叫

於先王先聖學教之成法非靜坐讀書之空腐確有見於後世之亂皆由儒術之失其傳而一復周孔之舊無不

「實用主義」王崑繩說「先生崛起無師受確有見於後儒之高談性命爲參雜二氏而亂孔孟之真確有見

可復斯民於三代……毅然謂聖人必可學而終身矻矻於困知勉行無一言一事之自欺自恕慨然任天下之

重而以弘濟蒼生爲心……」『居業堂集顏先生年譜序』這話雖出自門生心悅誠服之口依我看還不算溢美哩。

習齋很反對箸書有一次孫夏峯的門生張天章請他著禮儀水政書他說『元之箸存學也病後儒之箸書也

尤而效之乎且紙墨功多恐習行之精力少也』『年譜卷下』所以他一生箸書很少只有存學存性存治存人四編都

是很簡短的小冊子存學編說孔子以前教學成法大指在主張習行六藝而對於靜坐與讀書兩派痛加駁斥。

存性編可以說是習齋哲學的根本談大致宗孟子之性善論而對於宋儒變化氣質之說不以爲然存治編發

表他政治上主張如行均田復選舉重武事……等等存人編專毀佛教說他非人道主義習齋一生著述僅此。

實則不過幾篇短文和信札筆記等類湊成算不得著書也戴子高習齋傳說他他『推論明制之得失所當因革

者爲書曰會典大政記曰如有用我舉而錯之』但這書我未得見想是失傳了有四書正誤朱子語評兩書

今皆存這書是他讀朱子四書集註及語類隨手批的門人纂錄起來也不算什麼著述他三十歲以後和他的

朋友王法乾彙粹 共立日記凡言行善否意念之欺慊逐時自勘注之後來他的門生李恕谷用日記做底本加

以平日所聞見撰成習齋先生年譜二卷鍾金若鐩又輯有習齋先生言行錄四卷補年譜所未備又輯習齋紀

餘二卷則錄其雜文學者欲知習齋之全人格及其學術綱要看年譜及言行錄最好

極宏的門生李恕谷纔能把這個學派恢張出來太史公說『使孔子名周聞於天下者子貢先後之也』孔子

肯著書當時僅有他這一個人恐怕這學派早已湮滅沒人知道了幸虧他有一位才氣極高聲氣極廣志願

這個實踐實用學派自然是由顏習齋手創出來但習齋是一位闇然自修的人足跡罕出里門交遊絕少又不

是否賴有子貢我們不敢說習齋之有恕谷卻眞是史公所謂『相得而盆彰』了所以這派學問我們叫他做

「顏李學」

恕谷名塨字剛主直隸蠡縣人生順治十六年卒雍正十一年（一六五九——一七三三）年七十五父明性

學行甚高習齋說生平嚴事者六人明性居其一恕谷以父命從習齋遊盡傳其學而以昌明之爲己任習齋足

不出戶不輕交一人尤厭見時貴恕谷則常來往京師廣交當時名下士如萬季野閣百詩胡朏明方靈皋輩都

有往還時季野負盛名每開講會列坐都滿一日會講於紹寧會館恕谷也在坐衆方請季野講「郊社之禮」

季野說且慢講什麼「郊社」請聽聽李先生講眞正的聖學王崑繩才氣不可一世自與恕谷爲友受他的感

勳以五十六歲老士親拜習齋之門爲弟子程綿莊惲皋聞皆因恕谷纔有習齋都成爲習齋學派下最有

力人物所以這派雖由習齋創始實得恕谷然後長成習齋待人與己一樣的嚴峻恕谷說交友須令可親乃

能收羅人才廣濟天下論取與之節習齋主張非力不食恕谷主張通功易事習齋絕對的排斥讀書恕谷則謂

禮樂射御書數等有許多地方非考證講究不可所以書本上學問也不盡廢這都是他對於師門補偏救弊處

然而學術大本原所在未嘗與習齋有出入他常說『學施於民物在人猶在己也』又以爲『敎養事業惟親

民官乃能切實辦到』他的朋友郭金湯做桐鄉知縣楊勤做富平知縣先後聘他到幕府舉邑以聽他欣然前

往政敎大行但闊人網羅他他卻不肯就李光地做直隷巡撫方以理學號名天下託人示意他往見他說部民

不可以妄見長官竟不往年羹堯開府西陲兩次來聘皆力辭以疾其自守之介又如此

恕谷嘗問樂學於毛奇齡毛推爲蓋世儒者意欲使恕谷盡從其學恕谷不肯毛遂作大學逸講箋以攻習齋方

苟與恕谷交厚嘗遣其子從學恕谷又因恕谷欲南遊擬推其宅以居恕谷然固以程朱學自命者不悅習齋

學恕谷每相見侃侃辨論方輒語塞及恕谷卒方不俟其子孫之請爲作墓志於恕谷德業一無所詳而唯載恕

谷與王崑繩及方論學同異且謂恕谷因方言而改其師法恕谷門人劉用可調贊 說方純搆虛辭誣及死友云

恕谷承習齋敎以躬行爲先不尙空文著述晚年因問道者衆又且身不見用始寄於書所著有小學稽業五卷大

庸傳注各一卷傳注問四卷經說六卷學禮錄四卷學樂錄二卷擬太平策一卷田賦考辯宗廟考辯禘祫考辯

學辨業四卷聖經學規纂二卷論學二卷周易傳注七卷詩經傳注八卷春秋傳注四卷論語傳注二卷大學中

各一卷閱史郤視五卷平書訂十四卷 平書爲王崑繩所著 此書爲恕谷評語 已 恕谷文集十三卷其門人馮辰劉調贊共纂恕谷

先生年譜四卷。

顏李的行歷大略說過以下要說他們學術的梗概。

顏李學派在建設方面成績如何下文別有批評至於破壞方面其見識之高膽量之大我敢說從古及今未有其比因為自漢以後二千年所有學術都被他否認完了他否認讀書是學問乃至否認用所有各種方式的文字發表出來的是學問他否認講說是學問尤其否認哲理是學問他否認靜坐是學問尤其否認內觀式的明心見性是學問我們試想二千年來的學問除了這幾項更有何物都被他否認得乾乾淨淨了我們請先看他否認讀書是學問的理由習齋說

『以讀經史訂羣書為窮理處事以求道之功則相隔千里以讀經史訂羣書為即窮理處事而曰道在是為則相隔萬里矣……譬之學琴然書猶琴譜也爛熟琴譜講解分明可謂學琴乎故曰以講讀為求道之功相隔千里也更有一妄人指琴譜曰是即琴也辨音律協聲韻理性情通神明此事也琴果琴乎故曰以書為道相隔萬里也……歌得其調撫嫻其指弦求中音徽求中節是之謂學琴矣未為能琴也弦器可手製也音律可耳審也詩歌惟其所欲也心與手忘手與弦忘於是乎命之曰能琴今手不彈心不會但以講讀琴譜為學琴是渡河而望江也故曰千里也今目不覩耳不聞但以譜為琴是指薊北而談滇南也故曰萬里也』<small>卷二性
理書
存學篇</small>

這種道理本來一說便明若說必讀書纔有學問那麼許多書沒有出現以前豈不是沒有一個有學問的人麼。

後儒解釋論語『博學於文』大率說是『多讀書』習齋說『儒道之亡亡在誤認一「文」字試觀帝堯「煥乎文章」固非大家帖括抑豈四書五經乎周公監二代所制之「郁郁」孔子所謂「在茲」顏子所謂「博我」者是何物事後事全然誤了』﹙言行錄﹚又說漢宋儒滿眼只看得幾冊文字是「文」然則虞夏以前大聖賢皆鄙陋無學矣』﹙四書正學須篇﹚又說『後儒以文墓爲文將博學改爲博讀博講博箸不又天淵之分耶』﹙習齋卷三卷三又說年譜﹚

可謂一針見血語了

『讀書卽學問』這個觀念從那裏發生呢習齋以爲『漢宋諸儒但見孔子敍書傳禮刪詩正樂繫易作春秋。誤認纂修文字是聖人則我傳述注解便是賢人讀之熟講之明而會作書文者皆聖人之徒矣逐合二千年成一虛花無用之局……』﹙四書正卷三孔子曾否刪書詩定禮繫易等等本來還屬歷史上一個疑問就令有之也斷不能說孔子之所以爲孔子者專在此這是顯而易見之理據習齋的意思以爲『孔子是在強壯時已學成內聖外王之德教成一班治世之才不得用乃周遊又不得用乃刪述皆大不得已而爲之者其所刪述不過編出一部「習行經濟譜」望後人照樣去做戰國說客置學教而學周遊是不知周遊爲孔子之尤不得已也宋儒又置學教及行道當時而自幼卽學時而徒效其凶歲轉移及遭亂記產籍以遺子孫者乎』﹙存學編卷三學其經營治家之實而徒效其凶歲轉移及遭亂記產籍以遺子孫者乎』﹙年譜卷下﹚

不對另一問題對於後儒誤認讀書卽學問之心理可謂洞中藏結了

習齋爲什麼恨讀書恨到這步田地呢他以爲專讀書能令人愚能令人弱他有一位門生把中庸『好學近乎知』這句話問他他先問那人道『你心中必先有多讀書可以破愚之見是不是呢』那人道『是』他說『

不然試觀今天下秀才曉事否讀書人便愚多讀書更愚但書生必自智其愚卻益深……』四書正誤卷二又說『讀書

愈多愈惑審事機愈無識辦經濟愈無力』朱子語類評 朱子曾說『求文字之工用許多工夫費許多精神甚可惜

』智齋進一步說道『文家把許多精神費在文墨上誠可惜矣先生輩舍生盡死在思讀講箸四字上做工夫

全忘卻堯舜三事六府周孔六德六行六藝不肯去學又算什麼千餘年來率天下入故故紙堆中耗盡

身心氣力作弱人病人無用人者皆晦庵為之也』朱子語類評 恕谷說『讀閱久則喜靜惡煩而心板滯迂腐矣……

……故予人以口實曰「白面書生」曰「書生無用」曰「林間咳嗽病獼猴」世人猶謂誦讀可以養身心謬

哉……顏先生所謂讀書人率智如婦人女子以識則戶隙窺人以力則不能勝一匹雛也」恕谷後集與馮天論讀書 這

些話不能說他太過火因為這些「讀書人」實在把全個社會弄得精透了恕谷說

『後世行與學離學與政離宋後二氏學與儒者浸淫其說靜坐內視論性談天與孔子之言一一乖反至

於扶危定傾大經大法則拱手張目授其柄於武人俗士當明季世朝廟無一可倚之人坐大司馬堂批點

左傳敵兵臨城賦詩進講覺建功立名俱屬瑣屑日夜喘息箸曰此傳世業也卒至天下魚爛河決生民

塗炭嗚呼誰生厲階哉方靈皋書恕谷文集與

智齋恨極這種學風所以咬牙切齒說道

他拿讀書比服砒霜說道

『率古今之文字食天下之神智』四書正誤卷四

『僕亦吞砒人也耗竭心思氣力深受其害以致六十餘歲終不能入堯舜周孔之道但於途次聞鄉塾羣

中國近三百年學術史

一一一

讀書聲便歘曰可惜許多氣力但見人把筆作文字便歘曰可

惜許多人才故二十年前但見聰明有志人便勸之多讀近來但見才器便戒勿多讀書……噫試觀千聖

百王是讀書人否雖三代後整頓乾坤者是讀書人否吾人急醒」朱子語類評

這些話可謂極端而又極端了咳我不曉得習齋看見現在學校裏成千成萬青年又當作何歘息哩但我們須

要牢牢緊記習齋反對讀書並非反對學問他因爲他認定讀書與學問截然兩事而且認讀書妨害學問所以

反對他他說

『人之歲月精神有限誦說中度一日便習行中錯一日紙墨上多一分便身世上少一分』存學編卷一

恕谷亦說

『紙上之閱歷多則世事之閱歷少筆墨之精神多則經濟之精神少宋明之亡以此」恕谷年譜

觀此可知他反對讀書純爲積極的而非消極的他只是叫人把讀書的歲月精神騰出來去做學問至於他所

謂學問是什麼下文再說

習齋不惟反對讀書而且反對箸書看上文所引的話多以讀箸並舉便可見恕谷比較的好箸書習齋曾告誡

他說道『今卽箸述盡是不過宋儒爲誤解之書生我爲不誤解之書生耳何與儒者本業哉」年譜卷下總而言之

凡紙上學問習齋無一件不反對

反對讀書不自顏李始陸王學派便已反對禪宗尤其反對顏李這種話不是助他們張目嗎不然不然顏李所

反對不僅在讀書尤在宋明儒之談玄式的講學習齋說

「近世聖道之亡多凶心內惺口中講說紙上議論三者之間見道而身世乃不見道學堂輒稱書院或曰講堂皆倚論語『學之不講』一句爲逐非之柄殊不思孔門爲學而講後人以講爲學千里矣」年譜

習齋之意凡學而注重講不論講什麼不論講得對不對總之已經錯了路數了他說孔子說『予欲無言』

無行不與」當時及門皆望孔子以言孔子惟率之下學而上達非各也此道不可以言傳也言傳者有先於言者也」存學編卷一由道章大意

是什麼性命剛天剛理剛氣剛習齋以爲『性命之理不可講也講人亦不能聽也雖聽人亦不能醒也雖

醒人亦不能行也」總論講學一論語說『夫子之言性與天道不可得而聞』宋儒都說是顏曾以下斅不上

「聞」習齋說『如是孔子不幾爲千古拙師七十子竟成愚徒乎』卷下年譜他的意思以爲這些本來是不應聞

的不必聞的並沒有斅得上斅不上的問題論語『民可使由之不可使知之』習齋以爲由便斅了何必要知

要「使知」便都枉用心力還會鬧毛病存學編由孟子說『行之而不著焉習矣而不察焉終身由之而不知

其道者衆也』習齋說近世講學家正做得這章書的反面『著之而不行焉察矣而不習焉終身知之而不由

其道者衆也』說的習齋引他所以他說

漢宋諸先生只要解惺教人望世亦祇要他解惺故罄一生心力去作注疏作集註聖人只要人習行不要人

解惺天下人盡解惺全不習行是道之明於天下也天下人盡解惺全不習行是道之晦於天下也道明於天

下堯舜之民不識不知孔門三千徒衆性道不得聞道晦於天下今世家講而人解」四書正誤卷三

總之習齋學風只是敎人多做事少講話多務實際少談原理他說『宋儒如得一路程本觀一處又觀一處自

喜為通天下路程人人亦以曉路稱之其實一步未行一處未到周行蓁蓁矣」又說『有聖賢之言可以

引路今乃不走路只效聖賢言以當走路每代引路之言增而愈多卒之蕩蕩周道上鮮見人也」又說他

『專說話的人便說許多堯舜話終無用即如說糟粕無救於飢渴說稻粱魚肉亦無救於飢渴也」他

反對講學之理由大略如此。

宋明儒所講個人修養方法最普通的為主靜主敬窮理格物……等等顏李學派對於這些法門或根本反對

或名同實異今分述如下。

主靜是顏李根本反對的以朱陸兩派論向來都說朱主敬陸主靜其實『主靜立人極』這句話倡自周濂溪。

程子見人靜坐便歎為善學朱子教人『半日靜坐』教人『看喜怒哀樂未發之中』程朱派何嘗不是主靜。

所以「靜」之一字雖謂為宋元明七百年間道學先生們公共的法實亦無不可習齋對於這一派話最為痛

恨他說『終日危坐以驗未發氣象為求中之功此真孔子以前千聖百王所未嘗聞也」_{卷二存學編}朱子口頭上

常常排斥佛學排斥漢儒習齋詰問他『你教人半日靜坐半日讀書是半日當和尚半日當漢儒試問十二個

時辰那一刻是堯舜周孔」_{類評朱子語}顏李書中像這類的話很多今不備引了但他們並非用空言反對蓋從心

理學上提出極強的理由證明靜中所得境界靠不住習齋說。

『洞照萬象昔人形容其妙曰鏡花水月宋明儒者所謂悟道亦大率類此吾非謂佛學中無此境也亦非謂

學佛者不能致此也正謂其洞照者無用之水鏡其萬象皆無用之花月也不至於此徒苦半生為腐朽之枯

禪不幸而至此自欺更深何也人心如水但一澄定不濁以泥沙不激以風石不必名山巨海之水能照百態

飲冰室專集之七十五

一一四

雖溝渠盆盂之水皆能照也今使竦起靜坐不擾以事爲不雜以勞念敬者數十日鈍者三五年皆能洞照萬

象如鏡花水月功至此快然自喜以爲得之矣或邪妄相感人物小有徵應愈隱怪驚人轉相推服以爲有道

矣予戊申前亦嘗從宋儒用靜坐工夫故身歷而知其爲妄不足據也舉實例爲證云『吾聞一管姓者與吾

友汪魁楚之伯同學仙於泰山中止語三年汪之離家十七年其子往視之管能豫知以手畫字曰『汪師今

日有子來』既而果然未幾其兄呼遷則與鄉人同也吾遊燕京遇一僧敬軒不識字坐禪數月能作詩旣而

出關則仍一無知人也……』

天地間豈有不流動之水不著地不見泥沙不見風石之水一動一著仍是一物不照矣今玩鏡裏花水中月。

信足以娛人心目若去鏡水則花月無有矣卽對鏡水一生徒自欺一生而已矣若指水月以照臨取鏡花以

折佩此必不可得之數也故空靜之理愈談愈惑空靜之功愈妙愈妄……』存人編

這段話眞是驚心切理之談天下往往有許多例外現象一般人認爲神祕不可思議其實不過一種變態的心

理作用因爲人類本有所謂潛意識當普通意識停止時他會發動——做夢便是這個緣故我們若用人爲

的工夫將普通意識制止令潛意識單獨出鋒頭則「鏡花水月」的境界當然會現前認這種境界爲神祕而

驚異他歆羨他固屬可笑若咬定說沒有這種境界則亦不足以服迷信者之心因爲他們可以舉出實例來反

駁你智齋雖沒有學過近世心理學但這段話確有他的發明他承認這種變態心理是有的但說他是靠不住

的無用的從來儒家關佛之說沒有比智齋更透徹的了。

主靜若僅屬徒勞無功也可以不管他智齋以爲主靜有大害二其一是壞身體他說『終日兀坐書房中萎惰

人精神使筋骨皆疲軟以至天下無不弱之書生無不病之書生生民之禍未有甚於此者也』類評朱子語其二是

損神智他說『爲愛靜空談之學久則必至厭事遇事卽茫然賢豪且不免況常人乎故誤人才敗天之事者宋人之學也』（年譜卷下）這兩段話從生理上心理上分別說明主靜之弊可謂博深切明

習齋於是對於主靜主義提出一個正反面曰「主動主義」他說『常動則筋骨竦氣脈舒故曰「立於禮」故曰「制舞而民不腫」宋元來儒者皆習靜今日正可言習動』（言行錄卷下性編）又說『養身莫善於習動夙興夜寐振起精神尋事去做行之有常並不困疲日益精壯但說靜息將養便日就惰弱了故曰君子莊敬日强安肆日偷』（同上學篇）這是從生理上說明習動之必要他又說『人心動物也習於事則有所寄而不妄動故吾儒時習力行皆所以治心釋氏則寂室靜坐絕事離羣以求治心不惟理有所不可勢亦有所不能故置數珠以寄念……』（言行錄卷上剛峯篇）又說『吾用力農事不違食寢邪妄之念亦自不起信乎「力行近乎仁」』（同上學篇）也從心理上說明習動之必要尤奇特者昔人多以心不動爲貴習齋則連心也要他常動他最愛說『提醒身心一齊振起』二語怎樣振起法呢『身無事幹尋事幹心無理思尋理去思習此身使勤習此心使存』（言行錄卷下鼓琴篇）他篤信這個主動主義於是爲極有力之結論道

『五帝三王周孔皆教天下以動之聖人也皆以動造成世道之聖人也漢唐襲其動之一二以造其世也晉宋之苟安佛之空老之無周程朱邵之靜坐徒事口筆總之皆不動也而人才盡矣世道淪矣吾嘗言一身動則一身强一家動則一家强一國動則一國强天下動則天下强自信其考前聖而不繆俟後聖而不惑矣』

宋儒修養除主靜外還有主敬一法程朱派學者常拿這個和陸王派對抗顏李對於主敬是極端贊成的但宋

儒所用的方法卻認爲不對習齋說『宋儒拈窮理居敬四字以文觀之甚美以實考之則以讀書爲窮理功力

以恍惚道體爲窮理精妙以講解著述爲窮理事業以儼然靜坐爲居敬容貌以主一無適爲居敬工夫以舒徐

安重爲居敬作用……』卷二存學編習齋以爲這是大錯了他引論語的話作證說道『曰「執事敬」曰「敬事

而信」曰「敬其事」曰「行篤敬」皆身心一致加功無往非敬也若將古人成法皆舍置專向靜坐收攝徐

行緩語處言主敬則是儒其名而釋其實去道遠矣』卷三存學編恕谷說『聖門不空言敬「敬其事」「執事敬

」「行篤敬」「修己以敬」孟子所謂必有事焉也程子以「主一無適」訓敬粗言之猶可通謂爲此事則

心在此事不又適於他也精言之則「心常惺惺」「心要在腔子裏」案此皆程朱乃離事以言敬矣且爲事

之敬有當主一無適者亦有未盡者瞽者善聽聾者善視絕利一源收功百倍此主一無適也武王不泄邇不忘

遠劉穆之五官並用則神明肆應敬無不通又非可以主一無適言也』又說『宋儒講主敬皆主靜也「主一

無適」乃靜之訓非敬之訓也』論語傳注問 是則同爲講主敬而顏李與程朱截然不同總之謂離卻事有任何學

問顏李絕不承認也

宋儒之學自稱曰道學曰理學其所標幟者曰明道曰窮理顏李自然不是不講道理的人但以爲宋儒所講道

理都講錯了而且明道窮理的方法也都不對宋儒最愛說道體其說正如老子所謂『有物混成先天地生字

之曰道』者習齋說『道者人所由之路也故曰「道不遠人」宋儒則遠人以爲道者也』四書正誤恕谷說『

路從足道從辵皆言人所共由之義理猶人所由之衢衢也中庸言行道論語言適道尙書言遵道皆與孟子言

由道由路同遂亦可曰「小人之道」「小人道消」謂小人所由之路也若以道爲定名爲專物則老莊之說

矣。恕谷卷五　恕谷更從初民狩獵時代狀況說明道之名所由立而謂道不出五倫六藝以外他設『道者人倫庶物而已矣奚以必明其然也厥初生民渾渾沌沌旣而有夫婦父子有兄弟朋友朋友之盡乃有君臣誅取禽獸茹毛飲血事軌次序爲禮前呼後應鼓舞相從爲樂挽强中之爲射乘馬隨徒爲御歸而計件鏤於冊爲書數因之衣食滋吉凶備其倫爲人所共由其物爲人所共習猶逡循然故曰道倫物實事也道虛名乃曰『道生天地』曰『有物混成先天地生』是道爲天地前一物矣天地尚未有是物安在哉且獨成而非共由者矣何以謂之道哉』原道篇　恕谷後集　這段話所說道的範圍舉例或不免稍狹大指謂社會起原在於規定人與人及人與事物之關係不能不算是特識因此他們不言天道只言人道恕谷說『人天之所生也人之事卽天之道也子父母所出也然有子於此問其溫凊定省不盡問其繼志述事不能而專思其父母從何而來如何坐蓐以有吾身人孰不以妄騃目之耶』周易傳注序　宋儒所謂明道傳道乃至中外哲學家之形而上論皆屬此類所以顏李反對他們。

宋儒說的理及明理方法有兩種一天理——卽天道指一個髣髴空明的虛體下手工夫在『隨處體認天理』二物理指客觀的事物原理下手工夫在『卽凡天下之物莫不因其已知之理而益窮之以求至乎其極』結果所得是『一旦豁然貫通則衆物之表裏精粗無不到而吾心之全體大用無不明』其實兩事只是一事因爲他們最高目的是要從心中得着一種虛明靈覺境界便是學問上抓住大本大原其餘都是枝葉顏李學派對於這種主張極力反對習齋說『理者木中紋理也指條理言』書四正誤卷六　又說『前聖鮮有說理者孟子忽發出宋人遂一切廢棄而倡爲明理之學不知孟子所謂理義悅心有自

己註脚曰「仁義忠信樂善不倦」仁義等又有許多註脚……今一切抹殺而心頭玩弄曰「孔顏樂處」曰

義理悦心使前後賢豪皆籠蓋於釋氏極樂世界中……」同上恕谷說『後儒改聖門不言性天之矩曰以理氣

爲談柄而究無了義……不知聖經無在倫常之外而別有一物曰道曰理者……在人通行者名之曰道故小

人別有由行亦曰小人之道理字則聖經甚少中庸「文理」與孟子「條理」同言秩然有條猶玉有脈理地

有分理也……今乃以理置之人物以前則鑄鐵成錯矣……」中庸傳訓「理」爲條理而以木之紋理玉之

脈理爲喻最合古義後此戴東原孟子字義疏證卽從這個訓詁引出許多妙義來理之界說已定那麼不能於

已除卻事物無所謂理自然除卻應事接物無所謂窮理所以習齋說『凡事必求分析之精是謂窮理』存學卷

事物之外求理甚明故恕谷說『事有條理卽在事中詩曰「有物有則」離事物何所爲理乎』論語傳註問

二怎樣分析纔能精呢非深入事中不可朱子說『豈有見理已明而不能處事者』習齋駁他道『見理已明

而不能處事者多矣有宋諸先生便謂還是見理不明只教人再窮理孔子則只教人習事迨見理於事則已徹

人恐養之不深且固也』上同顏李主張習六藝有人說『小學於六藝已粗知其概但不能明其所以然故入大 卷三上 又說『若只憑口中所談紙上所見心內所思之理義養

學又須窮理』恕谷答道『請問窮理是閣置六藝專爲窮理之功乎抑功卽在於學習六藝年長則愈精愈熟

而理自明也譬如成衣匠學鍼黹由粗及精遂通曉成衣要訣未聞立一法曰學鍼黹之後又閣置鍼黹而專思

其理若何也』聖經學規纂這段譬喻說明習齋所謂「見理於事」眞足令人解頤夫使窮理僅無益猶可言也而

結果必且有害恕谷說『道學家教人存誠明理而其流每不明不誠蓋高坐空談捕風捉影諸實事槪棄擲爲

粗迹惟窮理是務離事言理又無質據且執理自是遂好武斷」恕谷文集_{氏族譜序}惲這話真切中中國念書人通病載

東原說『宋儒以理殺人』顏李早論及了

然則朱子所謂『即物窮理』工夫對嗎朱子對於這句話自己下有注解道『上而無極太極下而至於一草

一木一昆蟲之微亦各有理一書不讀則缺了一書道理一事不窮理則缺了一事窮理一物不格則缺了一物道

理須逐著一件與他理會過』恕谷批評他說『朱子一生功力志願皆在此數言自以為表裏精粗無不到矣

然聖賢初無如此教學之法也論語曰「中人以下不可語上」「夫子之言性與天道不可得聞」中庸曰「

聖人有所不知不能」孟子曰「堯舜之知而不徧物」可見初學不必講性天聖人亦不能徧知一草一木也

朱子乃如此浩大為願能乎_{大學辨業}朱子這類話荒唐極了天下那裏能彀有這樣窮理的人想要無所不知結果

非鬧到一無所知不可何怪陸王派說他「支離」習齋嘗問一門人自度才智何取對云『欲無不知也』習

齋說『誤矣孔門諸賢禮樂兵農各精其一唐虞五臣水火農教各司其一後世菲資乃思兼長如是必流於後

儒思箸之學矣蓋書本上見心頭上思可無所不及而最易自欺欺世究之莫道一無能其實一無知也」_{存學言行錄}

過之所以宋明儒兩種窮理方法在顏李眼中都見得一無是處_篇

顏李學派本重行不重知他們常說「可使由不可使知」是古人教學良法看起來像對於知識方面太忽視

了實亦不然他們並不是不要知識但以為必從實行中經驗得來纔算真知識前文引恕谷成衣匠之喻已略

見一斑了習齋解大學的「格物」說明知識之來源如下

『李植秀問「格物致知」予曰知無體以物為體猶之目無體以形色為體也故人目雖明非視黑視白明

無由用也人心雖非玩東玩西靈無由施也今之言致知者不過讀書講問思辨已耳不知致吾知者皆不

在此也譬如欲知禮任讀幾百遍禮書講問幾十次思辨幾十層總不算知直須跪拜周旋親下手一番方知

禮是如此譬如欲知樂任讀樂譜幾百遍講問思辨幾十層總不能知直須搏拊擊吹口歌身舞親下手一番

方知樂是如此是謂『物格而后知』……格卽『手格猛獸』之格……且如這雖三代聖人不知何

朝之冠也雖從聞見而知某種之冠亦不知皮之如何煖也必手取而加諸首乃知如此取煖如這服蔬雖

上智老圃不知為可食之物也雖從形色料為可食之物亦不知味之如何辛也必箸取而納之口乃知如此

味辛故曰手格其物而后知至』四書正誤卷一

大學格物兩字是否如此解法另為一問題但他的主張以為從聞見而偶得的知識靠不住從形色上揣料而

得的知識也靠不住知識之到來（知至）須經過一定程序卽『親下手一番』便是換而言之無所謂先天

的知識凡知識皆得自經驗習齋又說『今試予生知聖人以一管斷不能吹』言行錄世情篇這種『唯習主義』的

知識論正是顏李派哲學的根本立場．

王陽明高唱『知行合一』從顏李派看來陽明派還是偏於主知或還是分知行為二必須如習齋所說見理

於事因行得知纔算真的知行合一陽明說『不行只是不知』習齋翻過來說不知只是不行所以他不教人

知只教人行行又不是一躺過便了最要緊是『習』他說

『自驗無事時種種雜念皆屬生平聞見言事境物可見有生後皆因「習」作主』年譜上卷

又說．

「心上想過口上講過書上見過都不得力。臨事依舊是所習者出。」存學編卷一

又說。

「吾嘗談天道性命若無甚扞格一著手算九九數便差」年譜卷下又云「書以此知心中惺覺口中講說紙上敷衍不由身習皆無用也」存學編卷二

房習算入市便差

習齋以「習」名其齋因爲他感覺「習」的力量之偉大因取論語「習相遠」和「學而時習」這兩句話極力提倡所以我說他是「唯習主義」習齋所講的「習」函有兩義一是改良習慣二是練習實務而改良習慣的下手方法又全在練習實務所以兩義還只是一義然則習些什麼呢他所最提倡的就是六藝──禮樂射御書數他說「習行禮樂射御之學健人筋骨和人血氣調人情性長人神智一時習行受一時之福一日習行受一日之福一人習之錫福一人一家習之錫福一家一國天下皆然小之卻一身之疾大之措民物之安」言行錄刁他的朋友王法乾和他辯論說這些都是粗跡他答道。

過之篇

「學問無所謂精粗喜精惡粗此後世之所誤蒼生也」卷存學編

法乾又說『射御之類有司事不足學須常如三公坐論』他答道。

「人皆三公孰爲有司學正是學作有司耳譬之於醫素問金匱所以明醫理也。而療疾救世則必診脈製藥鍼灸摩砭爲之力也今有妄人者止務覽醫書千百卷熟讀詳說以爲予國手矣視診脈製藥鍼灸摩砭以爲術家之粗不足學也一人倡之舉世效之岐黃盈天下而天下之人病相枕死相藉也可謂明醫乎若讀盡醫書而鄙視方脈藥餌鍼灸摩砭不惟非岐黃並非醫也尚不如習一科驗一方者之爲醫也……」存學辯卷一

習齋年譜記他一段事道．

「返鄗陵訪李乾行等論學乾行曰「何須學習但須操存功至卽可將百萬兵無不如意」先生悚然懼後儒虛學誣罔至此乃舉古人兵間二事扣其策次曰問之乾行曰「未之思亦不必思小才小智耳」先生曰．

「小才智何未能思大才智又何在豈君操存未至耶」乾行語塞．

習齋這些話不但爲一時一人說法中國念書人思想籠統作事顧頂受病一千多年了人人都好爲闊大精微的空論習齋專教人從窄狹的粗淺的切實練習去他說『寧爲一端一節之實無爲全體大用之虛』卷一存學編

何只當時在今日怕還是應病良藥罷．

我們對於習齋不能不稍爲缺望者他的唯習主義和近世經驗學派本同一出發點本來與科學精神極精接近可惜他被「古聖成法」四個字縛住了一定要習唐虞三代時的實務未免陷於時代錯誤卽如六藝中「御」之一項在春秋車戰時候誠爲切用今日何必要人人學趕車呢如「禮」之一項他要人習儀禮十七篇裏頭的昏禮冠禮士相見禮……等等豈不是唱滑稽戲嗎他這個學派不能盛行未始不由於此倘能把這種實習工夫移用於科學豈非大善雖然以此責備習齋畢竟太苛了第一嚴格的科學不過近百餘年的產物不能責望諸古人第二他說要如古人之習六藝並非說專習古時代之六藝如學技擊便是學射學西洋算術便是學數李恕谷已屢屢論及了第三他說要習六藝之類的學問並特專限於這六件所以他最喜歡說「兵農禮樂水火工虞」總而言之凡屬於虛玄的學問他無一件不反對凡屬於實驗的學問他無一件不贊成使習齋恕谷生在今日一定是兩位大科學家而且是主張科學萬能論者我敢斷言

雖然顏李與科學家正自有別科學家之實驗實習其目的專在智識之追求，顏李雖亦認此爲增進智識之一法門其目的實在人格全部之磨練他們最愛說的話曰『身心一齊竦起』曰『人己事物一致』曰『身心道藝一致加功』以習禮論有俯仰升降進退之節所以勞動身體習行時必嚴恭寅畏所以振竦精神講求節文度數所以增長智慧每日如此做去則身心兩方面之鍛練常平均用力而無間斷拿現代術語來講則體育德育智育『三位合一』也顏李之理想的教育方針實在如此他們認這三件事缺一不可又認這三件事非同時齊著力不可

他們鍛練心能之法務在『提竦精神使心常靈活』習齋年譜卷上識得『出入無時』是心操之之功始有下落操如操舟之操舟之妙在舵舵不是死操的又如操兵操國柄之操操兵必要坐作進退如法操國柄必要運轉得政務今要操心卻要把持一個死寂如何謂之操』四書正誤卷六之操操兵必要坐作進退如法操國柄必要運轉得政務今要操心卻要把持一個死寂如何謂之操』四書正誤卷六持以敬』恕谷年譜卷三拿現在的話來講則時時刻刻集中精神便是孔子說『居處恭執事敬與人忠』習齋說『不論有事無事有念無念皆案此錢緒山語習齋取之蓋宋儒言存養之法主要在令不起一雜念令心中無一事顏李則『不論有事無事有念無念皆此三語最爲賅切詳備蓋執事與人之外皆居處也凡非禮勿視聽言動具是矣居處與人之外皆執事也則凡禮樂射御書數之類具是矣居處執事之外皆與人也』學人篇言行錄凡君禮臣忠父慈子孝兄友弟恭夫義婦順朋友先施皆是矣』學人篇做一件事便集中精神於一件事接一個人便集中精神於一個人不做事不接人而自己獨處的時候便提起一種嚴肅的精神令身心不致散漫無歸著這是顏李學派修養的不二法門。

顏李也可以說是功利主義者習齋說

「以義爲利聖賢平正道理也尚書明以利用與正德厚生並爲三事利貞利用安身利用刑人無不利利者

義之和易之言利更多……後儒乃云「正其誼不謀其利」過矣宋人喜道之以文其空疏無用之學予嘗

矯其偏改云正其誼以謀其利明其道而計其功」誤四卷一正

恕谷說。

「董仲舒曰「正其道不謀其利修其理不急其功」語具春秋繁露本自可通班史誤易「急」爲「計」

宋儒遂酷遵此一語爲學術以爲「事求可功求成」則取必於智謀之末而非天理之正後學迂弱無能皆

此語誤之也請問行天理以孝親而不思得親之歡事上而不欲求上之獲有是理乎事不求可將任其不可

乎功不求成將任其不成乎……」論語傳註問

這兩段話所討論實學術上極重要之問題老子說的『爲而不有』我們也認爲是學者最高的品格但是把

效率的觀念完全打破是否可能況且凡學問總是要應用到社會的學問本身可以不計效率應用時候是否

應不計效率這問題越發複雜了我國學界自宋儒高談性命鄙棄事功他們是否有得於『爲而不有』的眞

精神且不敢說動輒唱高調把實際上應用學問抹殺其實討厭朱子語類有一段『江西之學陸象山只是禪浙

學陳龍川卻專是功利……功利學者習之便可效此意甚可憂』你想這是什麼話習齋批評他道

「都門一南客曹蠻者與吾友王法乾談醫云「惟不效方是高手」殆朱子之徒乎朱子之道千年大行使

天下無一儒無一才無一苟定時因不願見效故也宋家老頭巾罩天下人才於靜坐讀書中以爲千古獨得

之祕指幹辦政事爲粗豪爲俗吏指經濟生民爲功利爲雜霸究之使五百年中平常人皆讀講集註揣摩八

一二五

股走富貴利達之場高曠人皆高談靜敬著書集文貪從祀廟庭之典莫論唐虞三代之英孔門賢豪之士世

無一人並漢唐傑才亦不可得世間之德乃眞亂矣萬有乃眞空矣……」朱子語類評

宋儒自命直接孔孟何止漢唐政治家連孔門弟子都看不起習齋詰問他們說『……何獨以偏缺微弱兄

於契丹臣於金元之宋前之居汴也生三四堯孔六七禹顏後之南渡也又生三四堯孔六七禹顏而乃前有

數聖賢上不見一扶危濟難之功下不見一可相可將之材拱手以二帝界金以汴京與豫矣多聖多賢之世乃

上不見一扶危濟難之功下不見一可將之才推手以少帝赴海以玉璽與元矣多聖多賢之世乃如此

乎噫』卷存學編

這話並不是尖酸刻薄習齋蓋深有感於學術之敝影響到社會痛憤而不能已於言他說『吾讀甲申殉難錄

至「愧無半策匡時難惟餘一死報君恩」未嘗不泣下也至覽尹和靖祭程伊川文「不背其師有之有益於

世則未」二語又不覺廢卷浩歎爲生民愴惶久之』卷存學編既屬一國中智識階級則對於國之安危盛衰自

當負絕對責任說我自己做自己的學問不管那些閑事到事體敗壞之後只歎息幾句了事這種態度如何要

得所以顏李一派常以天下爲己任而學問皆歸於致用專提倡書三事——正德利用厚生爲標幟習齋說『

宋人但見料理邊疆便指爲多事見理財便指爲聚歛見心計材武便憎惡斥爲小人此風不變乾坤無寧日矣

』卷年譜下又說『兀坐書齋人無一不脆弱爲武士農夫所笑』三存學編卷性理評又說「宋元來儒者卻習成婦女態甚

可羞「無事袖手談心性臨危一死報君王」即爲上品矣』一同上學辯卷又說『白面書生微獨無經天緯地之略

兵農禮樂之才率柔脆如婦人女子求一豪爽倜儻之氣亦無之間有稍雄卓者則又世間粗放子……」記習齋餘

卷一泣血集　恕谷說『道學家不能辦事且惡人辦事』恕谷年譜卷上又說『宋儒內外精粗皆與聖道相反養心必養為

無用之心致虛守寂修身必修為無用之身徐言緩步為學必為無用之學閉門誦讀不盡去其病世道不可問

矣』同上

宋儒亦何嘗不談經世但顏李以為這不是一談便了的事習齋說『陳同甫謂「人才以用而見其能否安坐

而能者不足恃兵食以用而見其盈虛安坐而盈者不足恃」吾謂德性以用而見其醇駁口筆之醇者不足恃

學問以用而見其得者不足恃』年譜卷上又說『人不辦天下事皆可為無用之論』杜生篇言行錄有人說

一統志輿記等書皆書生文字於建國規模山川險要未詳習齋說『豈惟是哉自帖括文墨遺禍斯世即間

有考纂經濟者總不出紙墨見解可嘆』年譜卷下李二曲說『吾儒之學以經世為宗自傳久而謬一變訓詁再變

詞藝而儒名存實亡矣』習齋評他道『見確如此乃膺當路尊禮集多士景從亦祇講書說話而已何不舉古

人三事三物之經世者使人習行哉後儒之口筆見之非固無用見之是亦無用此益傷吾心也』同上嗚呼倘使

習齋看見現代青年日日在講堂上報紙上高談什麼主義什麼主義者不知其傷心更何如哩

想做有用之學先要求為可用之人恕谷說『聖學踐形以盡性今儒墮形以明性耳目之用

去其六七手但用於寫手之用去其七八足惡動作足之用去九靜坐觀心而身不喜事身心之用亦去九形既

不踐性何由全』卷上年譜這話雖然是針對當時宋學老爺們發的但現代在學堂裏所受的教育是否能盡免此

弊恐怕還值得一猛醒罷。

習齋好動惡靜所以論學論政皆以日日改良進步為鵠他有一天鼓琴絃斷解而更張之音調頓佳因嘆道『

為學而惰為政而懈亦宜思有以更張之也彼無志之人樂言遷就憚於更張死而後已者可哀也」言行錄又說『學者須振萎惰破因循每日有過可改有善可遷即日新之學也改心之過謂之正心改身之過遷身之善謂之修身改家國天下之過遷家國天下之善謂之齊治平學者但不見今日有過可改有善可遷便是昏惰了一日為政者但不見今日有過可改有善可遷便是苟且了一日』次亭篇 王 總之常常活著不叫他死常常新著不叫他舊便是顏李主動之學他們所謂身心內外一齊振起者指此

習齋不喜歡談哲理但他對於「性」的問題有自己獨到的主張他所主張我認為在哲學上很有價值不能不稍為詳細敘述一下

中國哲學上爭論最多的問題就是性善惡論因為這問題和教育方針關係最密切所以向來學者極重視他孟子告子荀子董仲舒揚雄各有各的見解到宋儒程朱則將性分而為二一義理之性是善的二氣質之性是惡的其教育方針則以「變化氣質」為歸宿習齋大反對此說著存性編駁他們首言性不能分為理氣更不能謂氣質為惡其略曰

『……若謂氣惡則理亦惡若謂理善則氣亦善蓋氣即理之氣理即氣之理烏得謂理統一善而氣質偏有惡哉譬之目矣眶皰睛氣質也其中光明能見物者性也將謂光明之理專視正色眶皰睛乃視邪色乎余謂更不必分何者為義理之性氣質之性……能視即目之性善其視之也則情之善其視之詳略遠近則才之強弱〔啓超案孟子論性善附帶者論「情」論「才」說『乃若其情則可以為善矣』又說『若夫為不善非才之罪也』習齋釋這三個字道『性之動曰情情之力曰才』見年譜卷下若存性編亦有專章今不詳釋引此三字〕皆不可以惡言蓋詳且遠固善即略且近亦第善不精耳惡於何加惟因有邪色引動障蔽其

明然後有淫視而惡始名焉然其爲之引動者性之咎乎氣質之咎乎若歸咎於氣質是必無此目然後可全

目之性矣……」<small>存性篇駁</small>
<small>氣質性惡</small>

然則性善的人爲什麼又會爲惡呢習齋以爲皆從「引蔽習染」而來而引蔽習染皆從外入絕非本性所固

有程子說「淸濁雖不同然不可以濁者不爲水」朱子引申這句話因說「善固性也惡亦不可不謂之性」

主張氣質性惡的論據如此習齋駁他們道

「請問濁是水之氣質否吾熟澂澈淵湛者水之氣質其濁者乃雜入水性本無之土正猶吾言性之有引蔽

習染也其濁之有遠近多少正猶引蔽習染之有輕重深淺也若謂濁是水之氣質則濁水有氣質淸水無氣

質矣如之何其可也」<small>同上借</small>
<small>水喻性</small>

程子又謂「性本善而流於惡」習齋以爲也不對駁他道

「原善者流亦善上流無惡下流亦無惡……如水出泉若皆行石路雖自西海達東海絕不加濁其有濁

者乃齒土染之不可謂水本淸而流濁也知濁者爲土所染非水之氣質則知惡者是外物染乎性非人之氣

質矣」<small>同上性</small>
<small>理善評</small>

習齋論引蔽習染之由來說得極詳盡今爲篇幅所限不具引了
<small>看存性</small>
<small>篇性說</small> 習齋最要的論點在極力替氣質辯護，

爲什麼要辯護呢因爲他認定氣質爲個人做人的本錢他說

「盡吾氣質之能則聖賢矣」<small>卷下言行錄又說</small>

「昔儒視氣質甚重習禮習樂習射御書數非禮勿視聽言動皆以氣質用力卽此爲存心卽此爲養性故曰

<small>中國近三百年學術史</small>

<small>一二九</small>

「志至焉氣次焉持其志無暴其氣」故曰「養吾浩然之氣」故曰「唯聖人然後可以踐形」魏晉以來，

佛老肆行乃於形體之外別狀一空虛幻覺之性靈禮樂之外別作一閉目靜坐之存養佛者曰入定儒者曰

吾道亦有入定也老者曰內丹儒者曰吾道亦有內丹也借五經語孟之文行楞嚴參同之事以躬習其事爲

粗迹則自以氣骨血肉爲分外於是始以性命爲精形體爲累乃敢以有惡加之氣質矣」存性編性

他說『偏勝者可以爲偏至之聖賢……宋儒乃以偏爲惡不知偏不引蔽偏亦善也』同又說『氣稟偏而即命之曰惡是指刀而坐以殺人也庸知刀之能利用殺賊乎』上同習齋主張發展個性的教育常然和宋儒「變氣質各有所偏當然是不能免的但這點偏處正是各人個性的基礎習齋以爲教育家該利用他不該厭惡他

化氣質」之說不能相容他說．

『人之質性各異當就其質性之所近心志之所願才力之所能以爲學則無齟齬扞格終身不就之患故孟子於夷惠曰不同道惟願學孔子非止以孔子獨上也非謂夷惠不可學也人之質性近夷者自宜學夷近惠者自宜學惠今變化氣質之說是必平丘陵以爲川澤塡川澤以爲丘陵也不亦愚乎且使包孝蕭必變化而爲龐德公龐德公必變化而爲包孝蕭必不可得之數亦徒失其爲包爲龐而已矣』四書正誤卷六

有人問他你反對變化氣質那麼尙書所謂『沈潛剛克高明柔克』的話不對嗎他說『甚剛人亦必有柔處甚柔人亦必有剛處只是偏任慣了今加學問之功則吾本有之柔自會勝剛本有之剛自會勝柔正如技擊者好動腳敎師敎他動手以濟腳豈是變化其腳』言行錄卷下王次亭篇

性惡之說而又必自附於孟子故其語益支離習齋直斥之曰

『耳目口鼻手足五臟六腑筋骨血肉毛髮秀且備者人之質也雖蠢蠢猶異於物也呼吸充周榮潤運用乎五官百骸粹且靈者人之氣也雖蠢蠢猶異於物也故曰「人爲萬物之靈」故曰「人皆可以爲堯舜」其靈而能爲堯舜者即氣質也非氣質無以見性非氣質無以爲性也今乃以本來之氣質而惡之其勢不並本來之性而惡之不已也以作聖之氣質而視爲汙性壞性害性之物明是禪家「六賊」之說之能不爲此懼乎』(存性篇正性理評)

習齋之斷斷辨此並非和程朱論爭哲理他認爲這問題在敎育關係太大故不能已於言他說。

『大約孔孟以前責之習使人去其所本無程朱以後責之氣使人憎其所本有是以人多以氣質自諉覓有「山河易改本性難移」之諺矣其誤世豈淺哉』(上同)

他於是斷定程朱之說：『蒙晦先聖盡性之旨而授世間無志人以口實』(存學編卷一上孫鍾元先生書)他又斷言凡人「爲絲毫之惡皆自玷其光瑩之體極神聖之善始自踐其固有之形』(同上上陸桴亭先生書)習齋對於哲學上和敎育上的見解這兩句可以包括盡了

以上所講顏李學派的主要精神大略可見了這種議論在今日還有許多人聽見了搖頭咋舌何況二百年前他們那時作這種主張簡直可以說大著膽冒天下之不韙習齋說

『宋儒今之堯舜周孔也韓愈闢佛幾至殺身況敢議今世之堯舜周孔乎季友著書駁程朱之說贊州決杖況敢議及宋儒之學術品詣乎此言一出身命之虞所必至也然懼一身之禍而不言委氣數於終誤置民物於終壞恐結舌安坐不援溝瀆與强暴橫逆納人於溝瀆者其忍心害理不甚相遠也』(上陸桴亭書)

又說。

『予未南遊時尚有將就程朱附之聖門之意自一南遊見人人禪子家家盧文直與孔門敵對必破一分程

朱始入一分孔孟乃定以爲孔孟與程朱判然兩塗不願作道統中鄉原矣』年譜卷下

他並非鬧意氣與古人爭勝他是一位心地極光明而意志極强毅的人自己所信便以百折不撓的精神赴之

絲毫不肯遷就躲閃他曾告誡恕谷道

『立言但論是非不論異同是則一二人之見不可易也非則雖千萬人所同不隨聲也豈惟千萬人雖百千

年同迷之局我輩亦當以先覺覺後覺不必附和雷同也』言行錄學問篇

試讀這種話志節何等卓犖氣魄何等沈雄他又說『但抱書入學便是作世人不是作世轉人』卷三存學編他

臨終那年有幾句話囑付恕谷道『學者勿以轉移之權委之氣數一人行之爲學衆人從之爲風俗民之瘼

矣忍度外置之乎』恕谷聞言泣數行下恕谷年譜卷下鳴呼習齋非天下之大仁大勇者其孰能與於斯

習齋恕谷抱這種宏願想要轉移學風別造一個新社會到今日二百年了到底轉移了沒有哎何止沒有轉移

只怕病根還深幾層哩若此下去嗎那麼習齋有一番不祥的預言待我寫來他說。

『文盛之極則必衰文衰之返則有二一是文衰而返於實則天下厭文之心必轉而爲喜實之心乾坤蒙其

福矣……一是文衰而返於野則天下厭文之心必激而爲滅文之念吾儒與斯民淪胥以亡矣如有宋程朱

黨僞之禁天啓時東林之逮獄崇禎末張獻忠之焚殺恐猶未已其禍也而今不知此幾之何向也易曰『知

幾其神乎』余曰知幾其懼乎』卷四存學編

嗚呼今日的讀書人聽啊自命智識階級的人們聽啊滿天下小百姓厭惡我們的心理一日比一日厲害我們

還在那裏做夢習齋說「未知幾之何向」依我看「滅文」之幾早已動了我們不「知懼」徒使習齋恕谷

長號地下耳

同時服膺顏氏學且能光大之者北有王崑繩南有惲皋聞程綿莊而其淵源皆受自恕谷。

崑繩名源一字或庵順天大興人卒康熙四十九年（一七一〇）年六十三他是當時一位老名士他少年從

梁鷦林以樟 遊鷦林教以宋儒之學他不以爲然最喜談前代掌故及關塞險隘攻守方略能爲文章魏冰叔禧

極推重他他說自韓愈以後而文體大壞故其所作力追先秦西漢自言「生平性命之友有二一曰劉繼莊二

曰李恕谷此二人者實抱天人之略非三代以下之才」梅友書 後來繼莊死了他做一篇很沈痛的傳文我
文集復庵姚

們因此纔能知道繼莊的人格和學術三藩平後京師壇坫極盛萬季野閻百詩胡東樵諸人各以所學提倡後

進崑繩也是當中一位領袖他才氣橫溢把這些人都看不在眼內獨傾心繼莊和恕谷他讀了恕谷的大學辨

業和習齋的存學編過後大折服請恕谷爲介執贄習齋作日記糾身心得失

晚年學益進恕谷批評他道「王子所謂豪傑之士者非耶迹其文名遠噪公卿皆握手願交意氣無前且半百

耆儒弟子請業者滿戶外乃一聞聖道遂躬造一甕牖繩樞潛修無聞之士傴僂北面惟恐不及非誠以聖賢爲

志其能然乎」恕谷後集 他早年著有兵法要略與圖指掌等書受業習齋後更著有平書十卷讀易通言五卷
王子傳

皆佚其集日居業堂文集二十卷今存他好遊晚年棄妻子徧遊名山大川卒客死淮上

崑繩未從學習齋以前最服膺陽明學對於當時借程朱做招牌的人深惡痛絕曾有幾篇極痛快的文字罵他

們節錄如下

「源生平最服姚江以為孟子之後一人……蓋宋儒之學能使小人肆行而無所忌束縛沮抑天下之英雄不能奮然以有為……宸濠之亂……不終日而談笑平之此豈徒恃語言文字者所能辦乃今之謗之者謂其事功聖賢所不屑也其學術為異端不若程朱之正也其心不過欲蔑其事功以自解其庸闇無能為之醜，尊程朱以見己之學問切實而陰以飾其卑陋不可對人之生平內以自欺而外以欺乎天下孰知天下之人之不可欺而祇自成其為無忌憚之小人也哉……」　文集與李中孚先生書

又

「今天下之尊程朱詆姚江侈然一代大儒自命而不偽者幾人哉行符其言者真也言不顧行者偽則言或有偏不失為君子偽則其言愈正愈成其為小人有人於此朝乞食墦間暮殺越人於貨而掇拾程朱緒論猶猥猥焉嘗陽明於五達之衢逐自以為程朱也吾子許之乎……且夫對君父而無慚置其身於貨利之場死生禍福之際而不亂其內行質之幽獨而不愧播其文章議論於天下而人人信其無欺則其立說程朱可也陸王可也不必程朱不必陸王而自言其所行亦可也否則尊程朱卽程朱之賊卽陸王之賊程朱況大言欺世而非之不勝舉刺之不勝刺者哉嘗聞一理學者力詆陽明而遷官稍不滿其欲流涕不能止一識者譏之曰「不知陽明謫龍場時有此淚否」其人慚沮無以答又一理學者見其師之子之妻之美悅焉久之其夫死約以為妻未小祥而納之而其言曰「明季流賊之禍皆陽明所釀」嗚呼若輩之行如此類者豈堪多述……故今之詆姚江者無損於姚江毛髮則程朱之見推實程朱萬世之大阨爾……」　文集與朱綠書

這兩段話可以看出崑繩早年面目和當時所謂程朱學派者之品格何如故錄之此外闡發顏李學術與夫談

經濟考史蹟之文尚多恕不錄了。

惲泉聞名鶴生江蘇武進人生卒年無考嘗在秦中晤謝野臣語以習齋爲學大旨心善之後至蠡縣訪習齋則已沒乃從恕谷求所著各書徧讀之自稱私淑弟子仿恕谷立日譜考究身心功過每相見輒互證得失其與恕谷往復切磋之語見於恕谷年譜者甚多泉聞每自南方寄書至恕谷再拜然後啓讀其重之如此泉聞書言『南旋以存學示人雖佀強者亦首肯知斯道之易行』恕谷喜曰『顏先生之道南矣』泉聞所著書有詩說及春秋附筆晚歸常州爲一鄉祭酒故家子弟多從之遊其後常州學術大昌戴子高謂皆自泉聞開之

程綿莊名廷祚字啓生江蘇上元人卒乾隆三十二年（一七六七）年七十七少篤於治經後從惲泉聞聞顏李之學上書恕谷致願學之意康熙庚子恕谷南遊金陵他屢過問學讀習齋存學編題其後云『古之害道出於儒之外今之害道出於儒之中習齋先生起燕趙當四海倡和翕然同風之日乃能折衷至當而所著書有斥其非。

蓋五百年間一人而已』綿莊之學以習齋爲主而參以梨洲亭林故讀書極博而皆歸於實用所著有易通六卷大易擇言三十卷彖爻求是說六卷晚書訂疑若干卷尙書通議三十卷青谿詩說二十卷論語說周禮說各四卷稀說二卷春秋識小錄三卷其集曰青谿居士集詩文各二十卷今惟晚書訂疑有刻本論語說則戴子高

採若干則入顏氏學記中精到語頗多。

習齋之學雖不爲時流所喜然而經恕谷極力傳播崑繩泉聞縣莊相與左右之當時有志之士聞風與起者也很不少諸公旣沒而考證學大興掩襲天下學者差不多不知有習齋恕谷了其遺書亦什九散佚不可見近代

頭一位出來表章他們的曰戴子高．

子高名望浙江德清人卒同治十二年（一八七三）年三十七他所遭極人生不堪之境遇趙撝叔之讒　替他作的墓表說道『君生四歲父歿曾祖八十餘祖五十餘尚存母及諸母皆寡三世煢煢抱一孤子而泣……無何曾祖與祖相繼奄智家貧歲饑無所依賴君挾冊悲誦寡母節衣縮食資君以學……庚申亂作君奉母避入山大困無所得食有至戚官閩中母數命君往不獲已……自閩歸將迎其母聞湖州已陷則仰天長號僵仆絕氣復忍死出入豺虎之叢求母所在迄無所遇……君至痛在心未壯而歿……然處顛頓狼狽呻吟哭泣中終不廢學學日益進……』他一生困陋的大概可見了他於同治八年輯成顏氏學記十卷據自序所述他之學顏李學得力於他的朋友程履正貞他費了好多年工夫纔把顏李的著述次第搜得中間又經亂散失當時每舉顏李姓氏問人人無知者他於是發憤輯成這部學記卷一至卷三記習齋卷四至卷七記恕谷卷八記崑繩卷九記縣莊卷十則爲顏李弟子錄自序曰

『……其言憂患來世正而不迂質而不俗以聖爲軌而不屑詭隨於流說其行則爲孝子爲仁人於乎如顏氏者可謂百世之師已其餘數君子亦皆豪傑士也同時越黃氏吳顧氏燕秦間有孫氏李氏皆以耆學碩德負天下重望然於聖人之道猶或沿流忘原失其指歸如顏氏之摧陷廓清比於武事其功顧不偉哉世乃以其不事述作遂謂非諸公匹則吾不知七十子之徒與夫孟荀賈董諸子其視後儒著書動以千百計者何如也

語曰『淫文破典』孔子曰天下有道則行有枝葉天下無道則辭有枝葉『敢述聖者之言用告世之知德君子』遺謫庵集　子高說戴東原

作孟子緒言其論性本自習齋最為有識他對於方望溪之誣恕谷極為不平又說皖北某鉅公序程緜莊書顧

倒白黑不知其人為誰也這部學記體裁全仿梨洲兩學案能提要鈎玄價值不在黃書下

子高嘗從陳碩甫奐宋于庭翔鳳遊於訓詁學所造甚深又好西漢今文家言著有論語注二十卷管子校正二

十四卷趙撝叔輯其遺文曰謫麐堂遺集子高晚年被曾文正聘任校書然其學與流俗異終侘傺以死

自子高學記出世始稍稍知有顏李學而近人徐菊人世昌亦提倡之屬其門客為顏李語要各一卷顏李師承

記九卷語要破觚為圓誣顏李矣不逮學記遠甚師承記搜采甚勤可觀也又彙刻顏李遺書數十種亦徐氏行

事之差強人意者

十一 科學之曙光 ——

——王寅旭 梅定九 陳資齋 附其他

做中國學術史最令我們慚愧的是科學史料異常貧乏其中有記述價值的只有算術和曆法方面這類學問

在清代極發達而間接影響於各門學術之治學方法也很多

曆算學在中國發達甚古然每每受外來的影響而進步第一次為唐代之婆羅門法第二次為元代之回回

法第三次則明清之交耶穌會士所傳之西洋法西洋法傳來之初期學者如徐文定李涼庵輩以絕對信仰的

態度迎之研習其法而喚起一種自覺心求中國歷算學之獨立者則自王寅旭梅定九始

寅旭名錫闡一號曉庵又號天同一生江蘇吳江人生明崇禎元年卒清康熙二十一年（一六二八——一六

八二）年五十五曉庵與張楊園顧亭林潘力田友善又嘗與萬充宗徐闇臣往復論學亭林廣師篤說『學究

天人確乎不拔吾不如王寅旭』可見其傾倒之至了嘗作天同一生傳云『天同一生者帝休氏之民也治詩

易春秋明歷律象數學無師授自通大義與人相見終日緘默若與論古今則縱橫不窮家貧不能多得書得亦

不盡讀讀亦不盡憶間有會意即大喜雀躍往往爾汝古人……帝休氏衰乃隱處海曲冬絺夏褐日中不爨意

泊如也惟好適野悵然南望輒至悲歡人皆目為狂生曰我所病者未能狂耳因自命希狂號天同一生「天

同一」云者不知其所指或曰即莊周齊物之意或曰非也……』集卷三 曉庵文 讀這篇寓言短傳可想見他的品格

和理想了他又自書這傳後云『天同一生挾過人之才不獲當帝休之隆與時偕行徒使志擬天地跡近佯狂

以詭祕貽譏……』可見他才氣不可一世而對於明清興亡抱隱痛志節狷介不肯姻世和顧亭林絕相類不

獨學問能自立名世也

寅旭之生正當曆議爭鬧時利徐翻譯書既盛行學者轉相誦習或未研其理法而撫拾以自炫舊派則楊光先

為領袖作枝游辭既與之爭寅旭少即嗜此學潛心測實『每夜輒登屋臥鴟尾間仰觀星象竟夕不寐復發律

算書玩索精思於推步之理宏亮而不滯久之則中西兩家異說皆能條其原委考鏡其得失』文獻徵存 他自

述實測之經歷道『……每遇交會必以所步所測課較疏密疾病寒暑無間……于茲三十年所而食分求合

於秒加時求合於分毫憂乎其難之……』推步交 他自立新法測日月食據阮芸臺元疇人傳說他『不爽杪

忽』我們是門外漢不惟不敢下批評而且不能述要領但舉其論治學方法之言以見其學之所自而已他說

「……當順天以求合不當為合以驗天法所以差固必有致差之故法所以吻合猶恐有偶合之緣測愈久則數

愈密思愈精則理愈出」測歷又說『……其合其違雖可預信而分秒遠近之細必屢經實測而後可知合則審

其偶合與確合違則求其理違與數違不敢苟焉以自欺而已』推步交又說『專術之隤糾繆萬端不可以一

髮躁心浮氣乘於其間』記叙又說『天運淵元人智淺末學之愈久而愈知其不及入之彌深而彌知其難

窮……若僅能握觚而即以創法自命師心任目撰為鹵莽之術約略一合傲然自足胸無古人其扁妄不學未

嘗艱苦可知矣」上同 讀這些話可以知道寅旭的學問是怎樣得來的了我們常說治科學能使人虛心能使人

靜氣能使人忍耐努力能使人忠實不欺寅旭便是絕好模範歷算學所以能給好影響於清學全部者亦即在

此。

寅旭對於當時新舊之爭當然不以守舊為然亦非一味的盲從新法他說『近代西洋新法大抵與土盤歷

同原而書器尤備測候加精……徐文定以為欲求超勝必須會通會通之前先須翻譯翻譯有緒然後令深知

法意者參詳考定其意原欲因西法求進非盡更成憲也文定既逝繼其事者僅能終翻譯之緒未違及會通之

法至矜其師說齗齗異己廷議紛紛……今西法且盛行向之異議者亦詘而不復爭矣然以西法有驗於今可

也如謂不易之法無事求進不可也……』一歷說 他批評當時所謂西法有不知法意者五當辨者十他自著曉

庵新法六篇自言『會通若干事考正若干事表明若干事增葺若干事舊法雖舛而未遽廢者兩存之理雖可

知而非上下千年不得其數者闕之雖得其數而遠引古測未經目信者別為補遺』曉庵新法自序 他那種不設成見

實事求是的精神大略可見了。

寅旭著述除曉庵新法六卷外尙有大統西曆啓蒙括中西曆術簡而不遺有丁未曆稿寅旭每歲皆推曆而

丁未年與潘次耕布算特著其說有推步交朔及測日小記辛酉八月朔當日食以中西法及已所創新法預定

時刻分秒至其時與徐圃臣輩以五家法同測而已法最密合故志之有三辰志略則寅旭自創一儀器可窺測

日月星自爲之說自爲之解其文倣考工記有圖解句股割圜之法繪圖立說詳言其所以然梅定九序之謂

『能深入西法之堂奧而規其缺漏』定九嘗評『近代曆學以吳江爲最識解在青州（薛鳳祚）以上』（見杭世駿道古堂集）

本傳徐敬可曾勸定九爲寅旭曆書補作圖注以發其深湛之思定九亦說『王先生書用法精簡好立新名驟讀

不能解』（見定九續學堂文鈔徐敬可圖解序後）銳意欲注之惜因老病未成書我們看這種故實不獨知寅旭益可以知定九了

錢東生（林）說『曆算之學王氏精核梅氏博大各造其極未可軒輊』所以淸代治此學者必曰王梅而梅學尤

盛行於時

梅定九名文鼎字勿菴安徽宣城人卒康熙六十年（一七二一）年八十九他二十七歲時從遺獻倪觀湖問

曆法著曆學駢枝二卷倪爲首肯自此便畢世委身此學中年喪偶不再娶閉戶覃思謝絕人事値書之難讀者

必欲求得其說往往至廢寢食格於他端中輟耿耿不忘或讀他書無意中忽然有觸而積疑冰釋乘夜秉燭亟

起書之或一夕枕上所得累數日書不盡每漏四五下猶籌燈夜讀昧爽則已與矣數十年如一日其精力過人

如此聞有通茲學者雖在遠道不憚裹裳往從人有問者亦詳告之無隱（節錄毛際可撰傳、方苞撰基表、杭世駿撰傳、阮元撰疇人傳原文）所著

曆算書八十餘種其要目如下

（甲）曆學之部

（一）闡明古歷法者

歷經圖注二卷。　元史所載歷經爲許衡郭守敬等合著其文簡古故釋之

古今歷法通考七十卷。　自洛下閎射姓之歷起以次論劉洪姜岌張子信何承天祖冲之劉焯諸歷，李

淳風之麟德歷僧一行之大衍歷晚唐宣明歷王朴之欽天歷宋之統天歷耶律楚材之庚午元歷迄郭

守敬之授時歷止所校論者凡七十餘家實中國歷學史之大觀也。

春秋以來冬至考一卷。

庚午元歷考一卷元太祖時有西域人與耶律楚材爭月蝕西法並紬楚材乃作西征庚午元歷此書專

考之。

元歷補注二卷根據郭守敬歷草以注授時歷。

明大統歷立成注二卷。

（二）研究西域歷法者　　唐九執歷爲西法輸入之始其後復有婆羅門十一曜經及都聿利斯經皆九執

之屬元則有札馬魯丁之西域萬年歷明則有馬沙亦黑馬哈麻之回回歷此皆印度及阿剌伯之學說

在千年前卽已與中法參用者定九推究其術著歐羅巴法淵源所自

回回歷補注三卷。

西域天文書補注二卷。

三十雜星考一卷。

四省表景立成一卷．陜西河南北直江南四省之回敎寺中各有表景據之以說明里差．

周髀算經補注一卷．以周髀釋西域歷家蓋天之說．

渾蓋通憲圖說訂補一卷．研究元史札馬魯丁傳中之蓋天儀謂爲周髀遺法流入西方．

西國日月考一卷．研究太陽歷．

（三）批評崇禎歷書者．崇禎歷書百餘卷利徐所編卽所謂歐羅巴之新西法也定九發明或訂正之爲以下各書．

歷書細草補注三卷．歷書中有細草以便入算定九以歷指大意隱括而爲之注．

交食蒙求訂補二卷附說二卷此書已佚補其細草．

交食圖訂誤一卷．

求赤道宿度法一卷．用弧三角法訂正歷書中細草．

交食管見一卷．

日差原理一卷．言各地所見日月食何故不同並立隨地測驗之捷法．

火緯本法圖說一卷．

七政前均簡法一卷．

上三星軌跡成繞日圓象一卷．

黃赤距緯圖辨一卷．

太陰表影辯一卷．

二星經緯考異一卷．

星晷眞度一卷．

（四）手訂歷志及關於歷學之意見．

宣城分野志．

江南通志分野志．

明史歷志． 明史之歷志本由吳志伊專任徐善劉獻廷楊文言各有增定最後則請正於黃梨洲及定

歷志贅言一卷． 大意謂明朝的大統歷實卽元朝的授時歷故明歷志應該對於元歷志敍述授時歷

九定九爲訂正訛舛五十餘處．

關略之處詳爲訂補又回回歷爲授時所自出亦當敍其淵源其餘如鄭載堉袁黃等學說皆當備載焉

當特詳於利徐改法之沿革．

歷學疑問一卷歷學入門簡明之書淸聖祖極賞之．

學歷說一卷大意謂古代歷家因法疏多誤乃附會禨祥之說以文飾其誤最爲不當．

（五）所創製之測算器及其圖說．

測器攷二卷．

自鳴鐘說一卷．

壺漏考一卷．

日晷備考三卷．

赤道提晷說一卷

以上皆對於舊器之考訂及說明．

勿菴揆日器圖說一卷　諸方節氣加時日軌高度表一卷．

揆日淺說一卷．

測景捷法一卷．

璇璣尺解一卷．

測星定時簡法一卷．

勿菴側望儀式一卷　勿菴仰觀儀式一卷．

勿菴渾蓋新式一卷．

勿菴月道儀式一卷．

以上皆自製器及自創法之說明．

分天度理一卷．

陸海鍼經一卷（一名里差捷法）

以上二書應用歷算學以繪地圖．

仰觀覆矩一卷。

勿菴籌算七卷。

勿菴筆算一卷。以上二書皆改橫爲直便中上書寫。

勿菴度算二卷。當時西法用兩比例尺定九祇用一尺又有矩算法

比例數解四卷。說明「對數」之理。

三角法舉要五卷。以西法之三角與古法之句股合論。

方程論六卷。

幾何摘要三卷。因幾何原本行文古奧故易爲顯淺之文且刪繁補遺以便學者。

句股測量二卷。撫拾周髀算經海島算經測圓海鏡等書之言割圓術者發明之。

九數存古一卷。釋九章算術。

以上九書合爲中西算學通。

方田通法一卷。

少廣拾遺一卷。

幾何補編四卷利徐所譯幾何僅成前六卷止於測「面」此書以意推演其量「體」之法妙悟極多

西鏡錄訂注一卷。西鏡錄不知誰作惟其書成於天學初函以後多加精之法故爲之注。

權度通幾一卷。說重學原理。

奇器補詮二卷．補王徵奇器圖說．

正弦簡法補一卷．

弧三角舉要五卷．

塹堵測量一卷．

用句股解幾何原本之根一卷．謂『幾何不言勾股然其理並勾股也故其最難通者以勾股釋之則明』

（乙）算學之部．

方圓冪積二卷．

麗澤珠璣一卷．最錄與朋友論算資益之語．

古算器考一卷．

數學星槎一卷．專爲初學算者之嚮導．

我在這裏講王梅學術自己覺得很慚愧因爲我是完全一個門外漢實在不配講以上所列許多書目我連極簡單的提要也作不出來——內中偶湊幾句恐怕也是外行話至於批評那更不用說了但依我最粗淺的推測則梅定九在學界所貢獻之成績大略如下

第一　自來言歷法者多雜以占驗迷信看漢書藝文志之數術略及各史歷志便知雖唐元兩代所輸入之西域學亦所不免歷學脫離了占驗獨立而建設在眞正科學基礎之上自利徐始啓其緒至定九纔把這

第二　歷學之歷史的研究自定九始——恐怕直到現在還沒有第二個人比他研究得更博更通凡一種

學問經過歷史的研究自然一不會僅侗二不會偏執定九所以能成為斯學大家者以此

第三　向來治歷學者多認為一種單純技術雖黃梨洲王寅旭似尚不免定九認定歷學之興味自梅氏歷算全
書出世始引起多數人對於算學之興味老實說從前算學是歷學附庸定九以後纔「蔚為大國」且「
取而代之」了。

第四　定九並不是專闡發自己的「絕學」打「藏諸名山」的主意他最努力於斯學之普及他說『吾
為此學皆歷最艱苦之後而後得簡易從吾遊者坐進此道而吾一生勤苦皆為若用矣吾惟求此理大顯
使古人絕學不致無傳則死且無憾不必身擅其名也』嘗人傳 本傳　觀此可以見大學者之態度及顧力歷算
能成為清代的顯學多由定九的精神和方法濬發出來。

第五　定九當中西新舊兩派交鬨正劇時他雖屬新派的人但不盲從更不肯用門戶之見壓迫人專採
「求是」的態度對於舊派不惟不抹殺而且把許多古書重新解釋回復其價值令學者起一番自覺力
求本國學問的獨立後此戴東原震焦里堂循李尚之銳汪孝嬰萊等輩皆因研究古算書得有新發明這
種學風不能不說是定九開闢出來。

自崇禎歷書刊行以後治歷學者驟盛若黃梨洲及其弟晦木若毛西河若閻百詩皆有所撰述青年史家潘力

田亦與王寅旭共學有往復討論書見曉庵遺書中其弟次耕事寅旭有著書明史館中專任歷志之人如吳任

臣志伊等並有名於時而其間專以歷算名家者則有

薛鳳祚字儀甫淄川人作天學會通以對數立算定九謂其書詳於法而無快論以發其趣其全書嘗刻於

南京尚有寫天新語氣化遷流四線新比例等

揭宣字子宣廣昌人深明西術而又別有悟入謂七政之小輪皆出自然亦如盤水之運旋而周遭以行急

而生旋渦遂成留逆當時共指為創論

方中通字位伯桐城人以智子著數度衍二十五卷於九章之外蒐羅甚富嘗與揭宣相質難著揭方問答

孔興泰字林宗睢州人著大測精義求半弧正弦法與梅氏正弦簡法補之說不謀而合

杜知耕字端甫柘城人著幾何論約及數學鑰圖注梅氏謂其釋九章頗中肯綮

毛乾乾字心易與定九論周徑之理因復推論及方圓相容相變諸率

梅文鼐字和仲文鼏字爾素俱定九弟與兄同治歷算文鼐著步五星式六卷文鼏著經星同異考一卷文

鼏善製圖梅氏書中各圖多出其手

這幾位都是定九同時人學有心得而薛儀甫最名家時亦稱梅王薛云淸聖祖喜歷算故揣摩風氣者亦往往

學之李光地輩是也然不能有所發明同時有楊光先者專著書難西術名不得已書然不解數理拿陋強辯徒

爭意氣非學者也

自王梅提倡斯學之後許多古算書漸漸復活經學大師大率兼治算戴東原校算經十種大闢町畦而李尙之

汪孝嬰董方立能爲深沈之思發明算理不少晚清則西歐新算輸入而李壬叔華若汀輩能名家蓋有清一代．

作者繩繩不絕當別爲專篇論列之

十二　清初學海波瀾餘錄

一　方密之附黃扶孟

從第五講到第十一講把幾個重要學派各列舉幾位代表人物敍述其學說梗概淸初學界形勢大略可見了．

然而順康間承晚明之敝反動猛起各方面有許多瑰奇之士不相謀不相襲而各有所創獲或箸作失傳或

無門弟子恢張其業故世罕宗之又或行誼可訾議或本非純粹的學者而所見殊有獨到處總之那時候學界

氣象如久經嚴冬一旦解凍啓蟄萬卉抽萌羣動蠕躍煞是可愛本講要把這些人——爲我現在記憶所及者

提出十來位來講講

方以智字密之安徽桐城人明崇禎庚辰進士官翰林院檢討國變後從永歷帝於雲南永歷亡出家爲僧號藥

地他著有通雅五十二卷考證名物象數訓詁音聲其目錄爲音義雜論讀書類略小學大略詩說文章薪火疑

始釋詁天文地輿身體稱謂姓名官制事制禮儀樂曲樂舞器用衣服宮室飲食算數植物動物金石諺原切韻

聲原脈考古方解四庫提要很恭維這部書說道『明之中葉以博洽著者稱楊愼而陳耀文起而與爭然憤好

僞說以售欺耀文好蔓引以求勝次則焦竑亦喜考證而習與李贄游動輒牽綴佛書傷於蕪雜然以智崛起崇

禎中考據精核迥出其上風氣既開國初顧炎武閻若璩朱彝尊等沿波而起始一掃懸揣之空談……』

顧閻輩是否受密之影響尚難證明要之密之學風確與明季之空疏武斷相反而為清代考證學開其先河則

無可疑他的治學方法有特徵三端一曰尊疑他說『……吾與方伎游卽欲通其藝也欲知其名也物理

既悉矣而後釋然於吾心……』又說『學不能觀古今之通又不能疑焉貴書籍乎……』又說

『因前人備列以貽後人因以起疑……』『通雅錢澄之序』又說『副墨洛誦推至疑始。作此者自有其故。不可

不知不可不疑也』又說『無問題則無學問』『序俱自』此理他見得極透二曰尊證他說『

攷究之門雖卑然非比性命可自悟常理可守經而已必博學積久待徵乃決」『卷一至六』例凡又說『是正古文必藉他證

乃可明也……智每駁定前人必不敢以無證妄說』『卷首之五至六』一立論要舉證是清儒最要的信條他倡之最力

而守之最嚴三曰尊今他說『古今以智相積而我生其後考古所以決今然不可泥古也古人有讓後人者焉

編殺青何如雕板龜山在今亦能長律河源詳於闊闊江源詳於緬志南極下之星唐時海中占之至泰西入始『莊子語』『案此用』

為合圖補闕闕所未有……』又說『後人因考辨而積悟之自詳於前前人偶見一端而況有傳訛強

爭者乎』又說『世以智相積而才日新學以收其所積之智也日新其故其故愈新」『卷首之三』『葉二十二』又說

『先輩豈生今而薄今耶時未至也其智之變亦不暇及也不學則前人之智非我有矣學而徇迹引墨不失尺『卷五十又說』『葉二』

寸則誦死人之句耳」『上同』所以他雖極博古而亦不賤今他不肯盲從古人全書千數百條每條都有自己獨創

的見解。

依我看通雅這一部書總算近代聲音訓詁學第一流作品清代學者除高郵王氏父子以外像沒有那位趕得

上他但乾嘉諸老對於這部書很少徵引很少稱道不知是未見其書抑或有什麼門戶之見人這書又成於崇禎年間_{清儒是看不起明也許清儒狠少人讀過}

密之之最大的發明在以音求義他說『音有定字無定隨人填入耳各時有宜貴

知其故』葉一五十因此他最注意方言和諺語書中特關諺原一篇其小序曰『叔然作反切本出於俚里常言

宋景文筆記之如『鄉溜』為就『突欒』為圞『鄉令』為精『窟籠』為孔不可勝舉訛失已以遠矣然相

一葉故以為欲做辨當名物的工作『須足跡徧天下通曉方言方能核之』_{卷四十九}又不惟地方差別而已他以為『

天地歲時推移而人隨之聲音亦隨之方言訓詁相傳遂為典實』_{上同}『鄉談隨世變而改不考世變之言豈能

通古今之詁而是正名物乎』_{葉二十一}他說『古今之音大槩五變』_{卷首之一}例凡『歲差自東而西地氣自南而北方

言之變猶之草木移接之變也歷代訓詁讖緯歌謠小說即具各時之聲稱』_{卷首之二}『上古之音見於古歌

三百漢晉之音見於鄭應服許之論注至宋漸轉元周德清起而暢之洪武正韻依德清而增入聲也』_{卷五十葉}

十二他說『古字簡少通用』_{卷二葉}所以『古人解字皆屬借義如賦詩斷章』_{卷二葉十八}『周末至漢皆以韻為

解』_{上同}其於形亦然『漢碑字見形相似即借用之』_{二十葉}有許多字因『事變義起不得不分別故未分字

先分音取其易記』_{卷五葉}其後則『因有一音則借一字配之』_{同上葉}他以為後人將古字增減或造新字好古者動詆為俗

『世變既繁不得不爾所以合所以分皆當知之』_{葉五}他以為文字孳乳寖多之故皆由於此

不知『六書之道原以適用為主未可謂後人必無當也』_{三十二葉}他最能辨別偽書但以為雖偽亦復有用他

說『書不必盡信貴明其理。或以辨名當物。或以驗聲音稱謂之時變則秦漢以降之所造所附亦古今之徵也。

』一卷首之五。他對於古言古訓爬羅剔抉費了多少心血算得中國文字之功臣。但他卻有一句極駭人的話。

說道『字之紛也即緣通與借耳若事屬一字字各一義。如遠西因事乃合音因音而成字不重不共不尤愈乎

』十八一葉。創造拼音文字之議在今日縬成為學界一問題。多數人聽了還是咋舌拼耳密之卻已在三百年前

提起他的見識氣魄如何可以想見了。

密之所造的新字母乃斟酌古韻華嚴字母神珙譜邵子衍沈韻唐韻徽州所傳朱子譜中原音韻洪武正韻郝

京山譜金尼閣譜而成分為三十六韻十六攝而統以六餘聲自為旋韻圖表之具見通雅卷五十切韻聲原中

可惜我於此學毫無研究不惟不會批評並且不會摘要。有志斯道者請看原書

年間關萬里奔走國難石爛海枯乃自逃於禪悅錢飲光說『今道人既出世矣。然猶不肯廢書獨其所著書好

作禪語。而會通以莊易之旨……若所謂通雅已故紙視之矣』讀此可知密之學術之變遷及其究竟了

桐城方氏在全清三百年間有聞人最初貽謀之功自然要推密之。但後來桐城學風並不循著密之的路走

而循著他說這也是很可惜的事

同時皖人中有黃生字扶孟歙縣人明諸生入清不仕著有字詁一卷義府一卷。四庫全書著錄。亦專主以聲音

通訓詁其族孫承吉說道『公年差少於顧亭林顧公所未見公書顧亦弗知顧撰音學五書厥功甚偉惟尚

未能得所會通……公實有見於聲與義之相因而起遂瀳及於義通則聲通為古今小學家之所捄獲』又說。

「此學喻之者惟高郵王氏引申觸類爲從古之所無卽先後乎王氏及與王氏同時者亦皆不得而與蓋他儒

以韻求聲王乃言聲而不言韻可謂窮本知歸公生於王氏百數十載之前非有來者相謀而所造若是……」

重刻字詁雖子孫誦芬之辭或未免稍過其實總之字詁這部書在清代聲音訓詁學裏頭占有重要位置我們

是要承認的.

二 陳乾初

陳確字乾初浙江海寧人卒康熙十六年（一六七七）年七十四他是劉蕺山門生卻極不喜歡理學黃梨洲

作他的墓志銘說道『乾初讀書卓犖不喜理學家言嘗受一編讀之心弗善也輒棄去逾四十年不閱其後…

…問學於山陰先師深痛末學之支離見於辭色……先師夢奠得其遺書而盡讀之憬然而喻取其四十年所

不閱者重閱之則又格格不能相入』（文約南雷）他這個人的氣象大略可見了梨洲又說

『乾初深痛「樂記人生而靜以上不容說才說性便己不是性」之語（案此是程子語）謂從懸空卜度至於心行路

絕自是禪門種草宋人指商書「維皇降衷」中庸「天命之謂性」爲本體必欲求此本體於父母未生以

前而過此以往卽屬氣質則工夫全無著落當知「盡其心者知其性也」之一言卽是孟子道性善本旨蓋

人性無不善於擴充盡才之後見之如五穀不藝植不耔耘何以見其種之美耶……性之善不可見分見於

氣情才故中庸以喜怒哀樂明性之中和孟子以惻隱羞惡辭讓是非明性之善皆就氣情才言後儒言「既

發謂之情」「才出於氣有善有不善」者非也』（同上）

又說。

『乾初謂人心本無所謂天理人欲恰到好處即天理其主於無欲者非也』同上

讀這兩段話前一段何其與顏習齋存性篇辨氣質性惡之說酷相類後一段何其與戴東原孟子字義疏證順

情養欲之說酷相類也顏戴二君並非蹈襲乾初因為我相信他們並沒有讀過乾初的書但乾初以蕺山門人

而有這種見地真算得時代精神之先驅者了。

乾初不信大學為孔曾所作著大學辨以辨之其略曰。

『子言之矣「下學而上達」易稱「蒙養即聖功」何小大之有論語二十篇中於易詩書禮樂三致意焉

而無一言及大學小戴置其篇於深衣投壺之後垂二千餘年莫有以為聖經者而程子始目為孔氏之遺書

又疑其錯簡而變易其文朱子又變易程子之文且為之補傳以絕無證據之言強以為聖經尊之論語之上

即其篇中兩引夫子之言一引曾子之言則自「十目」一節之外皆非曾子之言可知……』朱彝尊經義考引

這是他用考證眼光證明大學之晚出但他所以斷斷致辨者不徒在其來歷而尤在其內容他以為『大學言

知不言行格致誠正之功先後失其倫序』經義考引所以不得不辨讀者須知大學這篇書經程朱捧場之後他的

身分高到何等地步七八百年間為「格致」兩個字打的筆墨官司也不知糟蹋天地間幾多紙料乾初這種

怪論當然是冒天下之大不韙所以當時學者如張楊園黃梨洲劉伯繩沈甸華等——都是乾初學友都紛紛

移書責他他卻毅然不顧他臨死前一年還有書和梨洲往復大旨謂『世儒習氣敢於誣孔孟必不敢倍程朱

可為痛心』先生著陳乾初年譜引他的獨立不懼精神可概見了。

乾初對於社會問題常爲嚴正的批評與實踐的改革深痛世人惑於風水暴棺不葬著葬論喪實論諸篇大聲疾呼與張楊園共倡立葬親社到處勸人實行屠爐陸圻徵文壽母他說『世俗之事非所當行』當時東南社集講會極盛他說『衍衍醉飽無益身心』一切不赴甲申以後起義死事的人甚多好名依附者亦往往而有乾初說『非義之義大人弗爲人之賢不肖生平具在故孔子謂「未知生焉知死」今人動稱末後一著遂使死非正也某嘗怪三代以後學不切實好爲激烈之行寖失古風欲一論辯其非……』吳著年 他立論不徇流俗大略如此。

奸盜優倡同登節義濁亂無紀死節一案眞可痛也』黃撰墓志引 他又嘗著書潑烈婦碑後說道『吾以爲烈婦之

他和梨洲同門但生前論學往往不合梨洲也不深知他南雷集中他的墓志銘兩篇第一篇泛泛敍他的庸德而已第二篇纔把他學術要點摘出自言『詳玩遺稿方識指歸有負良友多矣因理其緖言以識前過』梨洲服之誠實可敬乾初遺著世罕傳本不知尚存否得梨洲一文我們可以知道一位拔俗學者的面影也算幸事了。

三　潘用微

潘平格字用微學案小識 作用徵誤 浙江慈豁人他的學術像沒有師承也沒有傳授他所著有求仁錄一書我未得見僅從唐鑑國朝學案小識所引觀其崖略 以下都是從唐著轉引 大概說『孔門之學以求仁爲宗仁者渾然天地萬物一體。

而發見於吾人日用平常之事者也……故曰「有能一日用其力於仁矣乎我未見力不足者」……』又說。

『學者之患在於不知眞心見在日用而別求心故有種種弊病以各成其學術』他反對主敬主靜之養心法，以爲養心用操持法總是不對說道『操持者意也識也操持此心是以意識治意識也』所以他說『敬卽是心而非敬以治心心卽是敬而非主敬持敬』而結論歸到『本體工夫非有二』說道『工夫二字起於後世佛老之徒蓋自倫常日用之外另有一事故說是工夫若主敬之學先立體以爲致用之本窮理之學先推極知識以爲遇事之用亦是另有一事可說是工夫……這便是學養子而後嫁了』又說『晦庵不信大學而信伊川之改大學不格物而補格物之傳以至象山陽明不信曾思孟而謂顏子沒而聖學亡今敢於悖先聖而不敢以悖後世諸賢……總由學者讀註聽講先入於近儒之說故意見偏陂窒臼難拔某常說『不得看註不得看諸賢語錄』蓋嘗深中其病確知其害』用微之學我未見其全書第一通狠尊仰他第二通狠詆毀他像學上狠用過苦功而力求解放者歸元恭文集裏頭有上潘先生書兩通大率也是從宋明是元恭曾游用微之門後來不以爲然又退出來李恕谷記萬季野自述道『吾少從黃先生遊聞四明有潘先生者曰「朱子道陸子禪」怪之往詰其說有據同學蠢言予毗黃先生先生亦怒……』恕谷後集萬季野小傳然則季野亦頗心折其學了可惜他生在浙東浙東正是蕺山梨洲勢力範圍不容他有發展餘地這個人便成爲一中道而殤』的學者了。

四　費燕峯

費密字此度號燕峯四川新繁人生明天啓三年（一六二三、）卒清康熙三十八年（一六二五—一六九

八或九九）年七十七當張獻忠荼毒全蜀時他團鄉兵拒賊賊不能犯永歷在滇蜀人楊展據敍州嘉定永甯

為明守燕峯以中書舍人參其軍屯田積穀為一方保障吳三桂入蜀燕峯避亂陝西尋即東下自是流寓江淮

間四十餘年四十九歲詣蘇門謁孫夏峯夏峯年九十矣與談學甚契（見夏峯年譜）嘗游京師交李恕谷為作大學辨

業（見恕谷年譜）工詩為王漁洋所推服（見池北偶談）遺著三種曰弘道書曰荒書曰燕峯詩鈔近年大關唐氏始刻之荒

書記明清間蜀亂為極翔實之史料徐立齋萬季野在明史館以不得見為恨弘道書成於晚年為書三卷十五

篇曰統典論曰弼輔錄論曰道脈譜論曰古經旨論曰原教曰聖人取人定法論凡六篇為上卷祀典議五篇及

先王傳道述聖門傳道述吾道述凡八篇為中卷聖門定旨兩變序記一篇為下卷其間復以表十一篇分附焉

驟看這部書名和目錄狼像是一部宋明道學先生們理障的著作其實大大不然燕峯是對於宋元學術革命

的急先鋒這部書驚心動魄之言不在顏習齋四存編之下其最不同之點則習齋連漢唐學派一概排斥燕峯

則提倡注疏就這點論燕峯不能如習齋之澈底其學風實與後此乾嘉學派頗接近（但乾嘉學者並未受燕峯影響不可不知）

和同時的顏習齋毛西河雖同為反宋學的健將而燕峯之特色則在研究歷史上學術變遷之跡能說明宋學

所自出他以為中國學術自三國六朝以後分為南北兩派而宋學則從南派衍來其論南北派曰

『……迨於魏晉王弼何晏習為清談儒學始變朝野相尚損實壞政中原淪沒宋齊梁陳偏安江左諸儒談

經遂雜玄旨何承天尉弘正雷次宗劉瓛沈麟士明山賓皇侃虞喜周捨伏曼容張緒諸君子繼素並聽受者

甚廣北方舊族執經而言聖人之道盧玄王保安刁沖劉蘭張吾貴李同軌徐遵明熊安生劉焯劉炫諸儒弟

子著錄千萬計古經得傳深有賴焉……』（原教）

他續論自唐迄宋學術變遷大勢說道。

『唐啖助王玄感陸淳以來詰經已出意見尚未大變亂也經旨大變創於王黱和以賈昌朝而劉敞爲說始異古注疏然不著天下王安石自昌朝發獨任己私本劉敞七經小傳盡改古注爲新義……誣辨幽誕以爲道德性命之微……安石言之則爲新義行之則爲新法天下騷然宋遂南渡當是時不守古經言「足兵足食」「好謀而成」……從生聚教訓實處講求思以立國而朝士所爭乃王安石程頤之學術上殿專言「格物」道德性命之說益熾呂祖謙陸九淵朱熹張栻陳亮論各不同而九淵與熹尤顯……熹爲集注力排七十子古今諸儒獨取益二程與安石稍異者不過「靜坐」「體驗」「會活潑潑地」氣質之性耳一切道德性命臆說悉本安石焉。今之非安石者皆是也安石程朱小殊而大合特未嘗就數家遺書細求耳……明永樂專用熹說四書五經大全命科舉以爲程式生徒趨時遞相祖受七十子所遺漢唐相摶共守之實學殆絕……王守仁雖以熹窮理格物爲非而復溯九淵本心之說改九淵接孟軻自此窮理良知二說並立學者各有所好互相仇敵……』譜論

他又論宋儒之學乃剽竊佛道兩家而來歷舉邵雍之出於陳摶周敦頤之出於壽厓其考證雖不逮黃晦木胎明之詳博而論斷尤痛切謂：

又謂：

『諸儒闢二氏謂其惑世誣民若不可令一日容於斯世而陰竊其說以自潤又何以服二氏。』聖門定旨兩變序記

『羲文周孔至宋乃託二氏再生於天地之間吾道受辱至此百爾君子欲不憤得乎。』道脈譜論

他以爲『凡宋儒所自詡爲不傳之祕者彷彿爲見依倚成理昔儒非不知之也但不以爲學』古經論所以不

以爲學之故他以爲一因其不能普及二因其不能應用所謂不能普及者他說

『聖人立教十八中五人能知五人不能知五人能行五人不能行不以爲教也……今大郡十餘萬家長老

子弟秀傑者雖上下不齊而常千百人於孝弟忠信詩書六藝之文可以與知也浸汩敷衍於後儒性理新說

多者五六人或二三人或千里無一人焉道不遠人說何艱深若此』原教

所謂不能應用者他說

『清談害實起於魏晉而盛於宋南北……齊遐臆見專事口舌又不降心將人情物理平居處事點勘離合

說者自說事者自事終爲兩段卽有好議論美聽而已矣……後儒所論惟深山獨處乃可行之城居郭聚有

室有家必不能也……無論其未嘗得而空言也果靜極活潑潑地會矣坐忘矣沖漠無朕至奧心無時不

在腔子裏性無不復卽物之理無不窮本心之大無不立而良知無不致矣亦止與達摩面壁天台止觀同一

門庭何補於國何益於家何關於政事何救於民生……』聖門定旨兩變序記

他又極論空言高論之有害政治說道

『論政當以身所當者爲定……井田封建先王之善政也……專言三代欲以爲

治不過儒生飾辭耀世苟實行之誤國家而害民生必如社倉青苗空竭四海而後止也……自宋以來天下

之大患在於實事與議論兩不相侔故虛文盛而眞用薄儒生好議論然草野誦讀未嘗身歷政事執固言理

不達世變滯古充類責人所難……』先王傳道述

他又反對宋儒之禁欲主義說道

『飲食男女人之大欲存焉衆人如是賢哲亦未嘗不如是也……欲不可縱亦不可禁者也不可禁而强禁之則人不從遂不禁任其縱則風俗日壞聖人制為禮樂因人所欲而以不禁禁之也』統典

又說

『生命人所共惜也妻子人所深愛也產業人所至要也功名人所極慕也饑寒困辱人所難忍也憂患陷阱人所思避也義理人所共尊也然惡得專取義理一切盡舍而不合量之歟論事必本於人情議人必兼之時勢功過不相掩而得失必互存不當以難行之事徒侈為美談不當以必用之規遂指為不肖』弼輔錄論

燕峰學術的要點大略如右我們拿來和亭林習齋乾初東原諸家之說並讀當可發見其相同之點甚多蓋明學反動的結果一時學風不期然而然也但燕峯於破壞方面不能如智齋之徹底於建設方面不能如亭林之健實又沒有弟子以張其軍遺書亦湮晦罕傳所以這樣精悍的思想家三百年間幾乎沒人知道最初表張他的為同治間之戴子高他的謏聞堂集中有費舍人別傳一篇但亦語焉不詳最近遺箸出世這位大學者漸漸復活起來了。

五 唐鑄萬 胡石莊附易堂九子

同時四川還有一位怪人曰唐鑄萬但費唐兩位雖屬蜀產然中年以後都流寓江淮我們是要注意的。

唐甄原名大陶字鑄萬號圃亭四川達州人生明崇禎三年卒清康熙四十三年（一六三〇─一七〇四）年七

十五、與閻百詩頷頏智齋同年卒

順治丁酉舉人曾任山西長子縣知縣僅十個月便去官在任內勸民植桑八十萬株他早年

因蜀亂避地居蘇州遂游長終老於蘇家計赤貧常常斷炊採廢園中枸杞葉爲飯衣服典盡縷陶陶焉

振筆著書不輟他學無師授我們讀他的書知道他曾與王崑繩魏冰叔顧景范爲友他著書九十七篇初名曰

衡書晚乃改名潛書魏冰叔初見潛書大驚曰『此周秦之書也今猶有此人乎』梅定九一見便手錄全部曰

『此必傳之作當藏之名山以待其人耳』俱見王聞遠著潛次耕爲之序曰『古之立言重世者必有卓絕之

識深沈之思蘊積於中多不可制吐而爲辭風發泉涌若先秦諸子之書醇駁不同奇正不一要皆獨抒己見無

所蹈襲故能歷千載而不磨……斯編遠追古人貌離而神合不名潛書直名「唐子可矣」本書卷首鑄萬品格高

峻心胸廣闊學術從陽明入手亦帶點佛學氣味確然有他的自得又精心研究事務條理不爲蹈空語卻無膚泛

語有枝蔓語卻無蹈襲語在古今著作之林總算有相當位置大約王符潛夫論荀悅申鑒徐幹中論顏之推家

訓之亞也

鑄萬宗陽明心學其自得處頗類心齋東崖父子之以樂爲學嘗自述其下手法門道.

『甄晚而志於道而知卽心是道不求於外而壹於心而患多憂多恚爲心之害有敎我以主靜者始未嘗不

靜久則復動矣有敎我以主敬者始未嘗不敬久則復縱矣從事於聖人之言博求於諸儒之論爲之未嘗不

力而憂恚之疾終不可治因思心之本體虛而無物者也時有窮達心無窮達地有苦樂心無苦樂人有順逆

心無順逆三有者世之妄有也奈何以其所妄有加之於其所本無哉心本無憂恚而勞

其心以治憂患非計之得也……吾今而知疾之所由來矣吾之於人也非所好而見之則不宜於其人名之

於食也非所好而進焉則不宜於其味……即此一人即此一事或宜於朝不宜於夕

其所不宜者必當吾之不悅時也其所宜者必當吾之悅時也然則宜在悅不在物也悅在心不在物也故知

不悅爲戒心之刃悅爲入道之門……於是舍昔所爲從悅以入……無強制之勞有安獲之益……」篇悅入

這段話大概是鑄萬一生得力所在他以爲『不悅則常懷煩懣多見不平多見非理所以一切怨天尤人不相

親愛皆由此生悅則反是』我認爲這話是很好的我自己的修養也是向這條路上走他又說『古人教亦多

術矣不聞以悅教人而予由此入者何予蜀人也生質如其山川淵急不能容而恆多憂患細察病根皆不悅害

之悅爲我門非衆之門』這段話更好講學專標一宗旨此如指獨步方以療百病陸桴亭嘗非之鑄萬主張

各自搜尋自己病根各自找藥最爲通達他說地理關係影響到人的生質這種話中屢說亦極有理致

鑄萬雖極力提倡心學然與宋明儒明心見性之說不同他養心專爲治事用所以心學只算手段不算目的他

說「事不成功不立又奚貴無用之心不如委其心而放之」辨儒所以他對於客觀的事物條理認爲必須詳

實研究他說

『顧景范語唐子曰「子非程子朱子且得罪於聖人之門」唐子曰「是何言也二子古之賢人也吾何以

非之乃其學精內而遺外……顧子曰「內盡即外治」唐子曰「然則子何爲作方與書也但正子之心修

子之身險阻戰備之形可以坐而得之何必討論數十年而後知居庸雁門之利嶠函洞庭之用哉」……」
篇有爲

讀此可以知他對於客觀研究的態度如何了潛書下篇所講都是他對於政治上的意見大抵按切事勢不為

迂談亦可見他用力所在。

鑄萬對於社會問題亦有許多特見備孝篇說愛子者當無分男女愛之若一內倫篇夫婦篇說男女平等之理

鮮君篇抑尊篇室語篇力言君主專制政體之弊破祟篇痛斥自殺之非大命篇痛歎貧富不均之現象謂天下

之亂皆從此起皆驚心動魄之言今錄其一二。

『自秦以來凡爲帝王者皆賊也……今也有負數匹布或擔數斗粟而行於塗者或殺之而有其布粟是賊

乎非賊乎……殺一人而取其匹布斗粟猶謂之賊殺天下之人而盡有其布粟之富乃反不謂之賊乎三代

以後天下之善者莫如漢然高帝屠城陽屠潁陽光武屠城三百……古之王者有不得已而殺者二有罪

不得不殺臨戰不得不殺……非是奚以殺爲若過里而墟其里過市而竄其市入城而屠其城此何爲者大

將……偏將……卒伍……殺人非大將偏將卒伍殺之天子實殺之官吏殺之天子實殺之天子實殺之殺

人者衆手天子實爲之大手……百姓死於兵與因兵而死者十五六暴骨未收哭聲未絕於是乃服衮冕乘

法駕坐前殿受朝賀高宮室廣苑囿以貴其妻妾以肥其子孫彼誠何心而忍享之若上帝使我治殺人之獄,

我則有以處之矣……』室語篇

這些話與黃梨洲的原君篇不謀而合三百年前有此快論不能不說是特識當清聖祖時天下謳歌聖明這種

議論也算大膽極了。他的存言篇有一段說當時社會困窮彫敝之實可爲官書粉飾謳歌之反證。他又說

『天地之道故平平則萬物各得其所及其不平也此厚則彼薄此樂則彼憂爲高臺者必有洿池爲安乘者

必有繭足王公之家一宴之味費上農一歲之穫猶食之而不甘吳西之民非凶歲為麩荍粥雜以稈之灰無

食者見之以為是天下之美味也人之生也無不同也今若此不平甚矣提衡者權重於物則墜負擔者前重

於後則傾不平故也⋯⋯嗚呼吾懼其不平以傾天下也⋯⋯』大命篇

這話雖短現代社會主義家之言汗牛充棟只怕也不過將這點原理發揮引伸罷了

鑄萬的哲學——人生觀也有獨到之處他論人死而不死之理頗能將科學的見解和宗教的見解調和起來．

他說．

『唐子見果蠃曰果蠃與天地長久也見桃李曰桃李與天地長久也見鶡鴒曰鶡鴒與天地長久也天地不

知終始而此二三類者見儆不越歲月之間而謂之同長而並久其有說乎百物皆有精無精不生既生既壯

練而聚之復傳為形形非異即精之成也精非異即形之初也收於實結於彈禪代不窮自有天地即有是果

蠃鶡鴒以至於今人之所知限於其目今年一果蠃生來年一果蠃死今日為鶡鴒之子者生來日為鶡鴒之

母者死何其速化之可哀乎察其形為精精為形萬億年之間雖易其形為萬億果蠃實萬億果蠃而一蔓也

雖易其形而為萬億鶡鴒實萬億鶡鴒而一身也果鳥其短忽乎天地其長久乎⋯⋯人所欲莫如生所惡莫

如死雖有高明之人亦自傷不如龜鶴自歎等於蜉蝣不察於天地萬物之故反諸身而自昧焉是故知道者

朋酒羔羊以慶友朋而不自慶被衰圍絰以致哀於親而不自哀蓋察乎傳形之常而知生非創生死非卒死

也⋯⋯物之絕續衆矣必有為絕為續者在其中而後不窮於絕續也人之死生多矣必有非生非死者在其

中而後不窮於生死也⋯⋯仲尼觀水而歎逝者⋯⋯時之逝也日月迭行晝夜相繼如馳馬然世之逝也自

一六四

皇以至於帝王自帝王以至於今茲如披籍然人之逝也少焉而老至老矣而死至如過風然此聖人與衆人

同者也聖人之所以異於衆人者有形則逝無形則不逝順於形者逝立乎無形者不逝無古今無往來無生

死其斯為至矣乎」篇觀

這篇上半所講就是莊子說『萬物皆種也以不同形相禪』的道理近代生物學家講細胞遺傳最足以為他

所說「傳形不窮」的明證但他所說『有非生非死者在其中』又非專指物質的細胞而言細胞之相禪人

與果蠃鶬鶮所同精神之相禪則人所獨精神之順應的相禪盡人所同精神之自主的相禪則聖賢豪傑所獨

鑄萬之人生觀大概如此

然則儒家聖賢何故不談這種哲理耶即潛書中亦何故狠少談這種哲理耶鑄萬以為實在是不該談他說

『……如徒以身而已一年十二月一月三十日一日九十六刻一刻之間萬生萬死草木之根枝化為塵土

鳥獸之皮骨化為塵土人之肢體化為塵土忽焉而有忽焉而無……而謂其滅則俱滅焉必不然矣不知不

智知而不言不仁孔孟豈有不知何為不言也非不言也聖人治天下治死不可治故

生可言死不可言也……聖人若治死必告人以死之道則必使露電其身糞土富貴優偶冠裳則必至政刑

無用賞罰無施……夫天下之智者一二愚者千萬為善者少而為惡者多而生死之理又不可以衆著……是

故聖人以可言者治天下以不可言者俟人之自悟……甄也生為東方聖人之徒死從西方聖人之後矣」

篇有歸

這話說得極平允他對於佛法的信仰和徹悟亦可想見了他又說『老養生釋明死儒治世三者各異不可相

通合之者誣校是非者愚」篇（性功）這種見地比向來攘斥佛老或會通三教等學說又高明得多了。

同時復有著書成一家言者曰胡石莊

胡承諾字君信號石莊湖北天門人明崇禎舉人生卒年無考著繹志六十一篇三十餘萬言其篇目如下。

志學　明道　立德　養心　修身　言行　成務　辨惑　聖王　睿學　至治　治本　任賢

去邪　大臣　名臣　諫諍　功載　吏治　選舉　朋黨　辨姦　敎化　愛養　租庸　雜賦

導川　敕法　治盜　三禮　古制　建置　祿祥　兵略　軍政　名將　興亡　凡事

立教　論交　人道　出處　取與　慎動　庸行　父兄　宗族　夫婦　祀先　奉身　養生

經學　史學　著述　文章　雜說　秉采　尚論　廣徵　自敍

石莊這個人和他這部書從前幾乎沒有人知道。李申耆（兆洛）家藏有石莊的讀書錄寫本四冊有柴虎臣（紹炳）

的跋申耆說他『文體類淮南抱朴鱗雜細碎隨事觀理而體察之』這部書被人借觀失掉申耆大以為恨其

後申耆又從舊書攤裏得着這部繹志託人刊刻又失去多年最後乃復得道光十七年繞託顧竹泉（錫麒）刻出

申耆批評他說是『貫通古今包合宇宙不敝之纂述也』竹泉說『有說苑新序法言申鑒人物志潛夫論中

說之宏肆而精粹過之』有正蒙近思錄讀書錄呻吟語之醇明而條貫過之毛嶽生說『自前明來書之精博

有益於理道名實決可見諸施設者惟顧氏日知錄與先生是書為魁傑』（俱見本書卷首譚仲脩（獻）說『讀繹志覺胡

先生視亭林更大視潛齋更實視梨洲更碻視習齋更文遺編晚出知者蓋鮮顯晦之數豈有待耶』（復堂日記）諸君

對於這部書可謂推崇極了。依我看這書雖沒有什麼創獲的見解然而他的長處在能通貫每闡一義四方八

面都引申到又廣取歷史上事蹟做印證實爲一有系統之著作．可惜陳腐空廓語往往不免價値雖在日知錄

思問錄潛書下比後來桐城派的「載道之文」郤高十倍了．毛嶽生說欲『少刪其繁近』可惜沒有著手若

經刪汰一番或者倒能增長他的價値

鐺萬石莊都是想「立言不朽」的人他們的工作總算不虛留下的書確能在學術界占相當位置當時打這

種主意的人也不少如王崑繩劉繼莊輩皆是此外有所謂易堂九子者學問路數有點和唐胡相近名聲遠在

唐胡上而成就不及他們今在這裏附論一下

易堂九子皆江西人甯都魏善伯祥 魏冰叔禧 魏和公禮 邱邦士維屛 李力負膽礮 彭中叔任曾青藜傳燦 南昌

彭躬菴士望 林确齋時益 也他們當明末亂時相約隱居於甯都之翠微山其共同討論學問之所名曰易堂因

以得名九子中以三魏爲領袖次則邱邦士彭躬菴三魏中又以冰叔爲魁世所稱魏叔子也他們的學風以砥

礪廉節講求世務爲主人格都很高潔冰叔當康熙已未舉鴻博時被薦不至時江西有謝秋水文洊關程山學

舍集同志講程朱學病易堂諸人「言用而遺體」貽書冰叔爭之冰叔復書道『今之君子不患無明體者而

最少適用學道人當練於世務否則試之以事則手足錯亂詢之以古則耳目茫昧忠信謹守之意多而狹隘枘

牽之病作非所以廣聖賢學也』復謝程山書 易堂學風觀此可見一斑了．但他們專以文辭爲重頗有如顏習

齋所謂『考纂經濟總不出紙墨見解』者．他們的文章也帶許多帖括氣最著名的魏叔子集討厭的地方便

很多卽以文論品格比潛書釋志差得遠了．

六 劉繼莊

劉獻廷字君賢號繼莊順天大興人生順治五年卒康熙三十四年（一六四八——一六九五）年四十八。

先世本吳人以官太醫逐家順天繼莊年十九復寓吳中其後居吳江者三十年晚學遊楚尋復至吳垂老始北

歸竟反吳卒焉』結埼亭集劉他爲萬季野所推重引參明史館事又嘗與顧景范黃子鴻閣百詩胡東樵同修

大淸一統志嘗游湖南交王船山當時知有船山者他一人而已王崑繩說生平只有兩個朋友第一個是劉繼

莊第二個繩是李恕谷全謝山說『予獨疑繼莊出於改步之後遭遇崑山兄弟徐乾學而卒老死於

布衣又其栖栖吳頭楚尾間漠不爲枌榆之念將無近於避人亡命者之所爲是不可以無稽也而竟莫之能稽

』劉繼莊傳又說『蓋其踪跡非尋常遊士所閱歷故似有所諱而不令人知』謝山所提出這個悶葫蘆我們

生幾百年後史料益缺乏更無從猜度總之知道繼莊是一個極奇怪人便了他的著作或未成或散佚現存的

只有一部廣陽雜記謝山從邢部書裏頭摘出他的學術要點如下

『繼莊之學主於經世自象緯律歷以及邊塞關要財賦軍器之屬旁而岐黃者流以及釋道之言無不留心

深惡雕蟲之技其生平自謂於聲音之道別有所窺足窮造化之奧百世而不惑嘗作新韻譜其悟自華嚴字

母入而參之以天竺陀維尼泰西蠟頂話小西天梵書暨天方蒙古女眞等音又證之以遼人林益長之說而

益自信同時吳修齡自謂蒼頡以後第一人繼莊則曰是其於天竺以下書皆未得通而但略見華嚴之旨者

也繼莊之法先立鼻音二以鼻音爲韻本有開有合各轉陰陽上去入之五音陰陽卽上下二平共十聲而不

歷喉腭舌齒脣之七位故有橫轉無直送則等韻重疊之失去矣次定喉音四爲諸韻之宗而後知泰西蠟頂

話女直國書梵音尙有未精者以四者爲正喉音而從此得半音轉音伏音送音變喉音又以二鼻音分配之

一爲東北韻宗一爲西南韻宗八韻立而四海之音可齊於是以喉音互和合凡得音十七喉音與鼻音互相

合凡得音十又以有餘者三合之凡得音五共三十二音爲韻父而韻歷二十二位爲韻母橫轉各有五

子而萬有不齊之聲攝於此矣嘗聞康甲夫家有紅毛文字惜不得觀之以合泰西臘頂語之異同又欲譜四

方土音以窮宇宙元音之變乃取新韻譜爲主而以四方土音塡之逢人便可印正蓋繼莊是書多得之大荒

以外者囊括浩博學者驟見而或未能通也

『其論向來方輿之書大抵詳於人事而天地之故槪未有聞當於疆域之前別添數則先以諸方之北極出

地爲主定簡平儀取其度制爲正切線表而節氣之後先日蝕之分秒五星之陵犯占驗皆可推矣諸方七十二

候各各不同如嶺南之梅十月已開於驚蟄桃李開於淸明相去若此之殊今世

所傳七十二候本諸月令乃七國時中原之氣候今之中原已與七國之中原不合則歷差爲之今於南北諸

方細考其氣候其核者詳載之一則傳之後世則天地相應之變遷可以求其微矣燕京吳下水皆東南

流故必東南風而後雨衡湘水北流故必北風而後雨諸方山水之向背分合皆當按籍而列之而風土之剛

柔賢聲陰陽燥溼之徵又可次第而求矣諸方有土音又有俚音蓋五行氣運所宜之不同各譜之爲一則合之

土產則諸方人民性情風俗之微皆可推而見矣此固非一人所能爲但發其凡而分觀其成良亦古今未有

之奇也

『其論水利謂西北乃二帝三王之舊都，二千餘年未聞仰給於東南(們)則溝洫通而水利修也自劉石雲擾以訖金元千有餘年人皆草草偷生不暇遠慮相習成風不知水利為何事故西北非無水而不能用也不為民利乃為民害旱則赤地千里潦則漂沒民居無地可瀦無道可行人固無如水何水亦無如人何虞學士始奮然言之郭太史始毅然行之未幾竟廢三百年無過而向者有聖人者出經理天下必自西北水利始水利興而後足食教化可施也西北水利莫詳於水經酈注雖時移勢易十猶可得其六七酈氏略於東南人以此少之不知水道之當詳正在西北欲取二十一史關於水利農田戰守者各詳考其所以附以諸家之說以爲之疏以爲異日施行者之考證』

『又言朱子綱目非其親筆故多迁而不切而關係甚重者反遺之當別作紀年一書』

『凡繼莊所撰著其運量皆非一人一時所能成故雖言之甚殷而難於畢業是亦其好大之疵也』

觀此則繼莊學術之大概可見了內中最重要的是他的新韻譜音韻學在明清之交不期而到處與起但其中亦分兩派一派以韻爲主顧亭林毛西河柴虎臣等是一派以音爲主方密之吳修齡及繼莊等是以音爲主者目的總在創造新字母又極注重方言密之繼莊同走這一條路繼莊此其書必有可觀——最少也足供現在提倡字母的人參考——今失傳真可惜了次則他的地理書所注重者爲地文地理人文地理在那時候有這種見解實可佩服可惜沒有著成又他想做的水經注疏雖像沒有著手然而在趙東潛全謝山戴東原以前早已認識這部書的價值也不能不說是他的特識要之繼莊是一位極奇怪的人王崑繩說『生死無關於天下者不足爲天下士即爲天下士不能與古人爭雄長亦不足爲千古之士若處士者其生其死固世運消

長所關而上下千百年中不數見之人也」又說『其心廓然大公以天下爲己任使得志行乎時建立當不在三代下』^{居業堂集劉處士獻廷墓表}崑繩義氣不可一世而推服繼莊到這步田地繼莊眞成了一個「謎的人物」了。

七 毛西河 <small>附朱竹垞 何義門 錢牧齋</small>

毛奇齡字大可浙江蕭山人其徒稱爲西河先生卒康熙五十五年年九十四他本是一位有才華而不修邊幅的文人少爲詩詞頗得聲譽然負才佻達喜藏否人物人多怨之嘗殺人亡命淮上有年施閏章爲營救幸免康熙已未舉鴻博授檢討時京師治經學者方盛他也改行爲「經師」所著經學書凡五十種合以其他著述共二百三十四卷四庫全書著錄他的書多至四十部收^{皇清經解所收亦不少}晚年門弟子頗多李恕谷也從他問業儼然「一代儒宗」了他自己說有許多經學書是早年所著因亂遺失其稿晚年重行補訂這話不知是否靠得住姑妄聽之。

西河有天才而好立異故其書往往有獨到處有河圖洛書原舛編太極圖說遺議辨圖書之僞在胡東樵易圖明辨前但^{在黃有仲氏易晦木後}自稱是他哥哥的遺說是不是且不管他這部書駁雜的地方也很多但提倡漢儒——茍爽虞翻諸人的易學總算由他開創後來惠定宇之易漢學卻受他的影響有春秋毛氏傳雖然武斷地方甚多但對於當時著爲功令的胡傳嚴爲駁辨鄭淸之功也不少有竟山樂錄自言家藏有明代宗藩所傳唐樂笛色譜因得以推復古樂這些話是否靠得住且不管他的音樂造詣何如也非我們門外漢所能批評但研究音樂的人他總算很早所以能引動李恕谷從他問業有鑾司合誌記雲南四川各土司沿革雖其中錯謬不

少卻是前此所無之書以上幾部書我們不能不認他相當的價值他對於宋儒猛烈攻擊有大學知本圖中庸說論語稽求編等書但常有輕薄嫚罵語不是學者態度還有一部四書改錯罵朱子罵得最利害後來聽見清聖祖要把朱子升祀大成殿趕緊把板燬了他因為要立異和人爭勝所以雖然敢於攻儀禮攻周禮卻因閣百詩說古文尚書是假的他偏翻過來說是真的做了一部古文尚書寃詞這回投機卻失敗了沒有一個人幫他這個人品格是無足取的全謝山作了一篇毛西河別傳臚列他好些劣跡我也懶得徵引了但舉篇中論他學術的一段謝山說西河著述中『有造為典故以欺人者，如謂大學中庸在唐時已與論孟並列於小經時；有造為帥承以示人有本者，如所釋文舊本考之宋槧釋文；有前人之誤已經辨正而尚襲其誤而不知者，如邶鄘寫魏石經，洪盤洲胡梅磵已辨之亦並無有蓋造也；如謂後唐曾有不考古而妄言者，如熹平石經春秋並無；有前人之言本有出而妄斥為無稽者；有信口臆說者，如伯牛有疾，或問語類亦似未見此等甚多；子自造則並注出於樂，釋論語跋而謂朱；有貿然引證而不知其非者，如引周公朝讀書百篇以為書百篇之證，周公卽見周公朝；有改古書以就己者，如漢地志回浦縣，乃今台州以東而謂在縑山之江口，且本非縣名其謬如此；有因一言之誤而誣其終身者，如胡文定公曾偕秦檜而遂謂其父子俱附和議則籍溪致堂五峯之射夾俱遭含沙之射矣』謝山性太狷急其抨擊西河或不免過當要之西河是「半路出家的經生」與其謂之學者毋寧謂之文人也

同時「文人的學者」有兩個人應該附論這兩人在學術界的衝動力不如西河品格卻比他高——一是朱竹垞一是何義門

朱彝尊字竹垞浙江秀水人卒康熙四十八年（一七〇九）年八十一他也是康熙己未鴻博的檢討他的詩和王漁洋齊名但他在學問界也有很大的貢獻他著有日下舊聞四十二卷專考京城掌故有經義考三百卷

把自漢至明說經的書大概都網羅齊備各書序跋目錄都錄入自己更提要批評私人所撰目錄學書沒有比

他更詳博的了又有瀛州道古錄若干卷專記翰林院掌故五代史注若干卷禾錄若干卷記秀水掌故纑志若

干卷記鹽政竹垞之學自己沒有什麼心得卻是搜集資料極為淹博所以在清學界該還他一個位置

何焯字屺瞻號義門江蘇長洲人卒康熙六十一年（一七二二）年六十二他早年便有文名因為性情伉直

屢遭時忌所以終身潦倒他本是翁叔元承明珠意旨參劾湯斌而奪其位他到叔元家裏大罵把門

生帖子取回他喜歡校書生平所校極多因為中間曾下獄一次家人怕惹禍把他所有著作稿都焚燬了現存

的只有困學紀聞箋義門讀書記兩種他所校多半是小節又並未有用後來校勘家家法全謝山說他不脫帖

括氣誠然但清代校勘學總不能不推他為粗始的人

更有一位人格極不堪而在學界頗有名的人曰錢牧齋．

錢謙益字牧齋晚號蒙叟江蘇常熟人他是一位東林老名士但晚節猥披已甚清師渡江首先迎降任南禮部

尚書其後做官做得不得意又冒充遺老論人格真是一無可取但他極熟於明代掌故所著初學集有學集

中史料不少他嘗親受業於釋憨山　德清人又聰明晚年學佛著楞嚴蒙鈔總算是佛典注釋裏頭一部好書他

因為是東林舊人所以黃梨洲歸元恭諸人都敬禮他在清初學界有相當的勢力．

八　呂村晚　戴南山

初期學者有為文字獄所犧牲的兩位曰呂晚村戴南山這兩位都因身罹大禍著作什九被燒燬我們無從見

其真相據現在流傳下來的遺書而論·兩都像不過是帖括家或古文家·不見得有很精深學問·但他們總是和

清代學術有關係的人·雖然資料缺乏·也得記一記·

呂留良字用晦號晚村·浙江石門人·卒康熙二十二年（一六八三）年五十五·他是一位廩生·康熙間曾薦舉

山林隱逸博學鴻儒皆不就·篤守程朱學說·著書頗多·學風和朱舜水像有點相近·對於滿洲征服中國憤慨最

深·嘗說『孔子何以許管仲不死公子糾而事桓公·甚至美為仁者·是實一部春秋之大義也·君臣之義固重·而

更有大於此者·所謂大於此者何耶·以其攘夷狄救中國於被髮左袵也』他的著述中像這樣的論調大概甚

多·他卒後·他的門生嚴鴻逵沈在寬誦法其學·康熙末年有湘人曾蒲潭（靜）因讀晚村所批時文有論「夷夏之

防」等語·大感動到他家中求其遺書盡讀之·因與嚴沈及晚村之子葆中為密友·自是思想大變·雍正初年·對

於功猜忌特甚·川陝總督岳鍾琪有點不自安·蒲潭乃派他的門生張熙上書鍾琪·勸他革命·後來事情鬧穿

了·將蒲潭及沈張等提京廷訊·鬧了幾年·結果將晚村剖棺戮屍·子孫族滅·門生故舊株連無數·晚村所有著述

焚燬都盡·只有雍正御撰駁呂留良四書義一書·今尚流傳·因此可見晚村學說之一二·吾家中有此書（待後擇要徵引）又據

雍正上諭·知晚村有文集·文集中有致吳三桂書上諭說『其所著文以及日記等類·或鎸板流傳·或珍

藏祕密·皆人世耳目所未經·意想所未到者·披緘繙閱之餘·不勝惶駭·蓋其悖逆狂噬之詞·凡為臣子者所不忍寓

之於目·不忍出之於口·不忍述之於紙筆者也』據此則晚村之言論如何激烈·可以想見雍正所著大義覺迷

錄·專為駮晚村學說而作·內中辨夷夏的話最多·次則辨封建·據此亦可略見晚村著作內容如何了·雍正七年四月上諭

引晚村文集有『今日之窮為羲皇以來所僅見』一語·以與唐鑄萬潛書存之史料·雍正因晚村之故·痛恨浙江人·說道·

『朕向來謂浙江風俗澆漓人懷不逞如汪景祺查嗣庭之流皆謗訕悖逆甚至民間氓庶亦喜造言生事皆呂

留良之遺害也』上諭七年浙中學者自舜水梨洲以至謝山皆民族觀念極盛本非倡自晚村然晚村在當時浙學

界有不小的勢力我們倒是因讀雍正上諭繞得知道哩

戴名世字田有號南山安徽桐城人康熙五十二年下獄論死年六十一。他本是一位古文家。桐城派古文實

推他為開山之祖。他從小喜讀左傳史記有志自撰明史同縣方孝標嘗游雲南滇黔著述永歷間事南山

好其書。或說方孝標嘗受吳三桂偽職似不確。後有永歷宦官出家為僧號犂支者與南山門人余有民湛談永歷遺事頗多南山

采以入其集。康熙五十年為都御史趙申喬所劾大獄遂起其獄牽連至數百人等。方苞韓菼因康熙帝從寬處置皆在內

論死者僅南山一人而止。南山集在當時為禁書然民間傳本不絕集中並無何等奇異激烈語看起來南山不

過一位普通文士本絕無反抗清廷之意。他是康熙四十八年榜眼時年已五十七歲了。但他對於當時官修明史確有所不滿他說『

昔者宋之亡也區區海島一隅僅如彈丸黑子不踰時而又已滅亡。而史得以備書其事今以弘光之帝南京

隆武之帝閩越永歷之帝滇黔地方數千里首尾十七八年。揆以春秋之義豈遂不為昭烈之在蜀帝

昺之在崖州。而其事漸以滅沒……老將退卒故家舊臣遺民父老相繼淪盡而文獻無徵凋殘零落使一時

成敗得失與夫孤忠效死流離播遷之情狀無以示於後世豈不戚也哉。終明之世三百年無史金匱石室

之藏恐終淪散放失而當世流布諸書缺略不詳毀譽失實嗟乎世無子長孟堅不可聊且命筆鄙人無狀竊

有志焉……』余風者之志於明史有深痛輒好問當世事而身所與士大夫接甚少士大夫亦無以此為念者

……』南山集與余生書

讀這篇書南山對於明史的感想略可概見．而其身遭大禍亦卽以此康熙中葉文網極寬思想界很有向榮氣

象．此獄起於康熙倦勤之時雖辦理尙屬寬大然監謗防口之風已復開矣跟着就是雍正閒幾次大獄而乾嘉

學風遂由此確立了．

本講所列舉的不倫不類十幾個人論理不應該在一塊兒評論但因此益可見清初學術方面之多與波瀾之

壯闊凡學界之「黎明期運動」大率都是這種氣象乾嘉以後號稱清學全盛時代條理和方法雖比初期緻

密許多思想界卻已漸漸成爲化石了．

十三 清代學者整理舊學之總成績（一）

——經學 小學及音韵學——

以乾嘉學派爲中堅之清代學者一反明人空疏之習專從書本上鑽研考索想達到他們所謂「實事求是」

的目的依我們今日看來他們的工作最少有一半算是白費因爲他們若肯把精力用到別個方向去成就斷

不止此但這是爲時代性所限我們也不能太過責備至於他們的研究精神和方法確有一部分可以做我們

模範的我們萬不可以看輕他他們所做過的工作也確有一部分把我們所應該的已經做去或者替我們開

出許多門路來我們不能不感謝今將他們所表現的總成績略分門類擇要敍述且評論其價值我個人對於

繼續整理的意見也順帶發表一二．

自顧亭林高標『經學卽理學』之徽幟以與空談性命之陋儒抗於是二百年來學者家家談經著作汗牛充棟阮氏皇清經解王氏皇清經解續編所收作者凡百五十七家爲書都三百八十九種二千七百二十七卷亦云盛矣而未收及續出者尚不在其列幾部古經是否值得費那麼大工夫去研究另爲一問題他們費這些工夫到底把這幾部古經研究清楚沒有以下請逐部說明

（甲）易經　易經是一部最帶神祕性的書孔子自稱『假年以學』相傳還有『韋編三絕』的故事可見得這書自古已稱難懂了漢代今文博士有施孟梁邱三家又有費氏的古文又有京焦的別派自王弼注出盛行江左唐人據之以作正義自是漢易諸家俱廢今官書之十三經注疏所宗者弼學也而五代北宋間道士陳摶始以道教中丹鼎之術附會易文展轉傳至邵康節周濂溪於是有先天太極諸圖易益棼亂不可理喻蓋自王韓<small>康伯</small>作易傳少談天道多言人事稍稱絜淨朱晦庵又綜合周邵程之說作易本義爲明淸兩朝功令所宗蓋自王<small>弼</small>程<small>伊川</small>作易以後易學與老莊之道家言混合自周邵以後易學與後世矯誣之道教混合淸以前易學之重要流別變遷大略如此

淸代易學第一期工作專在革周邵派的命黃梨洲的易學象數論首放一矢其弟黃晦木<small>宗炎</small>著圖書辨惑把濂溪太極圖說的娘家——卽陳摶自稱從累代道士傳來的無極圖——找出來了同時毛西河有河圖洛書原舜大致與二黃之說相發明其後胡朏明著易圖明辯引證詳博把所有一切怪誕的圖——什麼無極太極

什麼先天後天什麼太陽少陽太陰少陰什麼六十四卦的圓圈方位一概打掃得乾乾淨淨一千年蒙罩住易

經的雲霧算是開光了這不能不說是清初學者的功勞

他們對於周邵派的破壞算是成功了建設的工作怎麼樣進行呢論理他們專重疏自應歸到王韓一派但

王注援老莊以談名理非他們所喜而且『輔嗣易行無漢學』前人已經說過尤爲漢學先生們所痛恨所以

他們要另闢一條新路來

清儒說易之書收入皇清經解者最先的爲毛西河之仲氏易但這部書專憑個人臆見學無淵源後來學者並

不重視他所以影響也甚小可以代表清儒易學者不過三家曰惠定宇曰張皋文曰焦里堂

惠定宇所著書曰周易述二十一卷易漢學七卷易例二卷其九經古義中關於易者亦不少定宇的見解是愈

古愈好凡漢人的話都對凡漢以後人的話都不對然則漢人的易說一部無存怎麼辦呢幸而有唐李鼎祚的

周易集解內中徵引許多漢儒各家遺說定宇把他們都搜集起來爬梳整理一番用的勞力眞不小我們讀這

幾部書纔知道漢人易學的內容如何這便是惠氏在學界一大成績然成績亦止於此而已若說他已經把這

部易經弄通了我們絕對不敢附和爲什麼呢因爲漢儒說易是否合於易旨我們先已根本懷疑漢儒講的什

麼『互體』什麼『卦變』什麼『半象』『兩象』什麼『納甲』『納音』『爻辰』什麼『卦氣六日七

分』依我們看來都是當時燕齊方士矯誣之說和陳邵太極先天等圖沒有什麼分別王輔嗣把他們廓清辭

闢一點都不寃枉定宇輩因爲出自漢人便認做寶貝不過盲從能了而且定宇還有一個大毛病是不知家法

同爲漢儒而傳受淵源不同彼此矛盾的地方便不少定宇統而名之曰『漢學』好像漢人只有此學又好像

一七八

漢人個個都是此學這便大錯了定字說的不過東漢末年鄭康成荀慈明虞仲翔等幾個人之學頂多可以代表一兩派而且各人所代表的派也不能相通惠氏凡漢皆好的主張只怕漢儒裏頭先自打起架來他已無法和解了。

張皋文所著書主要的是周易虞氏義九卷還有虞氏易禮易言易事易侯及荀氏九家義易義別錄等皋文憑籍定字的甚業繼長增高自然成績要好些他的長處在家法明瞭把虞仲翔一家學問發揮盡致別家作為附庸分別蒐擇不相雜廁我們讀這幾部書可以知道漢易中最主要的部分——虞氏易有怎樣的內容這是皋文的功勞若問皋文的易學是否真易學便要先問仲翔的易學是否真易學可惜這句話我是回答不出來的

焦里堂所著書有易章句十二卷易通釋二十卷易圖略八卷統名雕菰樓易學三書阮芸臺說他『石破天驚處處從實測而得聖人復起不易斯言』王伯申說他『鑿破混沌掃除雲霧可謂精銳之兵』阮王都是一代大儒不輕許可對於這幾部書佩服到如此他的價值可推見了里堂之學不能叫做漢學因為他並不依附漢人不惟不依附而且對於漢人所糾纏不休的什麼「飛伏」「卦氣」「爻辰」「納甲」……之類一一辨斥和黃胡諸人辨斥陳邵易圖同一擺陷廓清之功里堂精於算理又精於聲音訓詁他靠這種學問做幫助而從本經中貫穴鈎稽生出妙解王伯申說『要其法則比例二字盡之所謂比例者固不在他書而在本書也』里堂這幾部書是否算得易經真解雖不敢說但他確能脫出二千年傳注重圍表現他極大的創作力他的創作郤又非憑空臆斷確是用考證家客觀研究的方法得來所以可貴他發明幾個重要原則曰旁通曰相錯曰時行曰當位失道曰比例都是從象象繫辭所說中推勘出來我細繹里堂所說明我相信孔子治易確曾用這

中國近三百年學術史

種方法我對於里堂有些不滿的，是嫌他太鶩於旁象而忽略本象．「旁通」「相錯」等是各卦各爻相互變

化孳衍出來的義理是第二步義理本卦本爻各自有其義理是第一步義理里堂專講第二步把第一步幾乎

完全拋棄未免喧賓奪主了．

此外說易之書雖然還有許多依我看沒有什麼價值一概不論了．專就這三家看來成績還不算壞易經本是

最難懂的一部書我們能否有方法徹底懂他狠是問題若問比較上可靠的方法嗎我想焦里堂帶我們走的

路像是不錯我們應用他以本書解本書法把他所闕略的那部分——即本卦本爻之意義重新鈎稽一番發現

出幾種原則來駕馭他或者全部可以徹底真懂也未可知這便是我對於整理易經的希望及其唯一方法了．

（乙）尚書尚書是一部最囉嗦——問題最多的書相傳本有三千餘篇孔子刪成百篇已算得駭人聽聞的神

話了所謂百篇者在漢初已有人見過只傳得二十八篇卻是有百篇的序文見於史記不久又有什麼河內女

子得着一篇泰誓變成二十九篇那篇泰誓是真是假當時已成問題然而不管真假他只是曇花一現忽然又

隱身不見了．二十八篇或二十九篇正立於學官人人誦習了二百年到西漢末忽然有所謂古文尚書者出說

是孔安國家藏獻入中秘比原來的今文尚書多出十六篇來因此惹起今古文之爭學界生出絕大波瀾西漢

末的古文尚書是否靠得住已成千古疑案到東漢末這新出的十六篇又隱身不見了經一百多年到東晉之

初忽然又說古文尚書復活轉來郤是由十六篇變成二十五篇還帶着一部孔安國的注離奇怪誕莫此為甚

了．今文的二十八篇到最近還有人對於他發生真假問題這是後起之義姑且不說至所謂古文尚書者偽中

出偽至再至三說起來便令人頭眩內中夾着一個書序真假問題越發麻煩極了自唐人撰諸經正義采用東

一八〇

晉晚出的古文尚書及孔安國傳自是這部書著爲功令立於學官者一千多年直到清初然後這種囉哩問題

纔解決十之八九了。

　清初學者對於尚書第一件功勞在把東晉僞古文尚書和僞孔安國傳宣告死刑這件案最初的告發人是宋

朝的朱子其後元吳澄明梅鷟等繼續控訴到清初黃梨洲當原告律師做了一部授書隨筆給閻百詩百詩便

自己充當裁判官著成古文尚書疏證八卷宣告那部書的死刑還有一位姚立方際恆可以算做原告律師他

做一部尚書通論關於這問題搜出許多證據其書似已失傳但一部分已被閻氏采入疏證了同時被告律師

毛西河不服判決做了一部古文尚書冤詞提起上訴再審的裁判官便是惠定宇著了一部古文尚書考把被

告的罪名越發弄確實了還有兩位原告律師一是程緜莊廷祚做一部晚書訂疑一是段茂堂做一部古文尚

書撰異把毛律師強辯的話駁得落花流水於是這件案總算定讞了到光緒末年有一位洪右臣良品想再替

被告上訴郤是「時效」已過沒有人受理了這件案的決定算是清儒在學術史上極有價值的事業。

　假的部分剔出了真的部分如何整理呢今文尚書二十八篇本屬春秋以前的語體文佶屈聱牙最稱難讀自

僞孔傳通行之後漢儒傳注一概亡佚更沒有一部完書可爲憑藉怎麼辦呢乾隆中葉的學者費了不少的勞

力著成三部書一是江艮庭聲的尚書集注音疏十二卷一是王西莊鳴盛的尚書後案三十卷一是孫淵如星

衍的尚書今古文注疏三十卷他們三位是各不相謀的同時分途去著自己的書他們所用的方法也大致相

同都是拿史記尚書大傳常底本再把唐以前各種子書及箋注類的書以至太平御覽以前之各種類書凡有

徵引漢儒解釋尚書之文慢慢底搜集起來分綴每篇每句之下成爲一部漢儒的新注三部書裏頭江艮庭的比

較最壞艮庭是惠定宇的派一味的好古沒有什麼別擇剪裁王西莊蒐羅極博但於今古文學說分不清楚好

爲調和轉成矛盾是其短處孫淵如算是三家之冠了他的體例是『自爲注而自疏之』注文簡括明顯疏文

纔加詳疏出注文來歷加以引申就組織上論已經壘壘森嚴他又注意今古文學說之不同雖他的別擇比不

上後來陳樸園的精審但已知兩派不可强同各遠其是不勉强牽合留待讀者判斷從違這是淵如極精愼的

地方所以優於兩家

江孫王三家都是絕對的墨守漢學非漢儒之說一字不錄他們著書的義例如此本也甚好但漢儒所說一定

就對嗎怕未必然僞孔傳雖僞但都是采錄魏晉人舊說而成安見所解沒有過於漢人處宋儒經說獨到之處

甚多時亦可以補漢人之闕失乾嘉間學者對於他們一槪排斥也未免墮門戶之見光緒末年簡竹居朝亮補

救這種缺點著一部尚書集注述疏也仿淵如例自注自疏惟漢宋兼采旁及僞孔這書成於江孫王之後自然

收功較易他的內容也稍嫌過繁但采擇漢宋各家說狠有別裁不失爲一良著

漢代今古文之爭本由尚書而起東晉僞古文不必論矣卽所謂西漢眞古文者歷已狠不分明嘉道以降今

文學與魏默深著書古微提出古文尚書根本曾否存在之問題是爲閣百詩以後第二重公案至今未決 互見爲辨
書條

西漢晚出古文眞僞且勿論其學說傳於東漢而爲馬融鄭玄所宗述則甚明也其與西漢今文博士說牴悟殊

多又甚明也江孫王之書以輯采馬鄭注爲中堅只能代表古文說不能代表今文說而從 晉雖云兼通今古文擇善但仍祖古文爲多

道咸間陳樸園喬樅 著今文尚書經說考三十三卷歐陽夏侯遺說考一卷狠費些勞力纔蒐集得來我們從此

可以知尚書最古的解釋了。

尚書裏頭的單篇最複雜的是禹貢胡胐明著禹貢錐指十卷是爲清代研究古地理之首雖其書許多疏舛經

後人補正￼最著者戈芙卿蓉鏡禹貢班義述丁儉卿晏禹貢指刊誤等其餘單篇及筆記中此類著作甚多然創始之勞應該紀念的。

尚書大傳爲漢初首傳尚書之伏生所著而鄭康成爲之注這書在尚書學裏頭位置之重要自不待言但原書

在宋時已殘缺不完明時全部亡佚了清儒先後搜輯的數家最後陳左海喬樅的尚書大傳輯校最稱完善而

皮鹿門錫瑞繼著尚書大傳疏證更補其闕失而續有發明也算尚書學中一附帶的成功了。￼互見輯佚書條

書序問題亦至今未決別於辨僞書條敍其經過此不述。

總括起來清儒之於尚書學成績總算不壞頭一件功勞是把東晉僞古文打倒了撥開無限雲霧剩下眞的二

十八篇也經許多人費狠大的勞力解釋明白了什之六七我稍爲不滿意的是他們有時拘守漢儒說太過￼例如『粵若稽古』鄭注訓「稽古」爲「同天」甚可笑但以出於鄭而強從之。關於校勘文字時或缺乏判斷的勇氣￼例如『在治忽』之或作「七始」。關於研究制度好引異代之書強爲比附￼周官會日月星辰司中司命風師師雨詠「六宗」伯之日月星辰司中司命風。這類都是多數清儒公共的毛病後有治此經者專從訓詁上平實解釋不要穿鑿不要貪多制度有疑往往好爲曲鑒穿鑿致晦眞意。

則闕之能渢成一部簡明的注或者這部書有人人能讀的一天了。

（丙）詩經 詩經和尚書相反算是問題最少的書三百篇本文幾乎絕無疑議之餘地其最爲聚訟者惟一

毛詩序詩序問題￼別詳辨僞書條下現在暫且少講但略講清朝以前詩學變遷形勢而漢十四博士詩經惟魯

齊韓三家毛氏則哀平間晚出古文來歷顏不分明自鄭康成依毛作箋此後鄭學孤行而三家俱廢六朝經學

南北分派惟詩則同宗毛鄭無異辭唐初正義因之鄭學益成統一之局惟自唐中葉以後異論寖生其發難大

率由詩序馴至『程大昌之妄改舊文王柏之橫刪聖籍』四庫提猖披極矣朱晦翁亦因不滿於詩序而自作

集傳元明以還朱傳立於學官而毛鄭亦幾廢清儒則乘此反動以光復毛鄭之學為職志也

清儒在詩學上最大的功勞在解釋訓詁名物康熙間有陳長發啟源的毛詩稽古編有朱長孺鶴齡的毛詩通

義當時稱為名著由今觀之乾隆間經學全盛而專治詩者無人戴東原輩雖草創體例而沒有完書到嘉道間

纔先後出現三部名著一胡墨莊承珙的毛詩後箋二馬元伯瑞辰的毛詩傳通釋三陳碩甫奐的詩毛氏傳疏

胡馬皆毛鄭並釋陳則專於毛馬皆有新解方標專條無者關焉陳氏則純為義疏體逐字逐句訓釋三書比

較胡馬貴宏博而陳尚謹論者多以陳稱最陳所以專毛廢鄭者以鄭箋毛而時復破毛嚴格繩之亦可謂

為「不守師法」又鄭本最長於禮恆喜引禮解詩轉生繳轕孔沖遠並疏毛鄭例不破注故遇有毛鄭衝

突之處便成了「兩姑之間難為婦」勉強牽合打完場那疏便不成片段了碩甫專宗其一也可以說他取巧

但毛傳之於訓詁名物極矜愼精審可為萬世注家法程碩甫以極謹嚴的態度演釋他而又常能廣采旁徵

以證成其義最淨而極通貫眞可稱疏家模範了

名物訓詁之外最引人注意的便是作詩的本事和本意講到這一點自然牽連到詩序問題了清學正統派打

著「尊漢」「好古」的旗號所以多數著名學者大率羣守毛序然而舉叛旗的人也不少最兇的便是姚立

方著有詩經通論次則崔東壁述著有讀風偶識次則力鴻濛玉潤著有詩經原始這三部書並不為清代學者

所重近來纔漸漸有人鼓吹起來據我們看詩序問題早晚總須出於革命的解決這三部書的價值只怕會一

天比一天漲高罷詩經通論我未得見僅從詩經原始上看見片段的徵引可謂精悍無倫讀風偶識謹護嚴蕭穆

純是東壁一派學風詩經原始稍帶帖括訓詁名物方面殊多疏舛但論詩旨郤有獨到處

今文學復活古文的毛氏詩經當然也在排斥之列最初做這項工作者則爲魏默深之詩古微詩古微不特反對

毛序而且根本反對毛傳說全是僞作我以爲序和傳要分別論序呢無疑是東漢人妄作傳呢我並不敢說一

定出自『子夏所傳』漢書儒林傳述毛氏語也許是西漢末年人造出來但他對於訓詁名物解釋得的確好雖以我向

來崇尚今文的人也不敢鄙薄他老實說我是厭惡毛序而喜歡毛傳的因爲年代隔遠的人作序瞎說某篇某

篇詩的本事本意萬不會對的這種作品當然可憎至於訓釋文句何必問他子夏不子夏毛公不毛公我們現

在悉心研索還可以做一部好極的來哩所以我對於攻擊毛傳認爲不必但默深這部書偏激的地方不少但

亦有許多嶄新的見解可以供將來「新詩學」之參考

齊魯韓三家學說漢以後便亡了宋王應麟有三家詩考一卷是爲搜輯之始到清嘉道以後繼起漸多馮柳東

登府有三家詩異文疏證九卷有三家詩異義疏證二十卷陳樸園有三家詩遺說考十五卷四家詩異文考五

卷齊詩翼氏學疏證二卷嚴鐵橋可均有輯韓詩二十一卷這都是與減繼絕不無微勞的了

總括起來清儒的詩學訓詁名物方面我認爲成績狠優良詩旨方面郤不能滿意因爲受毛序束縛太過了但

研究詩旨郤不能有何種特別的進步的方法大約索性不去研究倒好戴東原說『就全詩考其字義名物於

各章之下不必以作詩之意衍其說蓋字義名物前人或失之者可以詳覈而知古籍具在有明證也作詩之意

前人旣失其傳者難以臆見定也』詩補序　我想往後研究詩經的人只好以東原這話自甘那麼清儒所做工

作已經給我們不少的便利了。

（丁）三禮依普通的次序是一周禮二儀禮三禮記有時加上大戴禮亦叫做「四禮」這幾部書的時代眞僞都狠有問題留着在辨僞書條下再討論今且不說三禮都是鄭康成作的注在康成畢生著述中也可說是以這三部注爲最所以「三禮學」和「鄭學」幾成爲不可分的名詞雖然自古說「議禮之家紛如聚訟」自孔門諸子已經有許多交鋒爭辯秦漢以後更不必說了一部白虎通義便是漢儒聚訟的小影一部五經異義是鄭康成和許愼對壘一部聖證論是王肅和鄭康成對壘這種筆戰我們一看下去便頭痛六朝隋唐的也爭不少昔戰國諸子詆斥儒家大都以『窮年不能究其禮』爲口實何況在千餘年異論更多之後所以宋學興起把這些繁言縟語擺脫不談實是當然的反動中間雖經朱子晚年刻意提倡但他自己既沒有成書門生所做又不對提倡只成一句空話俟下文再說現在且說淸朝禮學完全衰熄的時代了這門學問是否有研究的價値俟下文再說現在且說淸朝禮學復興的淵源自黃梨洲顧亭林懲晚明空疏之弊提倡讀古書讀古書自然觸處都感覺禮制之難懂了他們兩位雖沒有關於禮學的專門著作但亭林見張稷若治禮便贊歎不置他的外甥徐健庵便著有讀禮通考梨洲大弟子萬充宗兄弟經學的著述關於訓詁方面的甚少而關於禮制方面的最多其後惠戴兩家中分乾嘉學派惠氏父子著裨說明大道錄等書對於某項的禮制專門考索戴學出江愼修愼修著禮書綱目對於禮制爲逐貫的研究而東原所欲著之七經小記中禮學篇雖未成而散篇見於文集者不少其並時皖儒如程易疇金榘齋凌次仲輩皆篤嗜名物數制之學而續谿涇縣兩胡 竹村 以疏禮名其家皆江戴之遺風也自茲以往流風廣播作者間出

而最後則孫仲容黃儆季稱最善云．

今先分經舉其最有名之著述而關於貫通的研究次於後

（1）周禮　清儒禮學雖甚昌然專治周禮的人狠少．兩經解所收如江永周禮疑義舉要沈彤周官（祿田考）段玉裁周禮漢讀考莊存與周官記（周官說）徐養原周官故書考王聘珍周禮學未有貫穴全書者又皆屬於局部的研究惟一的周禮專家就是孫仲容論讓他費二十年工夫成周禮正義八十六卷這部書可算清代經學家最後的一部書也是最好的一部書其價值留待下文論新疏條下另行批評．

考工記本另爲一部書後人附入周禮清儒對於這部書狠有幾種精深的著作最著者爲戴東原之考工記圖阮芸臺之考工記車制（注圖考乃其之少作亦精核）次則王宗涑之考工記考辨．

（2）儀禮　清儒最初治儀禮者爲張稷若爾岐著儀禮鄭注句讀顧亭林所稱『獨精三禮卓然經師』也乾嘉間則有淩次仲廷堪的禮經釋例十三卷將全部儀禮拆散了重新比較整理貫通一番發現出若干原則（凡通例四十飲食之例五十賓客之例十有八射例二十有一變例二十有一雜例四十（即襄例）二十有一祭例五十有六器服之例四十）其方法最爲科學的實經學界一大創作也次則有張皋文惠言的儀禮圖先爲宮室衣服之圖次則十七篇每篇各爲之圖（宮室之圖一士冠十士昏十二士相見三鄉飲酒九鄉射十三燕十七大射十二聘三十公食大夫十二覲八喪服三十六士喪十八既夕十九士虞六特牲饋食十七少牢饋食八有司徹）既其不能爲圖者則代以表（六）每圖每表皆綴以極簡單之說明此經傳授源流斥古文逸禮之僞有這三部書振裘挈領把極難讀的儀禮變成人人可讀眞算得苦功高了其集大成者則有道光間胡竹村（培翬）之儀禮正義爲極佳新疏之一當於新疏條下別論之（時與竹村同合作者）

有胡墨莊胡承琪之儀禮今古文疏義但主於辨正文字非為全書作新疏也勿混視。

（3）禮記 清儒於禮記局部解釋之小書單篇不少但全部箋注尚未有人從事其可述者僅杭大宗世駿之續禮記集說其書仿衛湜例為錄前人說自己不下一字所錄自宋元人迄於清初別擇頗精審遺佚之說多賴以存例如姚立方的禮記通論我們恐怕沒有法子再得見幸而要點都采擷在這書裏頭繞能知道立方的奇論和特識這便是杭書的功德次則郭筠仙嵩燾的禮記質疑對於鄭注所匡正不少將來有著禮記新疏的人這兩部書總算最好的資料了。朱彬的禮記訓纂 未見不敢批評

禮記單篇別行之解釋有皮鹿門錫瑞之王制箋康長素有為之禮運注劉古愚光蕡之學記臆解各有所新發明。

（4）大戴禮 大戴禮舊惟北周盧辯一注疏略殊甚且文字譌脫亦不少乾嘉間戴東原盧抱經從事校勘其書始稍稍可讀阮芸臺欲重注之未成而孔巽軒廣森著大戴禮記補注汪少山照著大戴禮記補注二君蓋不相謀而其書各有短長汪似尤勝也 孔書刻於乾隆五十九年有自序及阮元序汪書年代無考然有王昶序自稱同學弟則汪或稍先於孔也

大戴禮單篇別行之解釋則有黃相圃模之夏小正分箋夏小正異義

書中曾子立事等十篇清儒以為即漢書藝文志曾子十八篇中之遺文阮芸臺把他抽出單行為曾子注釋四卷。

（5）禮總 禮學家往往不專一經因這門學問的性質本貫通羣經也通貫羣經的禮學著作有幾部書應該論列者最初的一部為徐健庵乾學的讀禮通考百二十卷這部書是健庵居喪時編的為言喪禮最詳備之書。

雖頡健庵著其實全出萬季野所以甚好尤其所好觀憶園集論禮制諸篇可知禮學中間的一部是秦味經著叨

的五禮通考二百六十二卷這書爲續補讀禮通考而作我狠疑心有一大部分也出萬季野手但未得確證不

敢斷言看第萬季野著述講論曾滌生大佩服此書說他『體大物博歷代典章具在三禮之外得此而四』俞蔭甫則說

他『按而不斷無所折衷可謂禮學之淵藪而未足爲治禮者之藝極』俱見禮書此書之短長這兩段話盡之

了此書成於衆手非味經自著分纂的人確實可考者有戴東原王蘭泉也許錢竹汀王西莊都在裏頭其餘二

三等學者當更不少所以全書各篇價值不同有狠好的有較次的不如讀禮通考之畫一謹嚴依我看這書是

一部狠好的類書價值在文獻通考上比更廣他所無從比較他無從比較或者也可以說是中國禮制史的長

編『按而不斷無所折衷』固然是他的毛病但我總覺得「折衷」這句話是空的自己以爲折衷別人看來

不過多一重聚訟的公案且在場的人都是第一流學者了你看算不算空論漢代的石渠奏議白虎觀討論何嘗不是想折衷況所以案而不斷或者也是此書的

最好處哩最後的一部是黃儆季以周的禮書通故一百卷儆季爲薇香式三之子傳其家學博而能精又成書的

最晚草創於咸豐庚申先輩所蒐輯所考證供給他以極豐富的資料所以這部書可謂爲集清代禮學之大成

他對於每項禮制都博徵古說而下以判斷正和五禮通考的性質相反他的判斷總算極矜愼極通明但能否

件件都算爲定論我郤不敢說了

以上三種是卷帙最浩博材料最豐富的此外禮學重要著作在初期則有惠天牧士奇的禮說江愼修永的禮

書綱目算是這門學問中篳路藍縷的書禮書綱目的體例爲後來秦黃兩家所本雖後起者勝而前人之功萬

不容沒在中葉則任幼植大椿程易疇瑤田金輔之榜凌次仲廷堪都有精到的著作檠齋的禮箋易疇的通藝

中國近三百年學術史

一九七

錄最好他們純粹是戴東原一派的學風專做窄而深的研究所選的題目或者是狠小的但在這個題目的範

圍內務把資料搜齊類書式的案而不斷他們是不肯的但判斷總下得極審慎所以他們所著雖多屬小篇但

大率都極精銳東原集中考證禮制之正是如此又焦里堂之羣經宮室圖雖標題「羣經」而所重在三禮考證宮室最

通瞻之書也此外則孔巽軒的禮學厄言武虛谷的三禮義證金誠齋求古錄禮說凌曉樓曙

園的禮說性質大略相同都各有獨到處又如凌曉樓之公羊禮疏侯之穀梁禮證等雖擇他經然專明彼

中禮制一部分亦禮學之流別也其餘各家文集筆記論禮精覈之專篇極多不能具錄

試總評清代學之成績就專經解釋的著作論儀算是最大的成功凌張胡邵四部大著各走各的路各做到登

峰造極合起來又能互相為用這部經總算被他們把所有的工作都做盡了周禮一向狠寂寞最後有孫仲容

一部名著忽然光芒萬丈騰下的就是禮記我們狠不滿意大戴禮本來是殘缺的書有好幾位學者替他捧場

也遠罷了

就通貫研究的著作論有徐秦黃三部大著分量總算狠重其餘碎金式的零冊數篇好的也不少用從前經學

家的眼光看成績不能不算十分優良了但這門學問到底能否成立我們不能不根本懷疑頭一件所根據的

幾部經先自有無數問題周禮之難信不必說了儀禮成立的時代也未有定論禮記則各篇之真偽及時代亦

糾紛難理萬一所憑藉的資料或全部或一部分是假的那麼所研究的豈非全部或一部分落空第二件就讓

一步說都是真的然而幾部書成立年代有狠大的距離總不能不承認

然而裏頭所記各項禮制往往東一鱗西一爪非互勘不能說明互勘起來更矛盾百出

八面彌縫會通根本不能全通的東西越會通越弄到一塌糊塗議禮所以紛如聚訟就是為此從古已然墨守的禮和王制何等矛盾五帝的祀典月令和帝繫姓何等矛盾國學鄉學學者對於那部經都不敢得罪共四方的制度及所在地禮記各篇中相互何等矛盾此類悉舉不下數十事。好些儀禮問題所以儀禮獨多好書。**所以他們的成績雖然狠好我恐怕這些成績多半是空**解釋專經時稍為好些儀禮問題

漢學的清儒為尤甚比較的少所以

禮學的價值到底怎麼樣呢。幾千年狠瑣碎狠繁重的名物宮室衣服制度井田封建學校 禮節冠昏喪祭之類勞精敝神去研究他實在太不值了。雖然我們試換個方向不把他當做經學而把他當做史學那麼都是中國法制史之類軍制賦役之類之類

風俗史……史……史的第一期重要資料了所以這門學問不必人人都學自無待言說他沒有學問的價值

邠大不對清儒的工作最少也替算後人把所需的資料蒐集在一處而且對於各種資料相互的關係和別擇資料的方法有許多意見足供後人參考這便是他們不可沒的功勞我們若用新史家的眼光去整理他可利用的地方多着哩。

（戊）春秋三傳　春秋是孔子惟一的著作孟子董仲舒司馬遷說得如彼其鄭重這部書地位之尊不待言了。但文字簡單到如彼非傳不能明白所以治春秋者不能舍傳而專言經西漢博士只有公羊底下嚴顏兩家也可以說春秋只有一傳後來穀梁出來又後來左氏出來東漢時便三傳並行各有專家然終以公羊為最盛六朝以後公穀日廢左氏孤行唐代便漸漸的『春秋三傳束高閣獨抱遺經究終始』了咳助趙匡之流把三傳都攻擊得一錢自此以後紛紛奮臆作傳而宋人胡安國的傳盛行明永樂將胡傳立於學官三傳真皆廢了間有治左傳者不過拿來做策論的資料清以前春秋學的形勢大略如此清儒刻意復古三傳之學漸漸的

都恢復轉來今分論之。

（1）左氏傳　左傳的眞僞及著作年代狠有問題等到辨僞書條下再說這部書本是史的性質而編在經部。所以學者對於他也有「史的研究」「經的研究」之兩派。史的研究派有一部極好的書是顧震滄棟高的春秋大事表其內容及價值前文已經說過看第八經的研究派。大抵對於杜注孔疏撮拾糾補乾隆以前未有專治此傳之人到嘉道間劉孟瞻文淇伯山毓崧父子繼續著一部左傳正義可惜迄未成書當於新疏條下別論之。

（2）公羊傳　清儒頭一位治公羊傳者爲孔巽軒廣森著有公羊通義當時稱爲絕學但巽軒並不通公羊家法其書違失傳旨甚多公羊學初祖必推莊方耕存與他著有春秋正辭發明公羊微言大義傳給他的外孫劉申受逢祿著公羊何氏釋例於是此學大昌龔定庵自珍魏默深源凌曉樓曙戴子高望都屬於這一派各有散篇的著述而陳卓人立費畢生精力成公羊義疏七十六卷實爲董何以後本傳第一功臣其內容及價值別於新疏條下論之晚清則王壬秋闓運著公羊箋然拘拘於例無甚發明其弟子廖季平平關於公羊著述尤多然穿鑿過甚幾成怪了康先生有爲從廖氏一轉手而歸於醇正著有春秋董氏學孔子改制考等書於新思想之發生間接有力焉。

（3）穀梁傳　穀梁學自昔號稱孤微清中葉以後稍振其著作有鍾朝美文烝之穀梁補注有侯君謨康之穀梁禮證有柳賓叔興思之穀梁大義述柳書較佳劉氏左傳正義若成則左氏重矣惟公羊極優良諸經除儀禮外便算他了今文綜校清代春秋學之成績左穀皆微微不足道

一九二

學運動以公羊爲中心開出晚清思想界之革命所關尤重．

（己）四書　「四書」之名是朱子以後纔有的明人及清的理學家關於四書的著作頗多清的漢學家鄒狠

少最著名的前有閻百詩之四書釋地後有翟晴江灝的四書考異但都是局部的考證無關宏旨清儒有價值

的著作還是將大學中庸壁回禮記論語孟子各別研究．

（1）論語　論語有一部名著曰劉楚楨（寶楠叔俛恭晃）繼續著成的論語通義其價值及內容在新疏條下別

論之今文派有戴子高的論語注引公羊爲解雖多新見恐非眞義別有焦里堂的論語通釋雖寥寥短冊發明

實多而簡竹居之論語集注述疏則疏解朱注宋人經注之有疏此爲創見云．

論語單篇別行之解釋則有江慎修之鄉黨圖考蓋禮學之流．

（2）孟子　孟子也有一部名著曰焦里堂循的孟子正義別於新疏條論之戴東原的孟子字義疏證爲清代

第一流著述但其目的不專在釋孟子別於戴氏學專篇論之．

（庚）諸經新疏合評　現在之十三經注疏其注出漢人者六（毛詩周禮儀禮禮記公羊傳孟子）出魏晉人者五（周易左傳論語爾雅）傳偽

託漢人者一（尙書）出唐人者一（孝經）其疏出唐人者九（穀梁傳）出宋人者四（孝經論語爾雅孟子）清代提倡經學於是注疏之

研究日盛然愈研究則愈發見其缺點就疏的方面論唐人孔賈諸疏本成於衆手別擇不精牴牾間出且六朝

經學本分南北兩派北尊實詁南尙空談初唐諸疏除三禮外率宗南派大爲清儒所不喜宋人四疏更不足道

了就注的方面論除漢人六種外其餘七種皆大爲漢學家所不滿意以此之故他們發憤另著新疏舊注好的

便疏舊注不好的便連注一齊改造自郝二雲起到孫仲容止作新者十餘家十三經中有新疏者已得其十這

些新疏的作者都是竭畢生之力鎔鑄幾百種參考書纔釀成一稿，真算得清朝經學的結晶體了。今列舉各書，稍爲詳細點說明備將來彙刻「新十三經注疏」者采擇焉（一經有兩部以上之新疏者只采一部餘部附論）次第以著作年代先後爲序。

爾雅正義二十卷　餘姚邵晉涵二雲著乾隆四十年屬稿五十年成凡經十年

附　爾雅義疏二十卷　棲霞郝懿行蘭皋著

邵二雲是頭一位作新疏的人這部爾雅正義在清學史中應該特筆記載舊注爾雅爲晉郭璞注宋邢昺疏『邢疏多遄拾毛詩正義掩爲己說南宋人已不滿其書後采列諸經之疏聊取備數而已』原序二雲此書仍疏郭注但舊本經文有訛舛注亦多脫落二雲先據唐石經及宋槧本詳爲增校又博采漢舍人（姓名也舊認爲官名誤）劉歆樊光李巡孫炎梁沈旋陳顧野王唐裴瑜諸君佚注以郭爲主而分疏諸家於下郭注云未詳者則博徵他經之漢人注以補之爾雅緣音訓義者頗少二雲更取聲近之字旁推交通申明其說書凡三四易稿乃定。

郝氏義疏成於道光乙酉後邵書且四十年近人多謂郝優於邵然郝自述所以異於邵者不過兩點一則『於字借聲轉處詞繁不殺』二則『釋草木蟲魚異舊說者皆由目驗』胡培翬撰郝墓表引然則所異也狠微細了何況這種失還狠要商量呢因前人成書增益補直較爲精密此中才以下盡人而可能郝氏於發例絕無新發明其內容亦襲邵氏之舊者十六七實不應別撰一書校補或匡正誤等書善矣一義疏之作則說掠美百辭莫辨我主張公道不能不取邵棄郝

尚書今古文注疏三十卷陽湖孫星衍淵如著乾隆五十九年屬稿嘉慶二十年成凡經二十二年

附 尚書集注音疏十二卷吳縣江聲艮廷著

尚書後案三十卷嘉定王鳴盛西莊著

尚書集注述疏三十五卷順德簡朝亮竹居著

自偽古文尚書定案之後舊注疏裏頭的偽孔傳跟着根本推翻孔穎達疏也自然「樹倒猢猻散」了。於是

這部經需要新疏比別的經更形急切孫江王三家和段茂堂的古文尚書撰異都是供給這種需要的應

時著述但這件事業甚難因爲別的疏都是隨注詮釋有一定範圍這部經現行的注既要不得而舊注又

皆散佚必須無中生有造出一部注來纔可以做疏的基本孫江王段年輩相若他們着手著述像是不相

謀而孫書最晚成四家中陳段著專分別今古文字罕及義訓外餘三家皆詮釋全經純屬疏體江氏裁斷

之識較薄其書用篆體寫經文依說改原字其他缺點甚多王氏用鄭注而兼存偽傳又不載史記及大

傳異說是其所短孫書特色一在辨清今古文界限二在所輯新注確立範圍而他認定史記爲古文說（因司馬遷出自衛宏賈逵他名之曰「五

從孔安國問故尚書大傳及歐陽大小夏侯爲今文說（因皆伏生所傳）馬融鄭玄爲孔壁古文說（因宏實達生所傳）

家三科」這些人的遺說都升之爲注其餘先秦諸子及緯書白虎通等之今古說許氏說文中之古文說

皆附之疏中取材矜愼樹例謹嚴故最稱善本據錢竹石記事稿（卷十）說淵如的經學書大半由李次白贈德繪成此書當亦在其列

現在尚書新疏中誠無出孫著之右但孫著能令我們滿足否還不能漢人注也有許多不對的地方我在

前段尚書條已經論過但這一點姑且不管卽以漢注論馬鄭注和歐陽夏侯遺說孫氏蒐集未到而再經

後人輯出者也狠不少所以我想現在若有位郝蘭泉倒有一椿買賣可做試把孫江王以後續輯的尚書

注古重新審定一番仍區畫今古製新注新疏一定可駕諸家之上而不算蹈襲可惜竟無其人哩

簡竹居就是想做這椿買賣的人可惜他學問不甚博見解又迂滯一點他的集注述疏枝辭太多還不能

取孫淵如而代之哩。

孟子正義三十卷 江都焦循里堂著嘉慶二十年始為稿二十三年屬稿二十四年成

孟子有趙岐注實漢經師最可寶之著作惟今注疏本之孫奭疏純屬偽撰錢竹汀及四庫提要已辨之其

書蕪穢踏駁處不可悉數與孔賈諸疏並列真辱沒殺人了所以新注之需要除尙書外則孟子最為急切

里堂學問方面極多其最用力者為易學三書注既成纔着手做此書已經垂老書纔成便死了他說『

為孟子作疏者十難』見本書卷末 文繁不錄 但又說生在他的時代許多難工夫都經前人做過其難已減去七八

他備列所引當代人著述從顧亭林毛大可起到王伯申張登封止凡六十餘家可見他蒐采之勤與從善

之勇了他以疏解趙注為主但『於趙氏之說或有所疑不惜駁破以相規正』卷三十 葉九 是於唐人「疏不

破注」之例也並未嘗墨守這書雖以訓釋訓詁名物為主然於書中義理也解得極為簡當里堂於身心

之學固有本原所以能談言微中也總之此書實在後此新疏家模範作品價值是永永不朽的。

詩毛氏傳疏三十卷 長洲陳奐碩甫著嘉慶二十七年屬稿道光二十年成凡經二十八年

這部書和並時胡馬兩家書的比較前在詩經條下已略為說明孔穎達毛詩正義合毛傳鄭箋而並疏之。

碩甫以為鄭康成本治韓詩後改從毛而作箋又時雜魯說實為不守家法 鄭他自序雖未明斥其言外實含此意 所以舍鄭而

專疏毛他自述撰著方法說道『初仿爾雅編作義類凡聲音訓詁之用天地山川之大宮室衣服制度之

精鳥獸草木魚蟲之細分別部居各爲探索久乃劃除條例章句揉成作疏』原書可見他這部書先有一

番分類的草稿後來纚通貫成書所以全書沒有一點矛盾罅漏碩甫是段茂堂弟子最長於訓詁毛傳是

最古最好的訓詁書所以此書所疏訓詁最爲精粹至於禮數名物則毛傳闕而不詳鄭箋所補以這部分

爲多而碩甫不滿於鄭他『博引古書廣收前說大抵用西漢以前之說而與東漢人不苟同』例十九這

一點是他很用力的地方但成功如何我郤未敢十分相信總之這部書碩甫『畢生思慮會萃於茲』序自

語其價值與毛詩同懸天壤可斷言也

儀禮正義四十卷『續胡培翬擊竹村書力疾成書甫成而遽歸道山』己酉爲道光二十九年竹村正以其年七月卒然先生力疾成此書屬稿及告成年月難確考惟卷首有道光己酉十月羅惇衍序稱

則書亦成於其年』然則嘉慶十年前後已屬稿矣

竹村爲胡樸齋□裹之孫樸齋著有儀禮釋官甚精洽故儀禮實其家學竹村又受業凌次仲盡傳其禮學

所以著儀禮新疏的資格他總算了最適當了他以爲『儀禮爲周公所作有殘闕而無僞託鄭注而後惟賈

公彥疏盛行然買疏疏略失經注意』於是發憤著此書自述『其例有四曰補注補鄭君所未備也曰申

注申鄭君注義也曰附注近儒所說雖異鄭悟義可旁通廣異聞袪專已也曰訂注鄭君注義偶有違失詳

爲辨正別是非明折衷也』我們看這四個例就可以知道此書內容大概了。

春秋公羊傳義疏七十六卷考句定容惟陳立據句溪人雜著此卷六論語正義序云『我僅見經解續編本序例皆失載無從

爾雅焦氏孟子別作義疏孟子師劉楚楨包孟開兩先生赴鄉闈孟瞻師任左氏傳楚楨先生病論語而以公多羊蹂駮欲仿江氏則是書尚書邵氏郝氏述意著當

在道光八年時卓人年僅二十耳惟雜著有劉文淇（孟瞻）

則似癸卯時尚未有端緒雜著自序稱庚申出守滇南（不克履）任後躑躅道路不能著述又遭亂藏書盡

煖懷云論語正義序又言『近甫輯成稿本復棄於癸卯（道光二十三年）劉叔俛為作墓志銘則其遊楚越正在授雲

南甫靖府不克到任之後然則是書當成於癸卯間前後可十八年惟戊子至癸卯

間頃不備工夫亦當不少耳

注公羊的何邵公與鄭康成齊名自然是諸經注中之最好者但徐彥的舊疏容言敷衍毫無發明因為唐

時公羊之學久絕也難怪他然疏之當改造則學界所同認了凌曉樓嘗銳意以此自任晚年病風精力不

逮僅成公羊禮疏十一卷序據劉孟瞻句漢維著卓人為曉樓弟子繼師志以成此書此書嚴守「疏不破注」

之例對於邵公只有引申絕無背畔蓋深知公羊之學專重口說相承不容出入也其所徵引自董仲舒司

馬遷以下凡漢儒治公羊家言者殆網羅無遺清儒自孔莊劉以下悉加甄採而施以嚴正的裁斷禮制一

部分則多採師（凌）說而篤宗鄭氏程易疇金輔之駁正最多其於公羊家三世九旨諸說——邵公所

謂『非常異義可之怪論』者闡發無餘蘊不獨非巽軒所夢見即方耕申受亦遜其精銳在公羊學裏頭

大約算登峰造極的著作了讀此書序例徧久已忘記這段批評總要點我是二十七八年前曾

論語正義二十四卷寶應劉恭冕先生植之寶楠先生慎言柳恭叔與思陳叔立後序各云治『道光戊子君子先君子發策得論語先為文淇梅

數十互冊次乃薈萃折衷之……既而精力就衰某部分有叔俛所續雜確考李蒓客越咸豐乙卯將卒業也記謂所續為雍也篇

附 論語集注補正述疏十卷順德簡朝亮竹居著

論語學在漢有齊魯古三家自張禹合齊於魯鄭康成復合齊魯於古師法不可復辨何晏集解自言『集

諸家之善其不安者頗為改易』然去取多乖義蘊恟恟皇邢二疏益無所發明己疑其偽劉氏此書仍疏

何注叔�所述凡例云『注用集解者所以存魏晉人著錄之舊而鄭君遺注悉載疏內至引申經文實事皇疏近人

求是不專一家故於注義之備者則據注以釋經略者則依經以補疏其有違失未可從者則先疏經文次

及注義』據此可知他對於何平叔集解實深致不滿不過不得已而用之故各章之疏破注居半在諸疏

中算是最例外的了陳卓人說『視江孫邵焦諸疏義有過之無不及』我未細讀不敢多評大概總不錯

吧。

竹居疏晦翁集注當然與漢學家不同調但平心而論晦翁集注實比平叔集解強若把漢宋門戶擱在一

邊則疏他也何嘗不可只是竹居的疏我總嫌他空話太多一點。

左傳舊注疏證八十卷 儀徵劉文淇孟瞻著 子毓崧 伯山孫壽曾恭甫續未成

這部書始終未成真是學界一件憾事孟瞻伯山父子之學我們讀青谿舊屋通義堂兩集可以想見一斑

這部書之發起據陳卓人說是道光八年和論語正義公羊義疏同時動議的 見前 據伯山說『草創四十

年編已具然後依次排比成書。』 通義堂集卷 六先謙考 行略 但左傳卷帙如彼其繁卒卒業自屬大難孟瞻未及寫定而

卒伯山繼之時值亂離年僅五十卒迄未能恭甫又繼之年四十五卒至襄公而絕筆三世一經齊志踵

沒可哀矣 據國史儒 林傳稿 此書既未得見自無從妄下批評但據伯山所述知道他是革杜注的命左傳自劉歆

創通義訓後賈逵服虔兩注盛行自杜預剟竊成今注而舊注盡廢預助司馬氏纂魏許多詖邪之說夾在

注中所謂『餙經術以文詿言』者前人論之甚多大概不為冤枉這些且不管他至於盜竊成書總不能

不說是破壞著述家道德孟瞻父子．就是要平反這重公案此書體例．『先取買服鄭三君之注疏通證明．

凡杜氏所排擊者糾正之所剿襲者表明之其沿用韋氏國語注者亦一一疏記他如五經異義所載左氏

說皆本左氏先師說文所引左傳亦是古文家說漢書五行志所載劉子駿說實左氏一家之學又如經疏

史注及御覽等書所引左傳不載姓名而與杜注異者亦是買服舊說凡若此者皆稱為舊注而加以疏

證其顧惠補注及洪稚存焦里堂沈小宛等人專釋左氏之書以及錢戴段王諸通人說有可采咸與登列

末始下以己意定其從遠上稽先秦諸子下考唐以前史書旁及雜家筆記文集皆取為證佐期於實事求

是俾左氏之大義炳然復明』考行略此事成價值或為諸家新疏之冠也未可知今既不得見所以我

不嫌繁重把伯山的話全錄如右劉家子弟聞尚有人不審能把家藏稿本公之於世否就是缺了昭定哀

三公也無妨呀

周禮正義八十六卷 瑞安孫詒讓仲容著 同治季年草創光緒二十五年成

此書和黃儆季的禮書通故真算得清代經師殿後的兩部名著了此書重要的義例有如下諸點其一釋

經語極簡釋注語極詳就這點論和劉楚楨的論語正義相反蓋楚楨本不信任何氏集解仲容則謂『

鄭注詳博淵奧注明即經明義本一貫也』其二多存舊疏聲明來歷蓋買疏在諸舊疏中本較好原非孟

子偽孫疏公羊徐疏尚書偽孔傳之孔疏等可比也唐疏多乾沒舊義近儒重修時亦不免如胡竹村儀禮

正義襲用買疏處蓋不少而每沒其名仲容則絕不壞善於著述家道德守之最嚴其三雖極尊鄭注而不

墨守迴護他說『唐疏例不破注六朝義疏家原不盡然』且康成對於杜（子春）鄭（衆）亦時有糾正．

所以他竊比斯義『尋繹經文博稽衆家注有牾違輒爲匡糾』其四嚴辨家法不强爲牽合清儒沿禮嗜

博太過每揉雜羣書强事會通仲容謂『周禮爲古文學與今古師說不相同曲爲傅合非惟於經無會彌

復增其紛糾』所以他主於以本書解本書他書不合之處疏通別白使不相淆就這點論最合守約之法.

綜而論之仲容斯疏當爲清代新疏之冠雖後起者勝事理當然亦其學識有過人處也周禮本書價值就

問題迄未解決仲容極端的尊信是否適當原狠有商榷的餘地但這部書最少也是西漢末一種古籍就

令出於漢人理想的虛構也狠值得細心研究仲容這部疏總算替原書做一個大結束了.

以上所舉九部新疏四部（見附）十三經中已得九經了餘下四經還要附帶一講

一孝經　有善化皮鹿們（錫瑞）的孝經義疏但我未見不敢批評孝經價值本來僅等於禮記之一篇我想有

無不甚足爲輕重的.

二穀梁傳　這部傳可謂「數奇」據我所知邵二雲曾著一部穀梁正義像是未成他洪稚存有穀梁古注錢竹
汀邵君墓志銘說他著有穀梁正義在屬稿蓋二雲以五十四誤藥暴卒著作多未成也.其後梅蘊生槙之父擬著穀梁集解正義亦未
成而卒.薛壽鳧庵文集卷下未悟庵集後序云『丁亥戊子間先生欲仿孫氏尙書例撰穀梁集解蘊生時相過從有贈著各書看前文蘊生爲劉楚楨
生二劉及包孟開鄉關時彼此約當時楚楨結著書約』即指此事也.蘊生任公羊蘊生則任穀梁蘊生
中年咯血壽僅五十（見孟瞻所爲梅君墓志銘）故此書獨不成.所大概邵著擬另集古注（如孫氏尙書例）梅著擬仍疏范甯集解（如焦氏孟子例）但都未成

不必多講了.

三禮記　這部書始終未有人發心做新疏總算奇事.

四易經　做這部書的新疏我想怕是不可能的因為疏王韓舊注不獨清儒所不肯且亦沒有什麼引申發明的餘地除非疏李鼎祚的集解或另輯一注但漢儒異說紛歧徧疏亦窮於術「一邱之貉」在我們看是「兩姑之間難爲婦」所以或如焦里堂之空諸依傍獨抒己見（毛奇齡之仲氏易姚氏學等亦近此類　周易姚氏學）或如張皋文之專釋仲翔抱殘守缺全經通釋但非疏體（皋文之周易虞氏義）若要作一部「惠氏易漢學式」之新疏恐怕誰也沒有這種勇氣

以上所舉諸家新疏是否算已經把這幾部經完全弄明白這幾部經是否值得下恁麼大的工夫都是別問題

我不敢輕下判斷但和現行的十三經注疏比較最少有兩種優異之點第一每一部疏由一人獨力做成不像舊疏成於衆手第二每人只做一部疏不像孔賈輩之「包辦的」「萬能的」（此專指唐疏言幾部惡劣的宋疏更不足齒論）我們對於幾位著作家不能不十二分感服因爲他們的忠實和努力是狠不容易學的他們不爲名不爲利只是爲學問而學問把全生涯費在一部書卒能貫徹初志他們的學問有用無用另一問題但他們做學問的方法眞可學做一門學問便要把他的內容徹底了解凡一切關係的資料搜集一無遺漏着手著述之時先定計畫各有別裁每下一判斷必待衆證都齊之後（判斷對不對另一問題也許證據甚博而斷仍錯但待證乃斷便是忠實於學）所以這幾部書無論如何總是在學術史上有紀念的價值至於他們所以能著成這幾部書也非專靠他們個人之力九部之中兩部成於乾隆末年七部在嘉道以後實由先輩已經做過許多工作他們纔得利用而集其成倘使他們生於明代或清初也不能有這種成績所以我名之爲「清代經學的結晶體」有好事者能把諸書彙刻爲一編亦一佳話也

（辛）其他通釋羣經之著作清儒以經學爲學問中心凡筆記類如日知錄十駕齋養新錄東塾讀書記……等文集類如戴段阮錢……諸集等說經之文占大部分想完全了解清人經學這類書實極重要但內容旣不盡

屬於經我只得別標一題評他們的價值這裏有幾部書應該特提。

一朱竹垞彝尊的經義考三百卷這部書把竹垞以前的經學書一概網羅簿存目錄實史部譜錄類一部最重要的書研究「經史學」的人最不可少還有謝蘊山啓昆的小學考也是踵朱書而成其內容價值當於譜錄條下論之今互見於此。

一臧玉林琳的經義雜記三十卷這書若出在乾嘉以後並不稀奇因為他是康熙初年作品而饒有乾嘉學派精神所以要另眼看待這書久藏於家席慶間總由他的玄孫藏在東庽刊出有人說內一部分是在東所著駕美先人但無碻據不敢遽認為事實。

一王伯申引之的經義述聞三十二卷王石臞伯申父子為清學第一流大師人人共知這書名為「述聞」蓋伯申自言聞於石臞者其實他們以父子而兼師友此書亦可稱父子合作也這部書最大的價值在校勘和訓詁方面許多難讀或前人誤解的文句讀了他便渙然冰釋王氏父子理解直湊單微下判斷極矜慎所以能為一代所宗有能引經義述聞而駁之者世所稱「王氏四種」者乃此書與經傳釋詞讀書雜誌廣雅疏證合稱實則四種合起來總見得出王氏經學之全豹今為敍述方便起見那幾部在小學及子書兩條下別論。

一俞蔭甫樾的羣經平議十卷此書全應用經義述聞的方法繼續有所發明價值也僅下經義述聞一等。

平心論之清代風尙所趨人人爭言經學誠不免漢人『碎義逃難』『說三字至二十餘萬言』之弊雖其間第一流人物尙或不免承流望風者更不待言所以在清末已起反動現在更不消說無人過問了他們若能把精力和方法用到別的方面成就或者可以狠大僅用之幾部古經已覺十分可惜卽以經學論講得越精細越繁重越令人頭痛結果還是供極少數人玩弄光景之具豈非愈尊經而經愈遭殃嗎依我看這種成績只好存起

來算做一代學術的掌故將來有專門篤嗜此學之人供他們以極豐富的參考至於整理經學還要重新開一

條路令應讀之經——非全數都應讀也注意——人人能讀而且樂讀我雖然還沒有具體方法但大概在用簡明的方法解釋其

文句而用有趣味有組織的方法發明其義理義理方面另說文句方面則清儒替我們做過的工作實不少

大約清儒經學諸書名物制度一類聚訟不結者尚狠多訓詁一類工夫已經做到八九成這便是各位經師對

於一般人最大的貢獻了

（二）小學及音韵學

小學本經學附庸音韵學又小學附庸但清儒向這方面用力最勤久已「蔚爲大國」了方纔說他們最大的

貢獻在訓詁他們爲什麼能有這種貢獻就因爲小學音韵學成爲專門之業今爲敍述方便起見所以於經學

之外別立一節論他

「小學」是襲用漢人的語術實際上應該叫做文字學這門學問可以分爲兩大類一是研究一個字或一個

辭的意義二是研究字和辭的聯綴用法我爲下文說明便利起見杜撰兩個新術語第一類叫做「字義學」

第二類叫做「字用學」音韵學也是字義學的一部分所有小學書什有九是字義學字用學現在還幼稚得

狠哩

字義學卽是字典之學我國古來之字典有三種組織法 一以各字（或辭）所含意義分類組織爾雅方言釋

名廣雅等書便是二以各字的形體及所從偏旁分類組織說文玉篇等書便是三以各字的讀音分類組織切

韵集韵廣韵等書便是本節所講以第一二類歸入小學以第三類歸入音韻學

崇禎十五年出版之方密之以智通雅五十卷實為近代研究小學之第一部書體例略仿爾雅而門類稍有增（看第十二講

減方密之條）此書有許多新理解先乾嘉學者而發明但後來人徵引狠少不知何故爾雅一類書之專門的

研究蓋始於戴東原他著有爾雅文字考十卷其書成而未刻今恐已佚據自序所說原係隨手劄記之書大約

於舍人劉歆鄭樊光李巡鄭康成孫炎舊注多所蒐輯補郭注之漏正邢疏之失至於『折衷前古使爾雅萬七百

九十一言合之羣經傳記廉所扞格則俟諸異日』據此知東原對於整理爾雅尚有許多計畫此書尚非滿意

之作也其此類書現存者則有

方言疏證十三卷 休甯戴震東原著 互見本節音韵條

楊雄方言為西漢最好的小學書東原首先提倡他但這部書雖名為疏證然而注重校勘詮釋的工作尚少自

序說『廣按羣籍之引用方言及注者交互參訂改正偽字二百八十一補脫字二十七刪衍字十七逐條詳證

之』蓋自得此校本然後方言可讀四庫所著錄聚珍板所印行即此本也 段茂堂著東原年譜稱『東原曾將方言分寫於說文每字之上』亦是

一種整理次則

理法

爾雅正義二十卷 邵晉涵著見前

爾雅釋義十卷 釋地以下四篇注四卷 嘉定錢玷獻之著

爾雅義疏二十卷 郝懿行著見前

此為疏釋爾雅之專書皆乾嘉間作品爾雅這部書清儒認定他是周公所作把他捧得狠高依我們看不過西

漢末劉歆一派人將漢儒傳注采輯而成年代也許在方言之後但他把各字的性質意義分類排纂又不但解

釋單字而且兼及二字以上連綴而成的「辭」在當時確是一種狠進步的字典或辭典價值當然不朽淸儒

提倡小學於是這部書的研究日盛邵二雲的正義就是把戴東原所計畫的事業賡續成功在這門學問裏頭

算是創作郝蘭臯補綴一番愈益精密這兩部書的比較價值前節已論過不再贅了（錢著未細讀）此外有專釋

爾雅名物之書（如程瑤田通藝錄中釋宮釋草釋蟲諸小記任大椿之釋繒洪亮吉之釋舟劉寶楠之釋穀錢大昕之釋人等義）有釋爾雅著作體例之書（如王國維之爾雅草木鳥獸蟲魚釋例甚好惜僅限於一部分）有專輯爾雅古注之書（如臧庸之爾雅漢注黃奭之爾雅古注等）這部書經二百年學者之探索大概已發揮無餘蘊。

了又次則

釋名為漢末劉熙撰時代較說文稍晚這書體例和爾雅略同但專以同音為訓為以音韵治小學之祖釋名疏

證畢秋帆著實則全出江艮庭之手舊本譌脫甚多畢江據各經史注唐宋類書及道釋二藏校正之復雜

引爾雅以下諸訓詁書證成其義雖尚簡略然此二書自是可讀其最博洽精覈者則

釋名疏證八卷補遺一卷續釋名一卷（鑛洋畢沅秋帆著）

廣雅疏證十卷（高郵王念孫石臞著）

廣雅為魏張揖撰著出爾雅方言釋名之後搜集更博石臞本著先校正其譌舛繼詮釋其義訓（校正譌字五百八十脫者四百九十

衍者三十九先後錯亂者百二十三正文誤入正文者五十七）自序其著作宗旨及體例云『訓詁之旨本於聲音故有聲同字異

聲近義同雖或類聚羣分實亦同條共貫……此之不寤則有字別為音音別為義或望文虛造而違古義或墨

守成訓而尟會通……今則就（古音以求古義引申觸類不限形體……其或張君誤采博考以證其失先儒誤

說參酌而竄其非『所謂』就古音以求古義引申觸類。實清儒治小學之最大成功處。而這種工作又以高

郵王氏父子做得最精而最通廣雅疏證實為研究「高郵學」者最初應讀之書讀了他再讀讀書雜誌經傳

釋詞經義述聞可以迎刃而解石臞七十六歲纔着手著此書每日限定注若干個字一日都不曠課到臨終前

四年纔成石臞八十九年所以這部書可算他晚年精心結撰之作昔酈道元作水經注論者咸謂注優於經廣雅原書

雖尚佳還不算第一流作品自疏證出張稚讓倒可以附王石臞的驥尾而不朽了以石臞的身分本該疏爾雅

纔配得上因為邵疏在前恥於蹈襲所以走偏鋒便宜了張稚讓然和郝蘭皋相比蘭皋也算笨極了此外應附

記者有

小爾雅疏八卷 上虞王煦汾原著

小爾雅訓纂六卷 長洲宋翔鳳于庭著

小爾雅疏證五卷 嘉定葛其仁鐵生著

小爾雅義證十三卷 涇縣胡承珙墨莊著

小爾雅本是偽孔叢子中之一篇清儒因他存輯漢人訓詁不少抽出來單行研究以上四書大略同時所著不

相謀而各有短長也算是走偏鋒而能成家的。

以上各書都是清儒把漢魏以前分義編纂的字典用極綿密的工作去解釋成績真可佩服至於他們新編的

字典則有

經籍纂詁一百六十卷 儀徵阮元芸臺編互見類書條

這部書是阮芸臺任浙江學政時候手創義例命詁經精舍學生藏在東廡臧禮堂和貴洪筠軒頤烜洪百里震煊陳仲魚鱣周鄭堂（中孚）等二十幾位分途編輯的各字依佩文韻府的次序排列每字的解釋專輯集古書成說．所收者約爲下列各種．一古經古子本文中之訓詁（如「仁者人也義者宜也」「元者善之長也亨者」之類所以子書訓詁最晚者爲顏氏家訓）二經注（以十三經注疏所輯古佚爲主佐）三漢魏以前子書及古史注（下至國語韋注戰國策呂覽淮南子楊子高注等）四古史部集部注（限於漢書史記裴駰集解司馬貞索隱張正義漢書顏注三國志裴注楚辭王注文選李注）五小學古籍（爾雅方言說文廣雅釋名小爾雅字林埤蒼蒼頡篇類篇說文繫傳匡謬正俗經典釋文一切經音義通俗文隸釋隸續等音義翻譯名義等）．唐以前訓詁差不多網羅具備眞是檢查古訓最利便的一部類書這書雖依韻編次但目的並非在研究韻學所以我不把他編在音韻條而編在本條．

最簡朴的古字典方出在爾雅以前爲漢書藝文志所述的秦時李斯的蒼頡七章趙高的爰歷六章胡母敬的博學七章．漢興閭里書師把這三種揉合起來每章六十字共五十五章名爲蒼頡篇其後司馬（漢志說史籀十五篇周宣王時書師我們不相信）相如的凡將史游的急就揚雄的訓纂班固的續訓纂相繼而起這類字典狼像後世的千字文百家姓又像醫家的湯頭歌訣挑選幾百或幾千個單字編成韻語意義聯貫專備背誦之用並沒有什麼訓釋西東漢之交研究日趨細密便把所有的字分起類來——指事象形會意形聲轉注假借謂之六書（六書兩字始見周禮其次爲說文序東漢人說是起自周公時我們不相信大概是揚雄劉歆班杜林這小學家研究出來的）和帝永元間許叔重根據六書義例以各字的形體及所從偏旁分類著成一部說文解字遂爲秦漢以來小學一大結束又爲後來字書永遠模範．說文這部書清以前的人並不十分作與他宋元明徐鉉徐鍇李燾邱衍等雖間有撰述然發明甚少或反把他紊亂了明末有一羣文學家好用僻字拿來當枕中鴻秘但並不了解他的價值和作用（顧亭林攻擊他趙光宦著說文長箋）

明清之交方密之算是最初提倡說文的人，在通雅中常常稱引或解釋，康熙一朝經學家雖多但對於說文也並沒有人十分理會，乾隆中葉惠定宇著讀說文記十五卷實清儒說文專書之首，而江慎修戴東原往復討論六書甚詳盡，東原對於這部書從十六七歲便用功起，雖沒有著作然傳授他弟子段茂堂自是說文學風起水湧，占了清學界最主要的位置，謝蘊山啓昆小學考說當時關於說文的名著有三部。

說文解字正義三十卷 海甯陳鱣仲魚著

說文統釋六十卷 嘉定錢大昭晦之著

說文解字注三十卷 金壇段玉裁茂堂著 小學考作「說文辨字誼」想是原名後來很少人知道。

茂堂的說文注盧抱經序他說『自有說文以來未有善於此書者』卷十 小學考引 王石臞序他說『千七百年來無此作』本書卷首。百餘年來人人共讀幾與正經正注爭席了，說文自唐宋以來經後人竄改或傳鈔漏落顛倒的不少，茂堂以徐鉉本爲主而以已意推定校正的狠多，後人或譏其武斷所以段注訂著 鈕樹玉 八卷 段注匡謬著 徐承慶 八卷 段注考正 馮桂芬 十六卷 一類書繼續出得不少，內中一部分誠足爲茂堂諍友茂堂此注前無憑藉，在小學界實一大創作，小有舛誤毫不足損其價值，何況後人所訂所匡也未必盡對呢，茂堂又最長韻學訂古韻爲十七部每字注明所屬之部由聲音以通訓詁王石臞序最稱贊他這一點，我想這點自然是他的好處但未足以盡之。

錢陳兩書未見不知有無刻本，錢書有自序述十例『一疏證以佐古義二音切以復古音三考異以復古本四辨俗以證譌字五通義以明互借六從母以明孳乳七別體以廣異義八正譌以訂刊誤九崇古以知古字十補字以免漏落』小學考引。晦之爲竹汀弟其書應有相當價值，陳仲魚書阮芸臺謂其『以聲爲經偏旁爲緯』論語古訓

序引
考引

小學果爾，則當與後此姚文田朱駿聲各書同體例（參看次段），但書名「正義」似是隨文疏釋，頗不可解。

自段注以後關於說文之著作，如嚴鐵橋可均之說文校議（卷三十）、錢獻之坫之說文斠詮（卷十四），皆主於是正文字。而嚴著號稱精核，其通釋之書最著者則

說文義證五十卷（曲阜桂馥未谷著）

說文釋例二十卷（安邱王筠箓友著）

說文句讀三十卷（同上）

桂書與段書不同之處，段氏勇於自信，往往破字創義，然其精處卓然自成一家言。桂書恪守許舊，無敢出入，惟博引他書作旁證，又皆案而不斷。言桂之識力不及段，自無待言，但每字羅列羣說（頗似經籍纂詁），觸類旁通，令學者紬索而自得（不爲著者意見所束縛），所以我常覺得桂書比段書更爲適用。但王箓友釋例爲斯學最闓通之著作（價值可與凌次仲禮經釋例、劉申受公羊釋例相埒），凡名家著書必有預定之計畫，然後駕馭材料，即所謂義例是也。但義例狠難詳細臚舉出來（近人著述方法進步，大率自標凡例以便讀者，然終不令能十分詳盡，古人則用此注者尚少），說文自大徐鉉以後竄亂得一塌糊塗，已爲斯學中人所公認，怎麼樣纔能全部釐整他呢？必須發見出原著者若干條公例，認定這公例之後，有不合的便知是竄亂，能執簡御繁。戴東原之校水經注即用此法。段茂堂之於說文，雖未嘗別著釋例，然在注中屢屢說「通例」如何如何（我們可以輯一部「說文段注例」），他所以敢於校改今本，也是以他所研究出的「通例」爲標準。箓友這部釋例就是專做這種工作，他所發見的例是否都對，我不敢說（但我覺得六七成對的），但他的創作力足以與茂堂對抗，灼然無疑了。說文句讀成於釋例之後，隨文順釋全書，自然與段氏不盡同者五事，一刪篆、二一貫

三反經四正雅五特識見自序文　此書最後出而最明通最便學者

學者如欲治說文我奉勸先讀王氏句讀因爲簡明而不偏詭次讀王氏釋例可以觀其會通驟讀釋例不能了

解段注呢他是這門學問的「老祖宗」我們不能不敬重他但不可爲他意見所束縛或與句讀亦可　桂氏義證攈

在旁邊當「顧問」有疑義或特別想求詳的字便翻開一查因爲他材料最豐富其餘別家的書不讀也罷了

用我的方法三簡月足可以讀通說文我狠盼望靑年們送

一箇暑假的精力給這部書因爲是中國文字學的基礎

清儒之治說文本由古韻學一轉手而來．所以段注後頭附一部六書音韻表注中各字於韻特詳戴東原的轉

注二十章序說『昔人旣作爾雅方言釋名余以爲猶闕一卷書……』這「一卷書」是什麼呢就是以音韻

爲主的新字典陳仲魚的說文正義『以聲爲經偏書爲緯』像是就想做這一卷書後來姚秋農文田錢溉亭

塘各著說文聲系錢二十四卷苗仙籚夔著說文聲讀表卷七嚴鐵橋可均著說文聲類卷二張皋文惠言著說文諧聲

譜卷二十　其他同類的作品尙不下十餘家最後則有

說文通訓定聲十六卷吳縣朱駿聲允倩著

這些人都像是因東原的話觸發出來．想把說文學向聲韻方面發展而朱氏書最晚出算是這一羣裏頭最好

的這部書把全部說文拆散了從新組織『舍形取聲貫穿聯綴』凡例語同　各字分隸於他所立古韻的十八部之

下『每字本訓外列轉注借假二事』『凡經傳及古注之以聲爲訓者必詳列各字之下標曰聲訓』雙聲字

『命之曰轉音』總算把說文學這一片新殖民地開闢差不多了．可惜少了一張表者姚秋農是這一派的先登

得不

好

此外尚有對於說文作部分的研究者如因說文有徐氏新附入之字往往與本文混亂於是有說文新附考一類書鄭珍著〔六卷〕因說文引經多與今本有異同於是有說文引經考一類書〔吳玉搢著二卷 陳瑑著八卷 臧禮堂著二卷 莊述祖著六卷〕因鐘鼎文字學發達的結果對於說文中之籀文引起研究興味於是有說文古籀疏補一類書〔潘祖蔭著一卷〕此外這種局部的著述還不少真算燦爛極了。

憑麼多關於說文的書這門學問被他們做完了沒有我說還不會第一件從姚秋農到朱允倩所做聲系一類書我都認爲不滿意因爲他們都注重收音忽略發音還不配戴東原所謂「那一卷書」我對於這項意見曾發表過從發音上研究中國文字之源一篇短文〔見梁任公近第一輯下〕第二件說文的會意字還沒有人專門研究說文標明「會意」的字雖不多但凡云『從某從某』或云『從某從某省』都是會意云『從某某亦聲』者都是形聲兼會意而且依着『聲系一派』〔如我所說的發音的〕來源總算徹底的主張每字所諧的聲都有意義然則形聲字的全部都是會意了會意字既如此其多我們用社會學的眼光去研究可以看出有史以前的狀況不少這是文字學上一件大事業這項意見我二十年前曾發表過國民語原解一篇短文〔見飲冰室叢書〕可惜我的見解都未成熟〔尤其要不得〕近來學問興味又不向這方面發展大概不會再往前研究了但我確信這兩條路是可走的狠願意推薦給後起的青年們。

以上把字義學的成績大概說過了附帶着要說說『字用學』最初的字總是從實物或實象〔如方位數目之類〕〔如純客觀的一定之象〕造起漸漸到人類的動作〔係人類和外界發生關係兼主客兩體而成〕漸漸到人類的心理漸漸到純抽象的名詞文字發展的次第大概如此動作心理等已經有大部分來不及造用舊字假借。

還有所謂「語詞」的一部分發語詞接續詞感歎詞停頓詞疑問詞等等。最初純用口語或手勢表現根本就沒有這類字書本上

這類字都是假借同音之字來充數的。然而音是古今時時變化地方又各各不同既沒有一定之字便隨人亂

用。（例如「乎」「無」「麼」「嗎」本是一個音變化出來但現在讀去音已經狠不同字形更是渺不相屬）而且用法間擺在一句話之類也常常因時而異因地而異

因人而異。古書所以難讀最主要的就是這部分（不獨古書白話亦然）所以有眼光的小學家發心做這部分工作替後人

減除困難。清儒頭一部書是

助字辨略五卷（確山劉淇南泉著）

南泉是素不知名的一位學者這部書從錢警石（曝書雜記）劉伯山（通義堂集）先後表章纔漸漸有人知道。書成於康熙初

年。而和王伯申暗合的極多伯山都把他們比較列出（伯申斷不是剿竊的人然是沒有見過這部書）當清初許多怪學者南泉也算其

一了。至於這門學問的中間自然要推

經傳釋詞十卷（高郵王引之伯申著）

伯申以為『自漢以來說經者宗尚雅訓凡實義所在既明著之矣而語詞之例則略而不究。或即以實義釋之。遂使其文扞格而意亦不明』（自序語下同）他拿許多古書比較研究發見出許多字是『其為古之語詞較然甚著。揆之本文而協驗之他卷而通雖舊說所無可以心知其意者』他於是『引而伸之以盡其義類自九經三傳及周秦西漢之書凡助語之文徧為搜討分字編次』成了這十卷書。我們讀起來沒有一條不是渙然冰釋怡

然理順而且可以學得許多歸納研究方法真是益人神智的名著了。後此從伯申脫化出來而範圍更擴大者則有。

古書疑義舉例七卷德清俞樾蔭甫著

蔭甫發見出許多古人說話行文用字之例_{卷一至卷四}又發見出許多後人因誤讀古書而妄改或傳鈔譌舛以致

失眞_{例卷五至卷七}上半部我們可以叫他做『古代文法書』下半部可以叫他做「校勘祕訣」王俞二書不

過各兩小冊我想凡有志讀秦漢以前書的人總應該一流覽的最後則有

文通十卷丹徒馬建忠眉叔著

眉叔是深通歐文的人這部書是把王俞之學融會貫通之後仿歐人的文法書把語詞詳密分類組織而成的

著書的時候是光緒二十一二年他住在上海的昌壽里和我比鄰而居每成一條我便先覩爲快有時還承他

虛心商榷他那種研究精神到今日想起來還給我狠有力的鞭策至於他創作的天才和這部書的價值現在

知道的人甚多不用我贊美了

音韻學爲清儒治經之副產物然論者或謂其成績爲諸學之冠我素來沒有研究完全外行對於內容得失不

敢下半句批評只把這門學問的來歷和經過說說還怕會說錯哩

清代的音韻學從一個源頭上分開兩條支路發展一是古韻學一是切韻學

古韻學怎樣來歷呢他們討論的是那幾椿問題呢稍有常識的人總應該知道現行的佩文韻府把一切字分

隸於一百零六個韻_{上下平聲合三十上聲二十九去聲三十入聲十七}韻本於南宋的禮部韻略_{韻略百七部比韻府多一部}

廣韻卻是分爲二百零六部現在韻書最古而最完備的莫如廣韻所以研究此學都以廣韻爲出發點爲什麼

由二百零六變爲一百零七這是唐宋後音變的問題古韻家懶得管他廣韻二百六部分得對不對這是唐音

的問題古韻家也懶的管他他們所討論者專在三代秦漢甚候韻之分部如何古書中如易經詩經楚辭老子

等幾乎全書都協韻然而拿廣韻和韻略比對起來郤什有九並不同韻宋以來儒者沒有法子解釋這緣故只

好說是「借叶」(本不同韻勉强借來叶的)清儒以為漫無範圍的亂借亂叶豈不是等於無韻嗎所以他們反對此說一定

要找出古人用韻的規律來換句話說就是想編一部「古佩文韻府」

清代音韻學的鼻祖共推顧亭林他著有音學五書(一音論二易音三詩本音四唐韻正五古音表)為生平得意之作凡經三十年五易

其稿自言「據唐人以正宋人之失據古經以正沈氏(約)唐人之失而三代以上之音部分秩如至賾而不

可亂」同時柴虎臣(紹炳)毛稚黃(先舒)等皆治此學有著述而理解遠不逮亭林毛西河喜立異爭名專著書和

亭林作對(韻書名曰今通韻凡十二卷)然而所說話毫無價值沒有人理他亭林以後中興此學者為江慎修著古韻標準慎修

弟子戴東原著聲類表聲韻之考東原復傳其弟子段茂堂王石臞孔巽軒茂堂著六書音韻表據以注說文石臞

巽軒都各有撰述(石臞書近由上虞羅氏印行巽軒書名曰詩聲類)而段王後輩有江晉三有誥著音學三書亦頗多創獲要之乾嘉以

後言古韻者雖多而江戴門下薪火相傳實為其中堅

他們最主要的工作是研究古韻分部他們以為廣韻二百六部乃唐以後聲音繁變派衍出來的古代沒有那

麼複雜所以要把他歸併成若干部以求合古人所用之韻

這種工作不始於清儒宋朝的鄭庠是最先研究的他把二百六部歸併成六部亭林拿他作研究基礎析為十

部慎修又析為十三部茂堂又析為十七部東原析為十八部巽軒析為十九部石臞析為二十一部晉三也是

二十一部而和石臞又微不同東原所謂『以漸加詳』也後人雖於諸家互有從違然狠少能出其範圍

我想讀者一定要發問『二百六部規定爲六部十部……不太少嗎怎樣歸併法呢』

勿驚廣韻的二百六部係兼包平上去入四聲的四聲雖有清濁高低舒促之別韻總是一貫所以拿平聲可以

代表上去入廣韻的平聲也只有五十七部將五十七歸併爲六或二十一並非不可能之事歸併到怎樣程度

纔能和古書所用的韻胳合便是他們苦心研究的第一個問題

平聲和上聲去聲是容易印合的「東」「凍」「動」一讀下去當然知道是同部惟有入聲最囉嗦每每調

不出來廣韻平聲有五十七韻入聲只得三十四韻對照起來便有二十二韻只有平上去而無入到底這三十

四個入聲的該如何分配最足令講古韻的人頭痛這是他們苦心研究的第二個問題許多辨難都從此起

讀以上所講大概可以知道他們問題焦點所在了爲力求明晰起見將鄭庠顧炎武江永段玉裁四家所分類

列出一張表把這表說明之後再說戴孔王諸家所以異同之故

鄭顧江段古韻分部比較表

鄭氏六部 平聲	鄭氏六部 入聲	顧氏十部 平聲	顧氏十部 入聲	江氏十三部 平聲	江氏十三部 入聲	段氏十七部 平聲	段氏十七部 入聲
1 東冬江陽庚青蒸	屋沃覺藥陌錫職	9 蒸登	無	10 蒸登	無	6 蒸登	無
		8 耕庚清青	無	9 庚耕清青	無	11 庚耕清青	無
		7 陽唐	無	8 陽唐	無	10 陽唐	無
		1 東冬鍾江	無	1 東冬鍾江	無	9 東冬鍾江	無

（表的說明）

一．將廣韻五十七個平聲韻挑出三十個當代表，<small>此三十個就是現行佩文韻府所采用</small>再將他分成六部，這是鄭氏作始之功。

（第一表）

6	5	4	3	2
侵覃鹽咸	蕭宵尤豪	先真文元寒刪	魚虞歌麻	支微齊佳灰
緝合葉洽	無	屑質物月曷黠	無	無

（第二表）

10	5	4	6	3	2
咸銜嚴 侵覃談鹽添	蕭宵肴豪 尤幽	真諄臻文欣 元魂痕寒桓 刪山先仙	歌戈麻	魚虞模侯	支脂之微齊 皆灰咍
洽狎業乏 緝合盍葉怗	屋沃燭覺	無	無	藥鐸陌	質術櫛物迄 月沒曷末黠 薛屑 陌麥昔錫 職德

（第三表）

13	12	11	6	5	4	7	3	2
覃談鹽添咸 銜嚴凡	侵	尤侯幽	蕭宵肴豪	元寒桓刪山 先仙	真諄臻文欣 魂痕	歌戈麻	魚虞模	支脂之微齊 皆灰咍
合盍葉怗狎 業乏	緝	屋沃燭覺	無	月曷末黠鎋 屑薛	質術櫛物迄 沒	無	藥鐸陌	麥昔錫職德

（第四表）

8	7	3	2	14	13	12	17	5	4	16	15	1
凡覃談咸銜嚴	侵鹽添	尤幽	蕭宵肴豪	仙元寒桓刪山	諄文欣魂痕	真臻先	歌戈麻	魚虞模	侯	支佳	脂微齊皆灰	之咍
合盍洽狎業乏	緝葉怗	屋沃燭覺	無	無	無	質櫛屑	無	藥鐸	無	陌麥昔錫	術物迄月沒 曷末黠鎋 薛	職德

二．把鄭氏的第一部東冬江陽青蒸（庚青蒸）析爲四部．一東冬鍾江二陽唐三庚耕清青四蒸登　是顧氏的發明江段無改．

三．鄭氏的第二部支微（佳灰齊）顧江無改段氏把他析爲三部皆灰三支佳齊之咍二支佳齊　這是段氏的大發明東原石臞都

四．鄭氏的第三部魚虞模（歌麻）顧氏析爲二一魚虞模二歌麻侯二魚虞模江氏因之但把「侯」剔出歸併「尤幽」部段氏則既不以「侯」合「魚虞模」也不以合「尤幽」完全令他獨立所以共析成三部這部分的問題以「侯」之分合爲最主要．

五．鄭氏的第四部真文元（寒删先）顧氏因之江氏析爲二一真諄臻文欣魂痕二元寒桓删山先仙段氏復將江氏第一類析爲二變成「真臻」「真」和「文」之分是段氏特點

六．鄭氏的第五部尤蕭宵肴豪顧氏因之江氏析爲二一蕭宵肴豪二尤侯幽段氏因之但將「侯」剔出另立部「侯」和「尤」之分是段氏特點

七．鄭氏的第六部侵覃（添咸銜嚴凡鹽談）顧氏因之江氏析爲二一侵二覃談鹽添咸銜嚴凡段氏因之但割「鹽添」合於侵

八．以上爲平聲五十七部之分合變遷比較的還容易了解最麻煩的是入聲分配問題另加說明

九．顧氏入聲性質剖析逐漸精密的表徵是將入聲的分配和鄭氏幾乎全相反除鄭第六部與顧第十部相同外鄭第一第四部有入聲顧無鄭第二第三第五部無入聲顧有．鄭氏六部有入聲者僅三顧氏十部有入聲者四江氏十三部有入聲者七段氏十七部有入聲者八這

十．顧江段公認爲無入聲者五部一東冬鍾江二陽唐三庚耕清青四蒸登五歌戈麻江段認爲無入聲者

一都蕭宵肴豪

十一．入聲中問題較少者「緝合」以下九韻配「侵覃」以下九韻「質櫛」配「眞臻」「屑」配「

先」其餘皆有問題．

以上把四家異同之點大概說過以下把餘人改正的部分略說．

一．戴東原之特點戴雖爲段之師然其聲類表實作於段氏六書音韻表之後進一步研究他最主要的發

明（一）將段氏的「脂」部再剖析立「祭泰夬廢」一部此部有去聲而無平上（二）將「緝合」

以下九韻另爲一部此部有入聲而無上去蓋四聲之分本起六朝古人無此戴氏分部不限平聲是其通

識其餘入聲之分配各部亦頗有異同不具述．

二．孔巽軒之特點巽軒對於段析「東」「冬」爲二併「眞文」爲一亦別出「緝合」等九韻爲一部

共十八部

三．王石臞之特點石臞工作專在剖析入聲他別立「質」「月」「緝」「盍」四部合諸段氏所分共

爲二十一部．「質」「月」二部皆有去而無平上「緝」「盍」二部則無平上而並無去．

四．江晉三之特點晉三亦分二十一部但不與王氏同其分「東」「冬」爲二同孔氏「祭」部獨立同

戴氏入聲則別立「葉」「緝」兩部晉三於戴孔之書皆未見信上說據段茂堂蓋暗合非蹈襲也．

以上重要之古韻說略具此後尚有莊葆琛之十九部張皋文之二十都乃至近人之二十三部二十八部等大

抵衍江戴段王之緒稍事補苴不復述至於各家所說誰是誰非。我完全外行不敢參加討論。

古韵學研究的對象在各字的收音還有專從發音方面研究的名為切韵學是用舊話來比附也可以說古韵學是研究疊韵切韵學是研究變聲

切韵之學起於東漢孫炎以兩字切成一字之音實我國音學初祖後來魏李登作聲類書已佚見隋書經籍志始整齊而

衍其緒隋陸法言作切韵書已佚近在燉煌石室發見唐寫殘本為後此廣韵所自本自梵語隨佛典入中國中唐以後釋神珙釋

守溫仿之創立字母為斯學別創一蹊徑即「見溪羣疑」第三十六母是也宋人用之以治舊有之反切則為

等韵學直到今日創立注音字母及其他新字母之種種研究皆從孫炎陸法言守溫所走的線路逐漸發展出

來。

清代切韵學也是顧亭林提倡起他的音論論發音原理的不少。但亭林最大的成績還在古韵學其對於切韵學的貢獻像還比不上方密之看第十亭林弟子潘次耕來著類音四庫提要述其內容云「未受業於顧炎武

炎武之韵學欲復古人之遺末之韵學則務窮後世之變其法增三十六母為五十母每母之字橫播為開口齊

齒合口撮口四呼四呼之字各縱轉為平上去入四聲四聲之中各以四呼分之……」據此可知次耕的工作

全在創新字母尤當注意者字母和四聲的關係實近來新字母學一個頗費討論的問題次耕已顧及了類音

這書我未得見但逐初堂集裏頭有聲音元本論南北音論古今音論全分音論反切音論等篇讀之可見其學

說大概他說『聲音先文字而有聲止於一字則多寡不論或一音而數字或有音而無字後世字書韵書不得

其書見則如散錢亂卒而不可整齊』他極贊字母為發天地之密但以為舊行三十六母『有複有漏』

他把複的刪去之與「照穿牀泥」例如「娘徹澄孃」而別增其缺漏者十餘母他最注重「無字之音」說道『今所釐正皆出

乎天然天然者人所本有之音也本有之音而不能盡出則以習誦有字之音罕道無字之音也。大抵次耕的

目的在把中國人口裏所說得出的音都搜齊改造一套科學的合理的字母他的成績如何我不敢說眼光總

算高極了同時吳修齡喬亦治此學「以二合翻切收盡諸法立二十四條以盡諧聲之變」斥守溫爲「無知

妄作貽毒後人」記見廣陽雜 其書今不傳
卷四

康熙末則劉繼莊獻廷治此學他曾從幾位怪僧研究等韻又曾見過吳修齡但他說『修齡於天竺陀羅尼泰

西蠟頂（卽羅馬字）天方蒙古女直諸書皆未究心特震旦一隅之學耳』他創的新字母以三十二音爲韻

父二十二音爲韻母橫轉各有五子又可以用來譜四方土音他的書名新韻譜可惜久已失傳了
看他所著廣
陽雜記及結

乾嘉大師之音韻學全部精力耗在古韻上頭但江愼修的音學辨微講切韻的地方也不少戴東原著轉語二

十章已佚其自序曰『人之語言萬變而聲氣之微有自然之節限……今各從乎聲以原其義聲自微而之顯

言者未終聞者已解辨於口不繁則耳治不惑人口始喉下抵唇末按位以譜之其爲聲之大限五小限各四於

是互相參伍而聲之用蓋備矣……凡同位則同聲同聲則可以通乎其義……』此書專由聲音以究訓詁爲

戴氏獨得之學後此王氏父子卽應用此法卓著成績然固是切韻之學非古韻之學也此外則錢竹汀亦極意

切韻考證沿革及新創理解頗多 看十駕齋養 當以吾鄉先輩陳蘭甫先生澧的切韻考爲絕作書凡六卷附外篇三卷自言『僕
新錄卷五

專門研究古代切韻 孫炎至 陳
隸法言

考切韻無一字漏略蓋專門之學必須如此但恐有武斷處如段茂堂之於說文耳僕爲此甚辛苦若有證誤亦

埒亭集中
劉繼莊傳

猶亭林先生之古韵後人因而加密可耳」與

其書取廣韵中所錄陸法言切韵之反切語紅如「東德

綜合剖析爲科學的研究『切韵之法以二字爲一字之音上字與所切之字

紅如「東德雙聲下字與所切之字

疊韵』語見卷一他把上字——即雙聲字分爲四十類他說切韵最要緊是辨清濁

清濁所由定故四十類中復分爲清聲二十一類濁聲十九類他說這四十類所用字『實孫叔然（炎）以來

師師相傳以爲雙聲之標目無異後世之字母」

ch者四如chi者三如s者三如g者一如k者二如B者二如Ph者一如d者一如

如JS者二如x者二如uh者二如p者三如hs者一如sh者一如j者一如m者一如y者三如u者二如Js者三qu者一如e者一如n者

二如Xh者一共爲二十種發音其重複者當是從前實有分別而現在已經分不出來

發音大約盡於此了以上都是說上一字的雙音至於下一字的疊韵則依廣韵以四聲爲類

他於是做成一篇表分爲兩卷『取廣韵每一音之第一字以其切語上字聲同類者直寫之下字韵同

類者橫寫之平上去入相承編排』守溫以前中國固有的字母及其用法大略可考見了

這部書除對於切韵本身嚴密研究發明外還有附帶的價值他對於切韵學發達的歷史敍述得詳贍而有體

要他的外篇有一張表切韵和守溫字母對照對於守溫的長短得失批評得最爲公平

唐以後韵學專門研究的狠少亭林唐韵正以後像沒有幾部書也許是宋以後更不必說了依我看倒是越近

越要緊我們研究這門學問的目的是要想知道現在中國話的來歷秦漢以前古韵雖講得甚明中間已脫去

一截了人的口音日日轉變古有今無古無今有的不知凡幾若能仿錢竹汀研究『古無輕唇音』的法子

駕齋叢新
錄卷五

研究得若干個原則真是學界之寶依我想做這種工作有兩條路可走用廣韵及經典釋文之音和

禮部韵略洪武正韵佩文韵府之音和現在讀音逐一比較此其一隋唐以來翻譯佛典盛行元代和中亞細亞

及歐洲皆來往頻繁中葉以後則歐人東來譯語輸入累代所譯名詞現在尚有大部分有原語可以對照從

這裏面最可以調查出各時代的讀音知道讀音之後便可以求出變化的原則例如 Bhud 用現在話該譯作

「布達」而佛經谷譯作「佛陀」因這個「佛」字我們可以推定唐時還沒有「發音竹汀所謂「古無輕

唇音」至唐猶然因這個「陀」字我們可以推定唐時「歌」「麻」不分或者只有歌韵而無麻韵從這方

面用心研究或者有意外收穫也未可知此其二此外在各家筆記詩集中也許有零碎而可寶的資料例如蘇

東坡的雙聲詩（或稱口吃詩）『江干孤居高關扃』『皓鶴下浴紅荷湖』用廣東話讀起來前一句都是 K 發音後

一句都是 h 發音煞是可笑當時以此作游戲可見其發音必同一用現在北京話讀便是好幾個字不同發音

了某種音某時失掉從這些地方都可以看得出來（例如法國語 h 發音已經失掉許多字頭一母爲 h 者都省卻不念我們亦然原來的 h 發音多變爲 ch 拿廣東話和北京話比對可見廣東宋舊音也）

我想這是音韵學的新殖民地清儒還未有開闢有志的青年不妨試試

方言學是音韵學極重要一部門所以最古的小學家揚雄便注意到他清儒這方面用力狠少次耕繼莊雖

知到注重但他的成績如何今已不可考了直到章太炎（炳麟）纔特別提倡太炎是現代音韵學第一人他的

文始由音衍訓直湊單微他還有一部新方言極有價值但這件事總算各地方人分擔研究纔能得相當資

料恐怕非組織學會不可

研究方言學主要目的要發見各地方特別發音的原則像陳蘭甫先生的廣州音說（東塾集卷一）把廣東話和北京

中國近三百年學術史

二三一

9027

話不同的那幾點提出綱領來纔算學者的著述．

十四　清代學者整理舊學之總成績（二）──

　　── 校注古籍　辨偽書　輯佚書

（三）校注先秦子書及其他古籍

自清初提倡讀書好古之風學者始以誦習經史相淬屬其結果惹起許多古書之復活內中最重要者爲秦漢以前子書之研究此種工作頗間接影響於近年思想之變化次則古史書地理書等之研究足以補助文獻學的也不少．

關於子書研究的最後目的當然是要知道這一家學說的全部眞相再下嚴正的批評．但是想了解一家學說最少也要把他書中語句所含意先看得明白．然而這些先秦古書都是二千年前作品所用的字義和語法多與今不同驟讀去往往不能索解而且向來注家甚少或且並沒有人注過不像那幾部經書經許多人揣摩爛熟所以想研究子書非先有人做一番注釋工夫不可．注釋必要所注所釋確是原文否則『輩燭』『鼠璞』動成笑話．而眞意愈晦不幸許多古書展轉傳鈔傳刻譌舛不少還有累代妄人瞎臆竄改越發一塌糊塗所以要想得正確的注釋非先行（或連帶着）做一番校勘工夫不可．清儒對於子書（及其他古書）之研究就

順着這種程序次第發展出來．

注釋之學漢唐以來已經發達的狠燦爛．清儒雖加精密也不能出其範圍所以不必多講校勘之學爲清儒所

特擅其得力處真能發蒙振落，他們注釋工夫所以能加精密者，大半因爲先求基礎於校勘，所以我在論次他們所校注的古書以前，先把『前代校勘學的特質』說說。（史炎等所說不限於校勘古書，凡經一切校勘都包在內，請注意。）

校勘之意義及範圍有多種，方法當然隨之而異。第一種校勘法是拿兩本對照，或根據前人所徵引記其異同，擇善而從。因爲各書多有俗本傳刻，因不注意或妄改的結果，發生譌舛，得着宋元刻本或精鈔本或舊本，雖不可得見，而類書或其記古籍所引有異文，便可兩兩勘比，是正今謬。這種工作清初錢遵王曾、何義門等人漸漸做起，元和惠氏父子也狠用功，乾嘉以後學者個個都喜歡做，而最專門名家者，莫如盧抱經（文弨）顧澗薲（廣圻）黃蕘圃（丕烈），次則盧雅雨（見曾）丁叔衡（杰）陳仲魚（鱣）吳兔牀（騫）鮑以文（廷博）錢警石（泰吉）汪小米（遠孫）蔣生沐（光煦）張叔未（廷濟）陸存齋（心源）繆小山（荃蓀）……等。這種工作的代表書籍，則《義門讀書記》（何焯著）《援鶉堂隨筆》（姚範著）《群書拾補》（盧文弨著）《思適齋文集》（顧廣圻著）《讀書叢錄》（洪頤煊著）《經籍跋文》（陳鱣著）《斠補隅錄》（蔣光煦著）《札迻》（孫詒讓著）……

《雅雨堂叢書》（盧見曾刻）《經訓堂叢書》（畢沅刻）《士禮居叢書》（黃丕烈刻）《別下齋叢書》（蔣光刻）《十萬卷樓叢書》（陸心源刻）……各書所附校勘記及題跋（武英殿板十三經注疏校勘記，弟子阮元及其……）《士禮居題跋》（黃丕烈著）……等。這種工作的成績也有高下之分，下等的但能校出『某本作某』，稍細心耐煩的人便可以做。高等的能判斷『某本作某是對的』，這便非有相當的學力不可了。這種工作狠瑣碎狠乾燥無味，非有特別嗜好的人當然不必再去做他；但往往因一兩字的校正，令全段的正確解釋，他們費畢生心血留下這點成績，總值得我們敬服惑謝。

第二種校勘法是根據本書或他書的旁證反證，校正文句之原始的譌誤。前文所說第一種法是憑善本來校正俗本，倘若別無善本，或所謂善本者還有錯誤，那便無所施其技了。第二種法再進一步，並不靠同書的板本，

而在本書或他書找出憑證這種辦法又有兩條路可走第一條路是本書文句和他書互見的例如荀子勸學

篇前半和大戴禮記勸學篇全同韓非子初見秦篇亦見戰國策禮記月令篇亦見呂氏春秋淮南子韓詩外傳

和新序說苑往往有相重之條乃至史記之錄尚書戰國策漢書之錄史記像這類雖然本書沒有別的善本然

和他書的同文便是本書絕好的校勘資料處（例如荀子勸學篇據大戴禮記可以校出脫句脫字譌字七八）因此可推想其他諸篇譌脫也不少可惜無別部的同文

法雖比第一種已稍繁難但只須知道這一篇在他書有同文便可拿來比勘方法還是和第一種同樣更有第

二條路是並無他書可供比勘專從本書各篇所用的語法字法注意或細觀一段中前後文義以意逆志發見

出今本譌誤之點（這種例不能偏舉把讀書雜記等書看一兩卷便知其概）這種工作非眼光極銳敏心思極縝密而品格極方嚴的人不能

做清儒中最初提倡者為戴東原而應用得最純熟矜慎卓著成績者為高郵王氏父子這種方法好是好極了

但濫用他可以生出武斷臆改的絕大毛病所以非其人不可輕信

第三種校勘法是發見出著書人的原定體例根據他來刊正全部通有的譌誤第一第二兩種法對於一兩個

字或一兩句的譌誤當然有效若是全部書鈔刻顛倒紊亂以至不能讀或經後人妄改全失其真那麼唯一的

救濟法只有把現行本未紊未改的部分精密研究求得這書的著作義例（見一部有價值的著作總有他的義例但作者自己寫定凡例的不多而

有亦不詳）然後根據他來裁判全書不合的便認為譌誤如酈道元水經注舊刻本經文注文混亂的狠

多戴東原研究出經注異同的三個公例（看下文本書條）把他全部釐正又如墨子的經上下經說上下四篇原書寫法

和來刻本寫法不同每條的上下文往往相亂我著的墨經校釋發明『經說首字牒經』之例（看下文也把本書條）

他全部釐正又如說文解字經徐鉉及別的人增補竄亂多非許氏之舊段茂堂王菉友各自研究出許多通例

二三六

也把他全部釐正此等原屬不得已辦法郤算極大膽的事業所研究出的義例對嗎那麼撥雲霧而見青天

再痛快沒有了不對嗎便是自作聰明強古人以就我結果把原書鬧得越混亂墜入宋明人奮臆改書的習氣

所以這種方法的危險程度比第二種更大成績亦更大萬不輕易用段氏的說文還被後人攻擊得身無完膚

哩其他可想了

第四種校勘法是根據別的資料校正原著之錯誤或遺漏前三種都是校正後來傳刻本之錯誤力求還出

原書的本來面目校勘範圍總不出於文句的異同和章節段落的位置然而校勘家不以此自足更進一步對

於原書內容校其闕失換言之不是和鈔書匠刻書匠算帳乃是和著作者算帳這種校法也分根據本書根據

他書兩種根據本書者例如史記記戰國時事六國表和各世家各列傳矛盾之處便不少便據世家列傳表

之誤或據表校世家列傳之誤根據他書者例如三國志和後漢書記漢末事各有異同或據陳校范誤或據范

校陳誤又如元祕史聖武親征錄等書校其誤這種工作限於史部經子兩部郤用不着這種工

作若把他擴大便成獨立的著述不能專爲校勘但目的若專在替一部名著拾遺補闕則仍屬校勘性質清

儒這種工作的代表著述其徧校多書者則如錢竹汀二十一史考異王西莊十七史商榷之類其專校一書者

則如梁曜北玉繩史記志疑施研北國祁金史詳校之類

以上四種大概可以包括清儒校勘學了別有章實齋校讐通義裏頭所討論專在書籍的分類簿錄法或者也

可以名爲第五種但既與普通所謂校勘不同故暫不論

右五種中前三種算是狹義校勘學後兩種算是廣義校勘學狹義校勘學經清儒一二百年的努力和經驗已

造成許多百公認的應用規律俞蔭甫古書疑義舉例的末三卷便是這種公例的集大成欲知此學詳細內容．

宜一讀。此種所舉規律還是專屬第一二種因第三種無一般的規律可言。

清儒之校勘學應用範圍極普徧本節所舉成績專重先秦諸子及幾部重要古籍其正經正史等已詳彼部此

不多述．

凡校勘諸子多帶着注釋所以下文論列各書校釋舉不復細分．

校釋諸子（或其他古籍）之書薈萃成編最有價值者其一爲盧抱經之羣書拾補抱經所校各書有多種已

將新校本刻出都其目大槩見下文未刻者有許多校語批在書眉把他彙成此書大牽用第一種校法爲多用第二

種者亦間有其二爲王石臞之讀書雜誌所校爲逸周書戰國策史記漢書管子晏子春秋墨子荀子淮南內篇

共九種末附以漢隸拾遺石臞應用第二種校法最精最愼隨校隨釋妙解環生實爲斯學第一流作品其三爲

俞蔭甫之諸子平議所校爲管晏老墨荀列莊商韓呂董賈淮南揚共十五種蔭甫私淑石臞父子刻意模仿經羣

平議模仿經義述聞諸子平議模仿讀書雜志

以下把他們校釋過的書分部敍論．但他並非蹈襲乃應用王家的方法補其所未及所以這部書狠足以上配石臞

1 荀子

荀子與孟子同爲儒家兩大師唐以前率皆並稱至宋儒將孟子提升爲經而荀子以『異端』見斥其書韜昧

了七八百年了乾隆間汪容甫著荀卿子通論荀卿子年表俱見述學內篇於是荀子書復活漸成爲清代顯學其書舊

注只有唐楊倞一家尚稱簡絜而疏略亦不少刻本復有譌奪容甫蓋校正多條然未成專書專書自謝金圃塙

盧抱經之合校本始今浙刻二十二子本所採是也．吳兔牀趙敬夫（曦明）朱文游（奐）五人．此本雖謝

盧並名然校釋殆皆出抱經．逡得蔵事．『撥引校讐悉出抱經參互考證．在咸同以前洵爲最善之本盧校出後顧

澗蘋復校所得宋本續校若干條爲荀子異同卷一附輯荀子佚文．郝蘭皐亦爲荀子補注卷一劉端臨台拱爲荀子

補注卷一陳碩甫奐爲荀子異同陳觀樓昌齊荀子正誤卷數俱未詳．皆有所發明．而王石臞讀荀子雜誌卷八較晚出精

關無倫諸家之說時亦甄採爲石臞所推其書已佚（?）觀樓極．次則俞蔭甫荀子平議卷四體例同石臞自顧郝至

王俞皆條釋別行不附本書最後乃有王益吾先謙著荀子集解二十卷自楊倞至清儒諸家說綱羅無遺．而間

下己意亦多善解附計對於此書下工夫整理的凡十五家所得結果令我們十分滿意．

2 墨子

戰國時儒墨同稱顯學漢後墨學之廢旣二千年了鄭樵通志藝文略載有樂臺注久佚乾隆四十一二年間汪

容甫最初治此學有校本及表微一卷今不傳．敍述學墨子而盧抱經孫淵如畢秋帆同時治之秋帆集其成爲

墨子注十六卷以乾隆四十八年成今經訓堂叢書本是也．浙刻二十二畢注前無所承其功蓋等於茂堂之注

說文．秋帆自序稱『盧孫互校此書略有端緒沅始集其成』大約淵如自有校本而秋帆其後顧澗蘋又

據道臧本重校寫定一通專務是正文字繼則王石臞摘條校注爲讀墨子雜志六卷俞蔭甫著墨子平議三卷

蘇爻山時學著墨子刊誤若干卷．焕然冰釋怡然理順』（東塾集卷三）孫仲容詒讓『覃思十年』

顧煊戴子高皆亦各有所校釋見據孫氏閒詁序所稱其書吾皆未至光緒間已刻成癸十九年

原序語集諸家說斷以己所心得成墨子閒詁十四卷復輯墨子篇目考墨子佚文墨子舊敍合爲附錄一卷復撰

墨子傳略墨子年表墨學傳授考墨子紹聞墨學通論墨家諸子鉤沈各一篇合爲墨子後語二卷俞蔭甫序之

謂其『整紛剔蠹嘫嗛摘無遺旁行之文盡還舊觀訛奪之處咸秩無紊自有墨子以來未有此書』誠哉然也大

抵畢注僅據善本讐正即吾所謂第一種校勘法略釋古訓蘇氏始大膽刊正錯簡仲容則諸法並用識膽兩皆絕倫故能成

此不朽之作然非承盧畢孫王蘇俞之後亦未易得此也仲容於修身親士當染諸篇能辨其僞則限光遠出

諸家主丁其附錄及後語考訂流別精密閎括尤爲向來讀子書者所未有蓋自此書出然後墨子人人可讀現

代墨學復活全由此書導之此書初用活字版印成承仲容先生寄我一部我橐二十三歲耳此我生平治墨學及讀周秦子書之興味皆自此書導之附記誌感 古今注墨子者固

莫能過此書而仲容一生著述亦此書爲第一也

同時有王壬秋亦爲墨子注鮮所發明而輕議盧畢所校斥爲『淺率陋略』徒自增其妄而已惟對於經說四

篇頗有新解是其一節之長他又將大取篇分出一半別自爲篇名爲語經可謂大膽已極要之壬秋頗有小慧

而學無本原學問已成的人讀他的書有時可以助理解初學則以不讀爲妙

墨子七十一篇中最宏深而最難讀者莫如經上下經說上下大取小取之六篇晉魯勝曾爲墨辯注惜入佚書隋

經籍志已不著錄其書僅見晉書隱逸傳畢注於他篇雖多疏略爲尚有所發明獨此六篇則自稱『不能句讀』惟彼據經上篇有

『讀此書旁行』一語於篇末別爲新考定經上篇分上下兩行橫列最初發見此經舊本寫法不能不算畢氏

功勞其後丁小雅杰許周生宗彥皆提出經說四篇特別研究今皆不傳見書隄錄次則張惠皋文作墨經說解二

卷用魯勝『引說就經』之例將四篇逐條拆開各相比附眉目朗然這是張氏功勞自畢秋帆與孫淵如兩札

往復已發見此四篇多言名學看畢注本經上篇後孫星衍跋語而鄒特夫伯奇則言墨子中有算術有光學有重學以告陳蘭

二三〇

甫而著其說於所著學計一得中自是墨經內容之豐富益為學界所注視孫氏閒詁於他篇詮釋殆已十得八

九獨四篇者所釋雖較孫張稍進步然遺義及誤解仍極多章太炎國故論衡中有原名明見諸篇始引西

方名學及心理學解墨經其精絕處往往驚心動魄而胡適之著中國哲學史大綱惟墨辯一篇最精心結撰

發揮實多適之又著小取篇新詁亦主於以西方名學相引證我自己也將十來年隨時劄記的寫定一編名曰

墨經校釋其間武斷失解處誠不少然亦像有一部分可供參考其後有欒調甫著讀梁任公墨經校釋雖寥寥

僅十數條然有卓識明於條貫其最大發明在能辨墨學與惠施一派名學之異同最近則章行嚴常為討

論墨經之短文時有創獲而伍非百著墨辯解故從哲學科學上樹一新觀察點將全部墨經為系統的組織吾

雖未細讀其書然頗信其為斯學一大創作也蓋最近數年間墨經諸篇為研究墨學之中心附庸蔚成大國不

久恐此諸篇將發揮無餘蘊墨學全部復活了

3 管子

管子舊有尹知章注譌題為房玄齡其注頗淺陋明劉績頗有糾正亦得失參半嘉慶初王石臞伯申父子初校

此書時與孫淵如商權淵如亦自有所校而以稿屬洪筠軒頤煊筠軒采孫王校刪其重複附以己說成管子義

證八卷其後石臞又續有所校更采及洪書成讀管子雜志二十四卷凡六百四十餘條在全

部讀書雜志中此種卷帙最浩博了同光間則戴子高望的管子校正二十六卷俞蔭甫的管子平議六卷同時

先後成書這幾部校釋本部算狠有價值定義例且助其搜輯但其書不見傳本想未刻耶但管子古文古訓太

多錯字錯簡亦不少又其中關於理財一部分之文尤多特別術語索解為難今後若有好學之士能采集以上

各本更悉心研究補其所未及別成『管子集解』庶幾本書漸漸可讀了。

弟子職為管子中一篇清儒多提出專釋莊葆琛述祖有集解洪稚存亮吉有箋釋王菉友有正音各一卷。

4 韓非子

韓非子未大經整理現行最佳者為吳小尊鼒之仿宋乾道本有顧澗蘋識誤三卷此外則盧氏羣書拾補所考

證僅一卷王氏讀書雜志僅十四條俞氏平議亦僅一卷孫仲容札迻中若干條此外則更無聞（ ）近王先

慎有韓非子集解二十卷薈集眾說較善本但比諸乃兄之荀子集解差多了因此書先輩遺說可憑藉者不 _{嘗見日本人宮內鹿川所著韓非校勘記錯者不少但未注}

如荀子之多而先慎學識又凡庸也所以這部書還希望有人重新整理纔好 _{子講義校}

_{明所據以校者為何本他說別有韓非子考異一書惜未得見}

5 老子 莊子 列子

這三部書清儒沒有大用過工夫盧氏拾補老莊無有列一卷王氏雜志則老四條莊三十五條列無有俞氏平

議則老列各一卷莊三卷其他專釋者殆不見其校本稍可觀者則老子有畢秋帆之老子道德經考異二卷用

唐傅奕本校通行偽河上公注本間下訓釋列子有任幼植_{大椿}汪蘇潭_{繼培}校張湛注本有秦敦夫_{恩復}校盧

重元注本莊子除明世德堂本別無新校本。

莊子郭注剝自向秀實兩晉玄談之淵藪後此治此學者罕能加其上清儒於此種空談名理之業既非所嗜益

非所長故新注無足述者王益吾亦有莊子集解比諸所解荀子相去霄壤了郭孟純_{慶藩}的莊子集釋用注疏

體具錄郭注及陸氏經典釋文而搜集晉唐人逸注及清儒盧王諸家之是正文字者間附案語以為之疏在現

二三二

行莊子諸注釋書中算最好了。馬通伯（其甥）的莊子故亦頗簡明。

章太炎的齊物論釋是他生平極用心的著作專引佛家法相宗學說比附莊旨可謂石破天驚至於是否卽莊子原意只好憑各人領會罷。

6 晏子春秋

此書依我看純屬僞書沒有費力校釋的價值但清儘多信爲眞盧王俞各有校釋。盧一卷王二卷畢氏經訓堂本依明沈啓南本重校又從太平御覽補輯末章所缺秋帆自爲晉義二卷用力頗勤就本書論也算善本了。

7 呂氏春秋

呂氏春秋有漢高誘注先秦諸子中注家此其最古現行最善者爲畢氏經訓堂本蓋據元大字本精校盧抱經實董其事此後梁曜北玉繩有呂子校補二卷陳觀樓昌齊有呂氏春秋正誤二卷俞蔭甫有呂氏春秋平議三卷王氏雜志有三十八條皆出畢本後此書還狠有整理餘地我盼望有一部新的『呂氏春秋集解』出來。

以上幾部子書——都是漢書藝文志諸子略所著錄的——就清儒整理成績之高下我所認的爲次第其他沒有經過什麼校釋工夫者——如平津館本之商君書守山閣本之愼子尹文子公孫龍子等雖間附有校勘記或輯佚文但其細已甚故不論列又久佚重輯之本——如尸子等歸入輯佚條又確知其爲僞書——如鬼谷子關尹子等雖有校釋亦從屏棄。

諸子路以外之先秦古書曾經整理者如下。

8 逸周書

逸周書七十一篇見漢志或以為孔子刪書所餘者信否且勿論要之總算先秦一部古書殆不容疑舊注為晉孔晁著亦算得一部古注清乾嘉間校理此書者有惠定宇沈果堂彤趙敬夫曦明張芭田坦段茂堂沈朗仲景熊梁曜北（讀逸周書雜誌四）梁處素履繩陳省衷霅等（俱見本校目）而盧抱經集諸家說寫定即抱經堂本是其後王石臞洪筠軒各有所釋（卷居王書之首）而盧抱經集諸家補注二十四卷（道光五年刻成）朱亮甫（右）曾著周書集訓校釋十卷（六年成）陳著翔實明暢可為此書最善讀本朱著稍晚出蓋未見陳著但亦有所發明（又有丁宗洛逸周書管箋十六卷未見丁與朱同治此書見自序）『集解』便更好了。

9 國語

國語韋昭注為漢注古書之一現行者以士禮居仿宋刻本為最善由黃蕘圃顧澗蘋合校附校勘記其專門校注之書則注小（米遠孫）有國語三君注輯存四卷國語考異四卷國語發正二十一卷己疏證無遺義昔人稱國語為『春秋外傳』而清儒整理之勤實視左傳（內傳所謂）有過之無不及也若有人薈萃諸家作一新的『國語集解』便更好了。

10 戰國策

戰國策高誘注價值等於韋注國語士禮居仿宋本亦黃顧合校有校勘記與國語可稱『姊妹書』校而彙釋者則有王石臞讀戰國策雜誌三卷戰國策為我國文化史極重要時代而史料最缺乏所存惟國策一書又半屬『縱橫家言』難據為信史學者所最苦痛也於是有將此書為局部分析的研究者則程春海（思澤）國策地名考二十卷極博洽翔實（張翰風（琦）的戰國策釋）

地二卷目的亦同程

書但遠不逮其博贍　而林鑑塘春溥之戰國紀年六卷考證詳慎校正通鑑之誤不少　林氏竹柏山房十一種中此書最有價值

〔二〕竹書紀年及穆天子傳（互見辨偽輯佚兩章）

竹書紀年乃晉太康間在汲郡（汲縣今河南）魏安釐王家中所得當時學者荀勖束晳王接和嶠衛恆諸傳及杜預左傳後序和嶠穆天子傳序但其書已佚於兩宋之際今本紀年二卷乃元明人蒐輯復采史記通鑑外紀路史諸書而成清儒嗜古研究此書者極盛大約可以分四派一並汲冢原書亦指為晉人偽撰者（錢大昕等）二並今本亦信為真者（洪頤煊陳逢衡）三以古本為真今本為偽者（郝懿行章學誠朱右曾王國維等）四雖不認今本為真然認為全部皆從古本輯出者（陳逢衡）

我個人的意見則完全主張第三派

關於此書的著述據我所知者有徐位山（文靖）之竹書紀年統箋有孫晴川（之騄）之考定竹書紀年有董豐垣之竹書紀年辨證有雷瞻叔（學淇）之考訂竹書紀年義證有洪筠軒之校正竹書紀年有武授堂之竹書紀年補注有郝蘭皋之竹書紀年校正陳逢衡之竹書紀年集證（集證凡例中稱張宗泰有校補紀年趙紹祖有紀年校補）有朱亮甫之汲冢紀年存真有林鑑塘竹書紀年補證有董覺軒沛之竹書紀年拾遺有王靜安（國維）之古本竹書紀年輯校今本竹書紀年疏證我所曾讀者徐洪陳林王五家徐氏統箋為治斯學之嚆矢然書成於康熙間考證學未與故所箋駁雜無義法徒為偽書助燄洪氏校正林氏補證皆頗絜淨而識斷尚欠精擇陳氏集證積十年之功乃成浩博詳贍書凡五卷首集說一篇敍原來歷及前人批評搜羅至博足為治此學之最好資料惟調停古今本時復進退失據王氏輯校疏證二書最晚出最謹嚴但未及疏注學者據王

著以求汲冢眞面目據陳著以解釋此書內容則這書可以全部弄明白了。

穆天子傳與紀年同出汲冢其眞僞有連帶關係信古本紀年者則亦信之其書出郭璞注洪筠軒嘗據諸本精

校自是此書始可讀而丁益甫（謙）作穆天子傳地理考證篇信歐洲少數學者所倡中國人種西來之說而援本

傳爲證其所比附往往新奇可喜是否眞相則更俟論定耳

12 山海經

山海經有漢郡縣名其書或出漢人手最少亦經漢人竄附蓋無可疑然其中大部分含神話性質蓋自先秦傳

來應認爲我族最古之半小說體的地理書書有郭璞注與所注爾雅同爲後世所重清儒初治此者有吳志伊

任臣山海經廣注然濫引路史及六朝唐宋人詩文以至晚明惡劣類書殊無義法乾隆末畢秋帆始爲山海經〔有孫淵如後序自言〕

所秋注一考正篇目二考正文字三考正山名水道自言歷五年乃成蓋其生平得意之作〔會爲山海經晉義見〕

畢書乃自〔毀其稿〕其後郝蘭皋爲山海經箋疏與其爾雅義疏同爲郭注功臣

13 孫子 吳子 司馬法

右三書爲最古之兵家言漢志以冠兵書略今傳本惟孫子尚可信餘二書恐出漢人依託但亦一古籍矣孫淵

如有精校本刻於平津館其自序言屬顧澗蘋作音義未知成否

14 周髀算經

此書爲最古之算學書是否必出先秦則不敢斷言戴東原有精校本爲戴校算經十書之首。

15 黃帝內經素問

此書爲最古之醫學書殆出漢人手而清儒皆以爲先秦舊籍錢錫之〔熙祚〕有精校本胡荄甫澍又有內經校義

以下敍述清儒對於漢以後要籍之校釋事業

16 淮南子

淮南鴻烈爲西漢道家言之淵府其書博大而有條貫漢人著述中第一流也有東漢高誘注亦注家最善者許慎亦嘗注之今剗入高注本此書清儒首治此書者爲莊伯鴻逵吉當乾隆末用道藏本校俗本而以案語申己見雖名校實彙注也〔浙刻二十二子所采即此本〕自莊書出而誦習本書者認爲唯一之善本蓋百餘年然同時盧抱經別有拾校

嘉慶間則王石臞伯申父子之讀淮南內篇雜志二十二卷出亦以道藏本爲主參以羣書所引訂正俗本九百餘條書既成而顧澗蘋以所得宋本新校各條示之伯申得輯爲補遺一卷同時陳觀樓昌齊著淮南子正誤十二卷石臞亟稱之〔見石臞集中賜書樓集序此書在賜書樓叢中吾未見又胡澍有淮南子校義亦未見〕

晚清則有俞蔭甫淮南內篇平議四卷有陶子珍方琦淮南許注異同詁若干卷而孫仲容亦間有札記經諸家校理之後書中微文關義蓋已什得八九最近則劉叔雅文典著淮南鴻烈集解二十一卷〔民國十年刻成博採先輩之說劉端臨陳觀樓胡荄甫之書皆未見微引〕參以己得又從御覽選注等書采輯佚文佚注甚備價值足與王氏荀子集解相埒

淮南單篇之訓釋則有錢溉亭塘之淮南天文訓補注以高誘不通天文學所注多疏舛故補正之

17 尚書大傳 （互見輯佚章）

尚書大傳爲漢初第一位經師伏生所著而漢末第一位經師鄭玄爲之注固宜爲治經者所重然其書自宋時已殘缺至明遂亡清儒先後蒐輯則有仁和孫氏之〔詒〕本德州盧氏〔見曾〕本曲阜孔氏〔廣森〕本孔本較善然譌漏

猶不免嘉道間陳左海壽祺更輯校爲二卷附辨譌一卷又加案語甚多此書始漸可讀光緒間皮鹿門錫瑞尙

書大傳疏證七卷所輯又增於陳氏而其疏釋專采西漢今文經說家法謹嚴

18 韓詩外傳

韓氏爲西漢今文三家詩之一其詩內傳四卷詩故三十六卷詩說四十一卷久亡存者惟外傳六卷乾隆前通

行本以毛刻最善然譌脫亦不少盧抱經曾有校本未滶專書其門人趙億孫懷玉於乾隆五十二年成新校本

明年周霽原延采復有校注本吳棠彙合趙周二本刻行此書遂易讀了

19 春秋繁露

董子春秋繁露爲西漢儒家言第一要籍不獨公羊學之寶典而已其書宋時已有四刻多寡不同樓鑰校正始

爲定本然明代所翻樓本又訛脫百出乾隆開四庫館乃取永樂大典中樓本詳校_{補一千一百餘字刪一百十字改字一千八百二十餘}神明煥然頓還舊觀雖曰習見之書實則絕無僅有之本也』_{十三}

字提要所謂『海內不見完本三四百年……

定進八年校越十二年盧抱經依聚珍板所刻四庫本重校間下案釋是爲抱經堂本_{子采此本}浙刻二十二繁露正文此爲最

善本了原書向無專注嘉慶間_{二十}凌曉樓_曙創爲春秋繁露注十七卷曉樓傳莊劉之學諳熟公羊家法故

注獨出冠時與段氏說文同功矣_{畿輔叢書所刻凌注本每卷有張駒賢校正所校將二百條亦凌氏功臣也}其後魏默深源有董子春秋發微七卷

原書未見古微堂吾師康長素先生有春秋董氏學八卷皆析擘原書分類以釋微言大義非箋注體最近則蘇

厚庵興著春秋繁露義證十七卷精審又析凌注之上了

20 列女傳 附新序 說苑

劉向列女傳為現存最古之傳記書清代為之注者有王照圓郝懿行妻梁端孫妻汪遠兩家而王石臒伯申父子及王南陔亦各有條校

劉向新序說苑今所行皆舊本陳左海各有新校本未刊

21 法言 太玄

楊雄這兩部書本沒有什麼價值但因屬西漢人書所以「過而存之」法言李軌注有徐新田（羲）原校本而俞氏諸子平議兩書亦各占一卷

22 潛夫論 鹽鐵論 附論衡

王符潛夫論俗本譌奪至不可讀汪蘇潭（繼培）據元刻及他書所引校正甚多又依採經書疏證事辭為潛夫論箋十卷此書自是始可讀

桓寬鹽鐵論專記漢代民獻議政一場公案（昭帝始元六年詔丞相御史大夫與所舉賢良文學請罷鹽鐵酒榷昭帝從之此書即記當時代表政府之丞相等與代表民意之賢良等兩造辨論語）實歷史上最有關係最有趣味的一部書今通行者明張氏本篇第字句割裂增易不少（今本題張敦仁作考證三卷著實顧澗蘋作見）盧抱經嘗以永樂大典本及他本是正若干條其後陽城張氏有重刻本顧澗蘋為作考證三卷

思適齋汪蘇潭箋潛夫後擬續治此書未成而卒（見潛夫論箋王紹蘭序）王益吾覆刻張本將盧顧所校散入正文又以所自校別為小識一卷而俞蔭甫孫仲容亦各有所校自是此書漸可讀最近門人楊遇夫（樹達）創為鹽鐵論校注集九若干卷算是本書空前作品了

王充論衡實漢代批評哲學第一奇書盧王皆未校及俞蔭甫孫仲容所校約數十條蔣生沐（光煦）從元刻本校

補今本脫文三百餘字但全書應加董治之處尚不少我很盼好學之士能做這件工作

23 白虎通義　五經異義　附風俗通

東漢章帝建初四年詔諸儒會白虎觀講議五經同異帝親稱制臨決實學術上一種公開討論白虎通義卽記

其討論結果也此書舊惟漢魏叢書本最通行乾隆間莊葆琛始有校本且釐定目錄蒐輯闕文盧抱經續校定

為今抱經堂本（卷首列舊校名氏除葆琛外尙有趙曦明秦燮梁履繩汪繩祖等）同書孫志祖周廣業吳騫朱型梁履繩汪繩祖等

道光間陳卓人著白虎通證疏十二卷卓人本

受公羊學及禮學於凌曉樓此書實足與凌注繁露並美

五經異義為許慎撰鄭玄駁東漢兩大經師精力所集也隋志著錄十卷宋時已佚清四庫館始有輯本次則莊

葆琛錢晦之（大昭孔叢伯廣森）續輯最後則陳左海續輯詳為箋注成五經異義疏證三卷此書遂復活

應劭風俗通義亦漢人一名著（清儒整理尙少惟盧氏羣書拾補中有條校及補遺其後張介侯澍　則有補風俗）

通姓氏篇一卷我盼望有人對於此書再做一番工作

24 越絕書　華陽國志

漢袁康越絕書有價值的記載頗不少（例如分古代所用兵器為石用銅用鐵三時代）惜刻本譌舛極多盧抱經有校本未刻其略僅

見孫仲容籀膏述林中

晉常璩華陽國志為方志之祖其書有義法有條貫卓然著作之林惟通行明刻本缺兩卷他刻雖補足而訛謬

殆不可讀嘉慶間廖氏刻本乃顧澗蘋據宋元豐呂氏嘉泰李氏兩本精校自此始有善本

25 抱朴子

以漢以後方士家言附會先秦道家始於晉葛洪抱朴子實學術嬗變一關鍵也此書乾隆前無善本自孫淵如

據道藏本精校盧抱經顧澗薲復參合諸本助之重刻平津館本自是此書可讀。

26 水經注

漢桑欽水經北魏酈道元注爲現存最古之地理書乾隆以前惟明朱謀㙔箋稱最善顧亭林所謂「有明一部

書」也然而譌舛已不一而足後項䍐覆刻掩爲己有又多刪削書愈不可讀吾謂其等皆未見朱氏原本入清考

古學勃興此書大爲世所重據趙東潛所述則有錢遵王曾黃梨州孫潛夫澤顧亭林顧景范閣百詩黃子鴻儀

劉繼莊胡朏明姜西溟宸英何義門焯沈繹旂炳巽杭大宗齊次風召南諸本內中二顧閣胡皆今水經蓋有所

不愜於酈氏子鴻則依酈注删去注文中無豫水經者欲復唐李氏删水經十卷之舊又自爲今水經蓋有所

引詮解並非專校原書梨洲則删注每卷各寫一圖是爲作圖之始繼莊則欲作水經注疏而未就發其義例於廣陽雜

記中自餘諸家皆依通行朱本各自簽校此乾隆以前斯學大略形勢也。

乾隆中葉趙東潛一清戴東原震全謝山祖望同時治此書其著作先後發表東原在四庫館實手校此書校成

首由聚珍板印行自是酈氏本來面目蠁然大明學者稱快然而三家精詣同符者十而七八於是發生蹈襲問

題—卽著述家道德問題三家子弟及鄉里後學各有所祖成爲近百年來學界一樁公案至今未決今略述其

眞相如下。

謝山自其先代三世治此書有雙韭山房舊校本謝山曾七度手校集中有五校本題詞自訂變韭山房書目有

七校水經注四十卷（趙本卷首亦引全氏七校本）蓋全部於乾隆十七年在粵寫定然卒後遺著散佚將越百年其同里後學

王㫤軒始釐正其稿又數十年至光緒十四年薛叔耘福成徇董覺軒沛之請始刻之今寧波崇實書院本是也．

故全書最先成而最晚出．

東潛為趙谷林子梨洲再傳其學蓋有所受又與謝山為摯友日夕商榷其書成於乾隆十九年序有自四庫館開

采以進被著錄然未有刻本行世乾隆五十一年畢秋帆從東潛子載元索得原稿刊之於開封趙書始顯．

東原治此書始於乾隆三十年至三十七年刊於浙東未及四之一而被召入四庫館在館中據永樂大典本校

此書明年成以聚珍板印行復自理舊業成書四十卷以三十九年刊行即孔氏微波榭本是也故戴書最晚成

而最先出．

因此糾纏出許多問題其一為趙戴問題盧抱經謂梁曜北處素兄弟校刊趙書參取東原書為之和人為東潛

同里後輩畢刊書由後彼校定　東原弟子段茂堂因移書曜北詰問與梁曜北書梁氏清白士集中未有答書不知是否慚伏然

張石舟魏默深則謂趙書未刊以前先收入四庫全書今刊本與四庫本無二明非梁氏勤戴改作實為戴在四

庫館先觀預竊之明證又看徐棟烟嶼樓集記抗墊浦篇又周壽昌思益堂日札卷四但據段茂堂說戴未入四

庫館以前曾以所著示紀曉嵐錢竹汀姚姬傳及茂堂皆錄有副本似此則戴非勤趙又甚明．

其二全問題趙全本至交相約共治此學全為趙書作序趙書引全說不一而足兩書同符什九本無嫌疑然張

石舟則謂東潛子宦於鄂畢秋帆時督為索觀舊稿時以巨資購謝山本以看全本此說若信則現行趙本實勤

全而林賾山則斥現行全本為偽出謂不惟襲趙兼又襲戴疑出王㫤軒輩手及看王先謙合校本序錄則戴本與大典校正不據

吾今試平亭此獄三君皆好學深思治此書各數十年所根據資料又大略相同後人所謂從永樂大典本校正不據

合聲者正多，然則其精思獨得，非盡有依據也。謝山首與李穆堂鈔大典，然所鈔僅及平韵。水經注收入則閉門造上聲，水字是在萬一千卷以外，故謝山不及見。東潯未入翰林，更無從見矣。故大典本非三家所據。

車出門合轍並非不可能之事。東原覃精既久，入館後親趙著，先得我心，卽便採用，當屬事實。其所校本屬官書，不一一稱引趙名，亦體例宜爾，此不足爲戴病也。趙氏子弟承制府垂盼，欲益榮其親曜北兄弟，以同里後學董其事，亦欲令趙書盡美無復加。趙全本世交，則購采全稿潤益之。時戴本既出，則亦從而擷采。凡此恐皆屬事實。全氏本爲斯學開山之祖，然趙戴本既盛行，全本乃巋沒百餘年。其同里後學王董輩深爲不平，及得遺稿，亦欲表章之，使盡美。其間不免采彼兩本以附益其所未備，恐亦屬事。要而論之，三家書皆不免互相勦，而皆不足爲深病。三家門下各尊其先輩，務欲使天下之美盡歸於我所崇敬之人，攘臂迭爭，甚無謂也。

右所記繁而不殺，誠非本書篇幅所許，但此事實淸代學一大公案，可以見一時風氣之小影，亦治史者所宜知。故論列如右。

以下略評三家特點。

戴氏治學精銳無前，最能發明原則，以我馭書。水經注舊本經注混淆不可讀，戴氏發見經注分別三例：一經文首云某水所出，以下不更舉水名；注則詳及所納羣川，更端屢舉。二各水所經州縣，經但云某縣，注則年代旣更，舊縣或湮或移，故常稱某故城。三經例云「過」，注例云「逕」。〔看段氏東原年譜〕此三例載氏所獨創，發蒙振落，其他小節或襲趙氏，不足爲輕重。

全趙比肩，其學所得原不以自私，故從同者滋多。趙本博引淸初諸說，辨證最詳，斷非戴所及；且凡引他說皆著所出，體例亦嚴。全氏分別注有大小——注中有注，是其特識，餘與趙氏同之。

三家以前諸校本吾皆未見惟謝山最服沈繹旃謂『其校定此書幾三十載最能抉摘善長（酈道元）之疏

略』（五校本）題詞 當是最佳之作

以後諸校本則畢秋帆孫淵如各有成書然兩君皆非地學專家似無足以增益三家者道咸以後則有沈欽韓

文起水經注疏證汪梅村（士鐸）著水經注提綱水經注釋文皆未刊不審內容如何注復有水注經圖胡文忠為

刻之則續黃子鴻之緒而補其逸也

陳蘭甫先生（澧）以酈氏當時滇黔之地淪於爨謝故注記東北諸水詳而確西南則略而譌乃為水經注西南諸

水考補而糾之在本書諸家著作中最為別裁但先生於西南諸水亦未經實測恐不能多優於酈氏也

王益吾為合校本以聚珍板（即戴本）及趙本為主參以諸家雖無新發明而最便學者（王氏所著書大率如此）但進孫

淵如（紕繆不無遺議）

最後有楊星吾（守敬）為水經注疏八十卷以無力全刻乃節為要刪若干卷其書頗為朱謀㙔詆直而不肯作趙

戴輿臺謂『此書為酈氏原誤者十之一二為傳刻之誤者十之四五為趙戴改訂及誤者亦十之二三』語（凡例）

此亦乾嘉以來一反動也

吾向未治此學不敢以門外漢評各家得失但逃此學經過狀況如右治之者多故敍述不避詞費惟此書值得

如此用功與否實一問題以吾觀之地理不經實測總是紙上空談清儒併力治水經注適以表現清代地學內

容之貧乏而已

隋顏之推家訓爲現存六朝人著述最有價值者舊本譌脫不少乾隆間趙敬夫嘵明爲之注而盧抱經校補之

自是此書有善本。

28 經典釋文

唐陸德明經典釋文爲治訓詁音韵者所宗而除散在諸經注疏之外單行本殆絕盧抱經將通志堂經解本細
校重雕附考證三十卷此是此書有善本

29 大唐西域記　慈恩法師傳

唐僧元奘歸自印度綜其行歷著大唐西域記十二卷其弟子彥悰爲之箋慧立亦奘弟子爲奘作傳曰大唐慈
恩法師傳十卷此二書實世界的著作近今歐洲各國咸有譯注而本國治之者闕如最近有丁益甫謙著大唐
西域記考證引據各史外國傳旁采四人地理家言實此書之筆路藍縷也慈恩傳則有最近支那內學院所刻
精校本除校字外頗引他書紀載有異同者校出若干條在現行本中總算精善但此二書之整理尚有待於將
來。

30 困學紀聞

宋王應麟困學紀聞爲清代考證學先導故清儒甚重之閻百詩何義門全謝山皆爲作注而翁戴青（元圻）集其
大成一宋人書而注之者四家其尊尚幾等古子矣。
右所舉三十幾種書專注重校勘的成績而注釋則其副產也書以屬於秦漢以前子部者爲多而古史傳之類
間附焉不及羣經者經書累代承習者衆訛錯較少其有異文校讐率附見諸家注疏中不爲專業也諸史之刊

誤糾謬補遺等屬於吾所謂第四種校勘別於史學章述其成績此不更贅。

其他古書曾經各家校勘而未有重刻本者不能具舉今將幾部最精善之校勘家著作列其所校書目供參考。

盧抱經羣書拾補

五經正義表易經注疏周易略例尚書注疏春秋左傳注疏禮記注疏儀禮注疏呂氏讀詩記史記惠景間侯者年表讀漢書志注補晉書魏書宋史孝宗紀金史資治通鑑序文獻通考經籍史通新唐書糾繆山海經圖讚水經序鹽鐵論新序說苑申鑒列子張湛注韓非子晏子春秋風俗通義劉書新論潛盧春渚紀聞嘯堂集古錄鮑照集韋蘇州集元微之集白長慶集林和靖集

王石臞讀書雜誌

逸周書戰國策史記漢書管子晏子春秋荀子淮南內篇漢隸拾遺後漢書老子莊子呂氏春秋韓子法言楚辭文選

蔣生沐斠補隅錄

尚書全解爾雅續通鑑東漢會要吳越春秋錢塘遺事宣和奉使高麗圖經管子荀子意林酉陽雜俎唐摭言盧浦筆記陳后山集

俞蔭甫諸子平議讀書餘錄

管子晏子春秋老子墨子荀子列子莊子商子韓非子呂氏春秋董子春秋繁露賈子淮南內經楊子太玄經楊子注言內經素問鬼谷子新語說苑。

孫仲容札迻

易乾鑿度鄭康成注易稽覽圖鄭注易通卦驗鄭注易坤靈圖鄭注易乾元序制記鄭注韓詩外傳春秋繁露春秋釋例急就篇顏師古注方言郭璞注釋名戰國策高誘注越絕書吳越春秋徐天祜注漢儀山海經圖讚郭璞注山海經圖讚水經酈道元注管子尹知章注晏子春秋老子河上公王弼注文子徐靈府注鶡冠子陸佃注公孫龍子謝希深注鬼谷子陶宏景注荀子楊倞注呂氏春秋高誘注韓非子燕丹子新語賈子新書淮南子許慎高誘注鹽鐵論新序說苑法言

李軌注太玄經范望注潛夫論白虎通德論風俗通義獨斷申鑒中論抱朴子金樓子新論袁孝政注六韜孫子曹操注吳子司馬法尉繚子三略素問王冰注周髀算經趙爽甄鸞李淳風注孫子算經數記遺甄鸞注夏侯陽算經易林焦易參同契穆天子傳郭璞注漢武帝內傳列仙傳西京雜記南方草木狀竹譜楚辭王逸注蔡中郎集琴操文心雕龍

晚清『先秦諸子學』之復活實爲思想解放一大關鍵此種結果原爲乾嘉派學者所不及料然非經諸君下一番極燥極麻煩的校勘工夫則如墨子管子一類書並文句亦不能索解遑論其中所含義理所以清儒這部分工作我們不能不竭誠感謝現在這部分工作已經做得差不多了以後進一步研究諸家學術內容求出我國文化淵源流別之所出演撑其精詣而批評其長短得失便是我們後輩的責任

四　辨偽書

無論做那門學問總須以別偽求眞爲基本工作因爲所憑藉的資料若屬虛偽則研究出來的結果當然也隨而虛偽研究的工作便算白費了中國舊學什有九是書本上學問而中國偽書又極多所以辨偽書爲整理舊學裏頭狠重要的一件事.

中國偽書何以如此其多呢偽書種類和作偽動機到底有多少種呢請先說說.

『好古』爲中國人特性之一什麼事都覺得今人不及古人因此出口動筆都喜歡借古人以自重此實爲偽書發達之總原因歷代以來零碎間作之偽書不少而大批製造者則有六個時期其一戰國之末百家各自立說而託之於古以爲重孟子所謂『有爲神農之言者許行』何獨許行諸家皆然其始不過稱引古人之說其徒變本加厲則或專造一書而題爲古人所著以張其學漢書藝文志所列古書多有注『六國時人依託』者.

此類是也其二西漢之初經秦火後書頗散亡漢廷『廣開獻書之路』（史記儒林傳語）懸賞格以從事收集希望得賞

的人有時便作譌以獻漢書所注『後人依託』者此類是也（隋唐以後此種事實亦常有）其三西漢之末其時經師勢力極

大朝政國故皆引經義爲程式王莽謀篡劉歆助之他們做這種壞事然而腦筋裏頭又常常印上『事必師古』

這句話所以利用劉歆校『中祕書』的地位贗造或竄亂許多古書以爲後援所謂經學今古文之爭便從此

起其四魏晉之交王肅注經務與鄭康成立異爭名爭之不勝則贗造若干部古書爲後盾其五兩晉至六朝佛

教輸入道士輩起而與之角把古來許多名人都拉入道家更造出這些怪誕不經的書嫁名古人編入他的『道藏』

和『佛藏』對抗其六明中葉以後學子漸厭空疏之習有志復古而未得正路徒以雜博相尚於是楊愼豐坊

之流利用社會心理造許多遠古之書以謑世取名各朝代都有贗書然不如這六個時期之盛大抵宋元

間贗書較少是絕無因爲他們喜歡自出見解不甚借古人爲重其中如太極圖之類性質雖像贗書但他們說

來伏羲寫定的圖唐代贗佛佛典甚多贗儒書較少因爲當時佛學占學界最重要位置（其實也不推究出來並不說從那部書上有傳下）

古今贗書其性質可分爲下列各類（一）古書中偶見此書名其書曾否存在渺無可考而後人依名贗造者

例如隋劉炫之僞三墳元吾衍之僞晉乘楚檮杌此等作僞最笨最容易發現（二）本有其書但已經久佚而

後人竊名僞造者例如漢志『孔子家語二十七篇』顏師古曰『非今所有家語』僞書中此類最多最不易

辨（三）古並無其書而後人嫁名僞造者例如隋張弧僞子夏易傳明豐坊僞子貢詩傳之類（四）僞中出

僞者例如列禦寇本莊子寓言中人物漢志有列子八篇已屬周末或漢初人僞撰而今存之列子又屬晉張湛

僞撰並非漢舊僞書中此類亦不少子部尤多（五）眞書中雜入僞文者例如韓非子不僞而初見秦篇決僞

史記不僞而武帝紀決僞論語不僞而『佛肸』「公山弗擾」等章決僞左傳不僞而『其處者爲劉氏』等

句必僞古書中如此者極多極不易辨（六）書不僞而書名僞者例如左傳確爲先秦書然標題爲春秋左氏

傳認爲解釋春秋之書則僞（七）書不僞而撰人姓名僞者例如管子商君書確爲先秦書但指爲管仲商鞅

所作則僞（八）原書本無作者姓名年代而後人妄推定爲某時某人作品因以成僞或陷於時代錯誤者例

如周髀本一部古書指爲周公作則僞素問本一部古書指爲黃帝作則僞此類書亦甚多不易辨別（九）書

雖不全僞然確非原本者例如今本竹書紀年汲冢遺文多在其中然指爲卽汲冢本則僞（十）僞書中含有

眞書者例如孔叢子確爲晉人僞作然其中小爾雅一篇則爲漢志舊本

辨僞的工作由求已久漢書藝文志明注『依託』者七『似依託』者三『增加』者一隋僧法經著衆經目

錄別立『疑僞』一門此皆有感於僞書之不可不辨可惜怎樣辨法未得他們說明宋人疑古最勇如司馬光

之疑孟子歐陽修之疑易十翼疑周禮儀禮朱熹之疑周禮疑古文尚書鄭樵之疑詩序疑左傳皆爲後世辨僞

學先河其他如郡齋讀書志直齋書錄解題等指斥僞書亦不少晚明胡應麟著四部正譌始專以辨僞爲業入

清而此學益盛

清儒辨僞工作之可貴者不在其所辨出之成績而在其能發明辨僞方法而善於運用對於古書發生問題清

儒不如宋儒之多而勇然而解決問題宋儒不如清儒之愼而密宋儒多輕蔑古書其辨僞動機往往由主觀的

一時衝動清儒多尊重古書其辨僞程序常用客觀的細密檢查檢查的重要方法如下

（一）從著錄傳授上檢查古書流傳有緒其有名的著作在各史經籍志中都有著錄或從別書記載他的淵

源若突然發現一部書向來無人經見其中定有蹊蹺如先秦書不見漢書藝文志漢人書不見隋書經籍志唐以前不見崇文總目便十有九靠不住試舉其例

（例一）古三墳晉乘楚檮杌除左傳孟子一見其名外漢隋等志從未見過亦未有人徵引過隋和元時候忽然出現不問而知爲僞

（例二）東晉古文尚書和漢書藝文志所載的篇數及他書所載的篇名都不同故知非原本

（例三）如毛詩序史記漢書儒林傳漢書藝文志皆未言及故可決爲西漢前所無

（例四）隋書經籍志明言『魯詩亡』明末忽然出現申培詩說當然是僞

（二）從本書所載事蹟制度或所引書上檢查書中與事實文句只有後人徵引前人不會前人徵引後人這是顯而易見的犯這類毛病的書當然靠不住試舉其例

（例一）管子記毛嬙西施商君書記長平之役是管仲商鞅萬看不見的事故知兩書決非管商作最少亦有一部分爲後人竄亂

（例二）史記載元帝成帝時事司馬遷無論如何長壽決不能見故知史記有一部分靠不住

（例三）左傳記智伯事可知作者決非與孔子同時

（例四）月令有『太尉』官名可見是秦人作決非出周公

（例五）山海經有漢郡縣名可見決非出伯益

（例六）易林引左傳左傳自東漢始傳布可知作者決非西漢的焦延壽

（三）從文體及文句上檢查文體各時代不同稍多讀古書的人一望便知這種檢查法雖不必有枝節證據。

然而不會錯的試舉其例

（例一）黃帝素問長篇大段的講醫理不獨三代以前即春秋間亦無此文體用論語老子等書便可作反證故此書年代可定爲漢最早亦不過戰國末

（例二）尚書二十八篇佶屈聱牙而古文尚書二十五篇文從字順什九用偶句全屬晉人文體不獨三代前所有並非漢以前所有

（例三）現行關尹子全屬唐人翻譯佛理文體不獨非與老聃同時之關尹所能做又不獨非劉歆校定七略以前的人所能做乃至並不是六朝以前人所能做

（四）從思想淵源上檢查各時代有各時代的思想治學術史的人自然會看出作僞的瞞不過明眼人試舉其例。

（例一）管子裏頭有駁「兼愛」「寢兵」之說非墨翟宋鈃以後不會發生這種問題故知這書決非春秋初年管仲所作

（例二）列子裏頭有『西方之聖人』等語其中和佛教教理相同者甚多故知決爲佛教輸入後作品決非莊子以前的列禦寇所作

（例三）大乘起信論舊題馬鳴菩薩造其書全屬和會龍樹世親兩派學說和藏中馬鳴別的著述思想不同故知決非龍樹以前馬鳴所造

（例四）楞嚴經雜入中國五行說及神仙家甚多故知決非印度人著作。

（例五）近人輯黃梨洲遺著內有鄭成功傳一書稱淸兵爲大兵指鄭氏爲畔逆與梨洲思想根本不相容

故知爲後人影射梨洲的臺灣鄭氏始末而作。

（五）從作僞家所憑藉的原料上檢查造僞書的人勢不能一個一個字憑空創造況且他旣依託某人必多采某人之說以求取信然而割裂撐擡狠難「減盡針線迹」不知不覺會露出馬脚來善於辨僞的人自

能看出試舉其例

（例一）古文尙書把荀子引道經的『人心之危道心之微』和論語的『允執其中』連湊起來造成所

謂「十六字心傳」但意義毫不聯屬

（例二）毛詩序鈔襲樂記和論語的話斷續支離完全不通

（六）從原書佚文佚說的反證上檢查已佚的書後人僞造若從別的書發現所引原書佚文爲今本所無便

知今本靠不住試舉其例

（例一）晉書束晳王接擧虞等傳言竹書紀年有『太甲殺伊尹文丁殺季歷』等事當時成爲學界討論

一問題今本無之可知今本決非汲冢之舊

（例二）司馬遷從孔安國問故史記釋尙書皆用孔義東晉晚出古文尙書孔傳文字和釋義都不同史記

故知決非安國作

（例三）崔鴻十六國春秋其體例略見魏書及史通明代所出本與彼不符便靠不住

以上所述各種檢查真偽的方法雖未完備重要的大率在此學雜例皆邁注拈起亂不倫讀者諒之 清儒辨偽書多半用這些方

法嚴密調查方下斷語其中武斷的當然也不少 他們的態度比宋儒穩健多了所以結果也較良好

有一事應該特別注意辨偽書的風氣清初狠盛清末也狠盛獨乾嘉全盛時代做這種工作的人較少乾嘉諸

老好古甚篤不肯輕易懷疑他們專用綿密工夫在一部書之中不甚提起眼光超覽一部書之外他們長處在

此短處也在此

清初最勇於疑古的人應推姚立方際恆他著有尚書通論辨偽古文有禮經通論辨周禮和禮記的一部分有

詩經通論辨毛序其專為辨偽而作的則有

古今偽書考。

這書從孔子的易繫辭傳開起刀來把許多偽書殺得落花流水其所列書目如下。

易傳（即十翼） 子夏易傳 關朗周易 麻衣正易心法 焦氏易林 易乾鑿度 古文尚書 尚書漢孔氏傳 古三墳書 詩序

子貢詩傳 申培詩說 周禮 大戴記 孝經 忠經 孔子家語 小爾雅 家禮儀節（以上經部） 竹書紀年 汲冢周書 穆天

子傳 晉樂書 楚檮杌 漢武故事 飛燕外傳 西京雜記 天祿閣外史 元經 十六國春秋 隆平集 致身錄（以上史部）

鬻子 關尹子 子華子 亢倉子 鬼谷子 尹文子 公孫龍子 商子 鶡冠子 慎子 於陵子 孔叢子 文中子

六韜 司馬法 吳子 尉繚子 李衛公問對 素書 心書 風后握奇經 周髀算經 石申星經 綠葬書 撥沙錄 黃帝素問

神異經 十洲記 列仙傳 洞冥記 靈樞經 神農本草 秦越人難經 脈訣 博物志 杜律虞注（以上子部）

以上認為全部偽作者。

儀禮 禮記 三禮考注 文子 莊子 列子 管子 賈誼新書 傷寒論 金匱玉函經

以上認為全部偽書作者。

以上認為原書雜以偽者.

爾雅　韻書　山海經　水經　陰符經　越絕書　吳越春秋

以上認為非偽而撰人名氏偽者.

春秋繁露　東坡志林

以上認為書不偽而書名偽者.

國語　孫子　劉子新論　化書

以上認為未能定其著書之人者.

立方這部書體例頗凌雜重要的書和不重要的書夾在一起篇帙亦太簡單未能盡其辭所斷亦不必盡當但他所認為有問題的書我們總有點不敢輕信罷了此後專為辨證一部或幾部偽書著為專篇者則有.

閻百詩的古文尚書疏證惠定宇的古文尚書考.

萬充宗斯大的周官辨非.

孫頤谷志祖的家語疏證.

范家相的家語辨偽.

劉申受逢祿的左氏春秋疏證.

康長素先生的新學偽經考.

王靜安國維的今本竹書紀年疏證.

崔觶甫適的史記探原.

閣惠兩家書專辨東晉僞古文尚書及僞孔安國傳後來像這類書還很多．有點近於「打死老虎」不多舉了．

萬書辨周禮非周公作多從制度與古書不合方面立論．孫書辨家語爲王肅所僞撰．他還有一部孔叢子疏證．

和這書是「姉妹書」但未著成．劉書守西漢博士『左氏不傳春秋』之說謂左傳解經部分皆劉歆僞撰．康

先生書總結兩漢今古文公案對於劉歆所提倡的周官左傳毛詩逸禮古文尚書晚出者爾雅等書皆認爲僞．

王書專辨明人補撰之竹書紀年用閻惠孫之法一一指出其剽竊湊附之贓證．崔書則宗康先生說謂史記有

一部分爲劉歆所竄亂．一一指明疑點．清儒專爲辨僞而作的書．我所記憶者只此數部餘容續訪．

其非專辨僞而著書而書中多辨僞之辭者則有魏默深詩古微之辨毛詩邵位西懿辰禮經通論之辨逸禮方

鴻濛玉潤詩經原始之辨詩序等．而其尤嚴正簡絜者則．

崔東壁述的考信錄．

此書雖非爲辨僞而作．但他對於先秦的書除詩書易論語外幾乎都懷疑．連論語也有一部分不相信．他的勇

氣眞可佩服．此外諸家筆記文集中辨僞的著作不少不能盡錄．

四庫著錄之書提要明斥其僞或疑其僞者則如下．（依次序）書

子夏易傳　全僞

古文尚書及孔安國傳　全僞

尚書八傳　疑非伏生著

詩序　疑撰人

古文孝經孔安國傳　全僞

方言　疑撰人

竹書紀年　今本偽古本未定

晏子春秋　疑撰人及年代

孔子家語　斷爲王肅依託

孔叢子　同上

陸賈新語　斷爲後人纂集

王通文中子說　疑其書並疑其人

風后握奇經　全偽

太公六韜　全偽

司馬穰苴司馬法　疑偽

黃石公三略及素書　全偽

管子　疑非管仲作

商子　疑非商鞅作

黃帝素問　斷爲周秦間人作

靈樞經　疑唐王冰依託

黃帝宅經　全偽

郭璞葬書　全偽

鶡子　全偽

墨子　疑非墨翟作

子華子　全僞

鬼谷子　全僞

劉歆西京雜記　斷爲梁吳均依託

山海經　斷爲非夏禹伯益所作

東方朔神異經及海內十洲記　全僞

班固漢武故事及武帝內傳　全僞

干寶搜神記陶潛搜神後記　全僞

張華博物志　全僞

任昉述異記　全僞

黃帝陰符經　全僞

關尹子　全僞

河上公老子注　全僞

列子　疑撰人

劉向列女傳　全僞

四庫提要爲官書間不免敷衍門面且成書在乾隆中葉許多問題或未發生或未解決總之提要所認爲眞的未必便眞所指爲僞的一定是僞我敢斷言.

今將重要之僞書已定案未定案全部僞部分僞人名僞書名僞等分別總括列表如下.所錄限於漢以前書或託名漢以前書者其術數方伎等書雖託名漢以前者亦不錄　其未定案者間附鄙見.

（甲）全部偽絕對決定者

古文尚書及孔安國傳　問題起自宋代到清初完全解決。公認為魏王肅偽撰

古文孝經孔安國傳　未定偽撰人

孔子家語及孔叢子　乾隆中葉問題完全解決。公認為魏王肅偽撰

陰符經六韜　人漢以後偽撰

鶡冠子關尹子子華子文子亢倉子鬻冠子鬼谷子於陵子　各書著錄漢書藝文志者已不可盡信今本又非漢志之舊大率晉至唐所陸續依託

尉繚子　人晉以後偽撰

老子的河上公注　人晉以後偽撰

陸賈新語賈誼新書　人晉以後偽撰

（乙）全部偽大略決定者

周禮　此書問題最大從初出現到今日二千年爭論不決據現在趨勢則不認為周公制作者居多大概此趨勢愈往後愈明瞭應認為漢劉歆雜采戰國政書附以已意偽撰

孝經　漢人所撰託諸孔子曾子。春秋時無「經」之名大約西漢人偽撰

晏子春秋　大約西漢人偽撰

列子　此問題發生不久但多數學者已漸漸公認為晉張湛所偽撰

吳子司馬法　大約西漢人偽撰

毛詩序　者此亦宋以來宿題撰人名氏撰議起自毛公今多數認為後漢衛宏撰與孔子子夏毛公無涉數學

（丙）全部僞否未決定者。

尙書百篇序。是否伏生孔安國時已決定，有何人所作完全未決

古本竹書紀年及穆天子傳。本紀年之僞不待言但有人謂晉太康汲郡發冢事根靠不住如此則兩書純屬人撰僞但我頗信其眞

逸周書。但有人指謂非漢以後人撰儒信其中或眞有者一居多部分雖附益則不認爲周初書

申子尸子愼子尹文子公孫龍子。是此五書人所作抑存秦者或由近人輯出原書不可知或不全人依託問題未決

（丁）部分僞絕對決定者。

老子中『夫佳兵者不祥』一節。後人加入是知舊注是知

墨子中親士修身所染三篇。後人采儒家書飾其言

莊子外篇雜篇之一部分。內篇爲莊生自作無問題外篇則後人僞續者甚多雜篇亦間有

韓非子中初見秦篇。由戰國策混入

史記中記昭宣元成以後之文句。少孫至劉歆續入

楚辭中之屈原大招招魂而作。漢人慕仿等多人續入

（戊）部分僞未決定者。

今文尙書二十八篇中之虞夏書。二十八篇爲孔子時所有蓋無疑但虞夏書是否爲虞夏時書則大有問題恐是周初或春秋時人所依託

左傳中釋經語。今文學家不承認此部分皆左氏爲解釋春秋之書謂有人謂漢人僞託

論語二十篇中後五篇。爲所竄亂漢張

史記中一部分有人謂劉歆竄改。

荀子韓非子之各一部分有人謂後人誤編。

禮記及大戴禮記之一部分有人指爲漢人僞撰然兩書本題「不能謂爲作僞者」所記其範圍包及漢儒有漢人作。

(己)撰人名氏及時代錯誤者。

易象傳象傳繫辭文言說卦序卦雜卦相傳爲孔子作有人攻其非但原並未得遂爲後人依託孔子題爲孔子作不。

儀禮相傳爲周公作亦後人臆推之作抵應爲西周末春秋初之作。

爾雅小爾雅抵後人指爲漢人周公作最集純屬漢人訓詁之書臆推大。

管子商君書推漢書藝文志屬戰國末年題爲仲商國末人作乃漢人者流所編集誤。

孫子十三篇舊題孫臏或孫武作戰國末年不可信當是書。

尚書大傳舊題伏生是西漢經生所著未定。

山海經或言大禹伯益作是漢代人相傳一部然古書不可。

各種緯書然自不易乾鑿度以是戰國二十餘種末傳下來漢儒或古代神話書指爲。

周髀算經大相約傳周公末作或漢初相當古不可信書。

素問難經可相信傳大黃約是秦帝作漢間的當醫然書。

越絕書著舊題貢其名已作知作者爲袁康詞用隱後漢人語自會稽敍。

以上各書之真僞及年代或屬前代留下來的宿題或屬清儒發生的新題清儒經三百年多少人研究討論的

結果已經解決的十之三四尚未解決的十之六七但解決問題固然是學術上一種成績提出問題也算一種

成績清儒在這部分所做的工作也算可觀了。

「求眞」爲學者的責任把古書眞僞及年代辨析清楚尤爲歷史學之第一級根據我盼望我們還繼續清儒

未完的工作。

辨僞書的工作還有一部分爲清儒所未嘗注意者七千卷的佛藏其中僞書不少自僧祐三藏集記法經衆經

目錄以來已別立僞疑似兩部嚴爲沙汰而贋品流傳有加無已即如佛教徒人人共讀之大佛頂首楞嚴經

及大乘起信論據我們子細研究完全是隋唐間中國人僞作其他類此者尙不少恨未有如閻百詩孫頤谷其

人者一一爲之疏通證明也。

五　輯佚書

書籍遞嬗散亡好學之士每讀前代著錄按索不獲深致慨惜於是乎有輯佚之業最初從事於此者爲宋之王

應麟輯有三家詩考周易鄭氏注各一卷附刻玉海中傳於今明中葉後文士喜撫拾僻書奇字以炫博至有造

僞書以欺人者時則有孫瑴輯古微書專搜羅緯書佚文然而範圍旣隘體例亦復未善入清而此學遂成專門

之業。

輯佚之學本起於漢學家之治經惠定宇不喜王韓易注而從事漢易於是有易漢學八卷之作從唐李鼎祚周

易集解集中刺取孟京干鄭荀虞諸家舊注分家疏解後又擴充爲九經古義十六卷將諸經漢人佚注益加網羅

惠氏弟子余仲林蕭客用其師法輯古經解鈎沈三十卷所收益富此實輯佚之嚆矢然未嘗別標所輯原書名，體例仍近自著。

永樂大典者古今最拙劣之類書也其書以洪武韻目按字分編每一字下往往將古書中凡用該字作書名之頭一字者全部錄入（例如一東韻下之「東」字門則將全部錄入當時所存之東觀漢記）而各書之一部分亦常分隸入各字之下其體例固極燕雜可笑然稀見之古書賴以保存者頗不少其書本貯內府康熙間因編官書移置翰林院供參考此後蛛網塵封無人過問者數十年（此書爲明成祖命胡廣王洪等所編計六萬二千八百七十七卷目錄六十卷乾嘉間存九千八百八十一冊直至淸末猶貯翰林院羲和團之亂爲八國聯軍瓜分以盡除當時踐踏失外現存歐美日本各國圖書館中每館或百數十冊或一兩冊不等）雍乾之交李穆堂全謝山同在翰林發見此中祕籍甚多相約鈔輯兩君皆貧士所鈔無幾（時范氏天一閣馮氏小玲瓏山館亦託全氏代鈔）而此書廢物利用的價值漸爲學界所認識乾隆三十八年朱筍河（筠）奏請開四庫館即以輯大典佚書爲言故四庫全書之編纂其動機實自輯佚始也館既開即首循此計畫以進行先後從大典輯出之書著錄及存目合計凡三百七十五種四千九百二十六卷其部屬如下。

經部六十六種

史部四十一種

子部一百零三種

集部一百七十五種

觀右表所列則當時纂輯大典之成績實可驚以卷帙論最浩博者如李燾續資治通鑑長編之五百二十卷薛

居正五代史之百五十卷郝經續後漢書之九十卷王珪華陽集之七十卷宋祁景文集之六十五卷……其餘

二三十卷以上之書尚不下數十種其中於學術界有重要關係者頗不少例如東漢班固劉珍等之東漢觀漢

記元代已佚其書為范蔚宗所不采而足以補後漢書闕失者頗不少今輯得二十四卷可以存最古的官修史

書之面目又如五代史自歐書出後薛書浸微遂至全佚然歐史摹仿春秋筆法文務簡奧重要事實多從刊落。

今重裒薛史然後此一期之史蹟稍得完備又如漢至元九數學書——九章算術孫子算經晉劉徽海島算經

五曹算經夏侯陽算經北周甄鸞五經算術宋秦九韶數學九章元李冶益古演段等皆久佚四庫館從大典輯

出用聚珍板刊布喚起學者研究算術之興味實非淺尟亦有其書雖存而篇章殘缺據大典葺而補之例如春

秋露或其書雖全而譌脫不可讀據大典讐而正之例如水經注凡此之類皆纂輯大典所生之良結果也。

纂輯大典所費工力有極簡易者有極繁難者例如續通鑑長編五百餘卷全在「宋」字條下不過

一鈔胥逸錄之勞只能謂之鈔書不能謂之輯書極繁難者例如五代史散在各條篇第凌亂蒐集既備佐以他

書苦心排比乃克成編之八九又（提要云『臣等謹就永樂大典各韻中所引薛史詮次排纂先後檢其篇第得十考宋人書之徵引薛史者每條採錄以補其闕逸得依原本卷數勒成一編』）

非得邵二雲輩深通著述家法而赴以精心果力不能蕆事（見薛史編輯全出二雲手阮元國史儒林傳稿）此種工作遂為後此輯佚家

模範。

永樂大典所收者明初現存書而已然古書多佚自宋元非大典中所能搜得且大典往往全書連載逐鈔較易

舍此以外求如此便於撮纂者更無第二部清儒好古成狂不肯以此自甘於是更為向上一步之輯佚。

向上一步之輯佚乃欲將漢書藝文志隋書經籍志中曾經著錄而今已佚者次第輯出其所憑藉之重要資料

則有如下諸類．

一．以唐宋間類書爲總資料．——如北堂書鈔藝文類聚初學記白帖大平御覽冊府元龜山堂考索玉海
等．

二．以漢人子史書及漢人經注爲輯周秦古書之資料．——例如史記漢書春秋繁露論衡等所引古子家
說鄭康成諸經注韋昭國語注所引緯書及古系譜等．

三．以唐人義疏等書爲輯漢人經說之資料．——例如從周易集解輯漢諸家易注從孔賈諸疏輯尚書馬
鄭注左氏賈服注等．

四．以六朝唐人史注爲輯逸文之資料．——例如裴松之三國志注裴駰以下史記注顏師古漢書注李賢
後漢書注李善文選注等．

五．以各史傳注及各古選本金石刻爲輯遺文之資料．——古選本如文選文苑英華等．

其在經部則現行十三經注疏中其注爲魏晉以後人作者清儒厭惡之務輯漢注以補其闕

易注排斥王弼宗鄭元虞翻等自惠氏輯著易漢學之後有孫淵如輯孫氏周易集解十卷 續李鼎祚 有盧雅雨曾見

輯鄭氏易注十卷有丁升衢杰輯周易鄭注十二卷有張泉文輯周易虞氏義九卷鄭氏義二卷荀氏九家義一

卷易義別錄十四卷 孟喜姚信翟子蜀才京房 有孫步升堂輯漢魏二十一家易注三十三卷 于寶馬融宋衷劉表董遇王廙劉巘干寶子夏

鄭玄陸績孟喜京房馬融荀爽劉表宋衷虞翻劉瓛九家集注劉巘 所輯家數太多不具錄．

尚書注排斥僞孔傳推崇馬融鄭玄漸及於西漢今文汀民庭之集注音疏王西莊之後案孫淵如之今古注疏．

其大部分功臣皆在輯馬鄭注也而淵如於全疏外復輯有尚書馬鄭注十卷·馬竹吾亦輯尚書馬氏

傳四卷今文學方面則有陳樸園（喬樅）今文尚書經說考三十二卷歐陽夏侯遺說考二卷馬竹吾則輯尚書歐

陽大夏侯小夏侯章句各一卷·而尚書大傳輯者亦數家（看前校勘章）

詩注毛傳鄭箋皆完待輯者少·惟今文之魯齊韓三家說久佚則有馬竹吾輯魯詩故二卷齊詩傳二卷有邵

二雲輯韓詩內傳一卷宋緜（縣初）初輯韓詩內傳徵四卷有嚴鐵橋（可均）輯韓詩二十卷有馬竹吾輯韓詩故韓詩薛

君章句各二卷韓詩內傳韓詩說各一卷有馮雲伯登府三家詩異文疏證六卷有陳左海輯三家詩遺說考十

五卷其子樸園輯四家詩異文考五卷著齊詩翼氏學疏證二卷

三禮皆鄭注精博無遺憾故可補者希然周禮之鄭興鄭衆杜子春賈逵馬融王肅諸注儀禮之馬融王肅諸注

禮記之馬融盧植王肅諸注馬竹吾亦各輯為一卷又有丁儉卿晏之佚禮扶微則輯西漢末所出儀禮逸篇之

文

春秋三傳注公羊宗何氏別無問題穀梁范甯注頗為清儒所不滿故邵二雲輯穀梁古注（列未）左傳則排斥杜預

上宗賈逵服虔故馬宗槤（有買服注）（未見）李貽德有春秋左傳賈服注輯述十二卷臧壽恭（壽恭）有春秋左氏古義六

卷

論語孝經爾雅今注疏本所用皆魏晉人注故宋于庭（翔鳳）輯論語鄭注十卷劉申受（逢祿）輯論語述何二卷鄭

子尹珍輯論語三十七家注四卷臧在東（庸）嚴鐵橋各輯孝經鄭氏注一卷在東又輯爾雅漢注三卷黃右原（奭與）

輯爾雅古義十二卷

輯書自明人古黴書所輯已不少清儒更增輯之最備者為趙在翰所輯七緯三十八卷兩叢書皆有專輯　玉函山房漢學堂清儒最尊鄭康成競輯其遺著黃奭原輯高密遺書十四種　六藝論易注佚書注佚書毛詩譜箋佚書周禮義論語注鄭志鄭記　孔叢伯廣森輯通德遺書十七種　箋膏論易注佚書中候孝存周禮義論語注鄭志鄭記　增倚書五行傳注倚書略說注論語弟子篇二種鄭記佚書同黃輯　袁鈞輯有鄭氏佚書二十一種　二種有鄭志鄭記佚目同孔輯　而陳仲魚鱧又別輯六藝論錢東垣王復等又先後別輯鄭志其尚書大傳注駁五經異義有多數輯本已詳前

以上經部

史部書輯之目的物一為古史一為兩晉六朝人所著史

古史中以世本及竹書紀年為主要品

世本為司馬遷所校以作史記者漢書藝文志著錄十五卷其書蓋佚於宋元之交　因鄭樵王應麟倘及徵引　清儒先後輯者有錢大昭孫馮翼洪飴孫雷學淇秦嘉謨茆泮林張澍七家秦本最豐凡十卷餘家皆二卷或一卷然秦將史記世家及左傳杜注國語韋注凡涉及世系之文皆歸於世本原書既無明文似太涉汎濫茆張兩家似最翔實　秦嘉

汲冢竹書紀年亦出司馬遷前而為遷未見在史部中實為鴻寶明以來刻本既出為撰故清儒亟欲求其真先後輯者有洪頤煊陳逢衡張宗　泰林春溥朱右曾王國維諸家王輯最後最善　嘉

史家著作以兩晉六朝為最盛而其書百不存一學者憾焉清儒乃發憤從事蒐輯其用力最勤者為章遂之宗源著有隋書經籍志考證今所存者僅史部為書十三卷　知已成否　餘三部不書名雖似踵襲王應麟之漢書藝文志考證

而內容不同，彼將隋志著錄各書，每書詳考作者履歷及著述始末，與夫後人對於此書之批評，除現存書外，其

餘有佚文散見羣籍者，皆備輯之，雖皆屬片鱗殘甲，亦可謂宏博也已。

其後則有姚氏之（謝承、薛瑩、謝沈、袁山松、司馬彪及失名氏）輯八家後漢書，

湯氏球輯兩家漢晉春秋（習鑿齒、孫盛）、兩家晉陽秋（孫盛、檀道鸞）、五家晉紀（干寶、陸機、劉謙之、王嘉、李書和苞漢書、裴景仁秦記）、十家晉書（朱鳳、臧榮緒、趙和書）、（蕭子顯、史約、何法盛及晉諸公別傳）、

汪氏文臺輯七家後漢書（謝承、薛瑩、謝沈、袁山松、張璠及失名氏、謝嶠），

諸錄（劉昞燉煌實錄、張諮歸西河記、段龜龍涼記、喻歸西河記、楊孚涼州記、高閭燕志、龜龍涼記、辛氏三秦記、失名三輔故事、失名沙州記），

地理類書則有畢秋帆輯王隱晉書地道記、太康三年地志，有張介侯輯闕顯十三州志，政書類則有孫淵如輯

漢官六卷（王隆漢官及漢官解詁、衛宏漢舊儀及補遺、應劭漢官儀、蔡質漢官典職儀式，選用丁學漢儀）。

以上史部。

而張介侯尤以甘蕭之特注意甘涼掌故，專輯鄉邦遺籍（所輯有決岐三輔），

皆兩晉六朝史籍碎金也。

地志有張介侯輯闕顯十三州志，政書類則有孫淵如輯王堯臣崇文總目等。

子部書有唐馬總意林所鈔漢以前古子，其書爲今已佚者，加以各種類書、各種經注等所徵引，時可資采撫，然

所輯不多，稍可觀者，如嚴可均輯申子、章宗源任兆麟輯尸子、章宗源輯燕丹子、嚴可均輯補商子、愼子、張澍輯

補司馬法、茆泮林輯計然萬物錄、孫馮翼輯淮南萬畢術等，馬氏國翰玉函山房叢書所輯漢志先秦佚

子則儒家十五種（漆雕子、宓子、景子、世子、魏文侯書、李克書、公孫尼子、內業、公孫固子、徐子、魯連子、董子（蓋無心））、法家一種、名家一種、黑家五種（田俅子、隨巢子、胡非子、纏子）、農家三種（神農書、野老、范子計然）、道家書七種（蘇子、黃氏與子）、

史鈞沈中之周秦部分亦有五種（神農本草經、淮南萬畢術）、子老萊子、黔婁子、鄭長者書、黃氏以周輯逸子微（未刊其序見）之周秦部分亦有六

伊尹書、辛甲書、公孫長者書……黃氏以周輯逸子微未刊其序見之周秦部分亦有五種。

種。（太公金匱魯連子范子計然隱巢子王孫子申子）

現存各子書輯其佚文者則有孫仲容之於墨子王石臞之於荀子王先慎之於韓非子等（孟子外書林春溥有注本但此書趙岐已明辨為偽託）。

現存古子輯其佚注者則有馮翼輯司馬彪莊子注許慎淮南子注等。

以吾所見輯子部書尚有一妙法蓋先秦百家言多散見同時人所著書例如從孟子墨子書中輯告子學說從孟子荀子莊子書中輯宋鈃學說從莊子書中輯惠施公孫龍學說從孟子荀子戰國策書中輯陳仲學說從孟子書中輯許行白圭學說……諸如此類可輯出者不少惜清儒尚未有人從事如此也。

以上子部。

集部之名起於六朝故考古者無所用其然搜集遺文其工作之繁重亦正相等晚明張溥之漢魏百三家集事實上什九皆由裒輯而成亦可謂之輯佚但其書不注明出處又各家皆題為「某人集」而其人或本無集其集名或並不見前代著錄任意錫名非著述之體也清康熙間官修全唐文全唐詩全金詩其性質實為輯佚與唐文粹宋文鑑等書性質不同彼乃選本立一標準以為去取此乃輯本見一篇收一篇務取其備。集部輯佚實昉於此。

張月宵（金吾）輯金文最百二十卷凡費十二年始成李雨村（調元）輯全五代詩一百卷某氏輯全遼詩若干卷繆小山輯遼文存六卷其工作頗艱辛其最有價值者有嚴鐵橋之全上古三代兩漢三國兩晉六朝文七百四十六卷凡經史子傳記專集舊選本釋道藏金石六朝以前之文凡三千四百九十七家（未見其名偶忘其名）自完篇以至零章斷句搜輯略備每家各為小傳冠於其文之前可謂藝林淵海也已（淵如輯而鐵橋攘之吾聞吳山尊日記謂七書實孫）

鐵橋決非攘書者況淵如貴人鐵橋寒士鐵橋依淵如幕府以所著贈名淵如則**有之**耳張紹南作淵如年譜謂晚年與鐵橋回輯此書或淵如發起且以藏書資鐵橋斯可信也（楊星吾晦明軒稿論此案與吾意略同）

劉孟瞻文淇　揚州文徵鄧湘皋顯鶴　**沅湘耆舊集**……等性質亦爲輯佚蓋對於一地方人之著作搜采求備也

此類書甚多當於方志章別論之．

以上集部．

嘉道以後輯佚家甚多其專以此爲業而所輯以多爲貴者莫如黃右原與馬竹吾國翰兩家今舉其輯出種數．

黃氏漢學堂叢書

　經解八十六種

　通緯五十六種

　子史鈎沈七十四種

馬氏玉函山房輯佚書

　經部四百四十四種（內緯書四十種）

　史部八種

　子部一百七十八種

右兩家所輯雖富但其細已甚往往有兩三條數十字爲一種者且其中有一部分爲前人所輯轉錄而已不甚足貴馬氏書每種之首冠以一簡短之提要說明本書來歷及存佚沿革頗可觀

鑑定輯佚書優劣之標準有四——（一）佚文出自何書必須注明數書同引則舉其最先者能確遵此例者優．

否者劣。(二)既輯一書則必求備。所輯佚文多者優少者劣。例如尙書大傳陳輯優於盧孔輯。(三)既須求備又須求眞。若貪多而誤認他書爲本書佚文則劣。例如秦輯世本劣於茆張輯。(四)原書篇第有可整理者極力整理求還其書本來面目。雜亂排列者劣。例如邵二雲輯五代史功等新編故最優。——此外更當視原書價値何如。若尋常一僞書或一僞書蒐輯雖備亦無益費精神也。

總而論之。清儒所做輯佚事業甚勤苦，其成績可供後此專家研究資料者亦不少，然畢竟一鈔書匠之能事耳。末流以此相衿尙。治經者現成的三禮鄭注不讀，而專講些什麼尙書論語鄭注。治史者現成之後漢書三國志不讀，而專講些什麼謝承華嶠臧榮緒何法盛。治諸子者現成幾部子書不讀，而專講些什麼佚文和什麼僞妄的鶡子燕丹子。若此之徒，眞未可本末倒置大惑不解。善夫章實齋之言曰：『……今之俗儒逐於時趨，誤以擘績補苴謂足盡天地之能事。幸而生後世也，如生秦火未毀以前典籍具存，無事補輯，彼將無所用其學矣。』(史文通義博約中篇)

十五 清代學者整理舊學之總成績(三)

——史學 方志學 傳記及譜牒學——

六 史學

清代史學開拓於黃梨洲萬季野，而昌明於章實齋，吾別有專篇論之(看第十五講第八、第十二講)。但梨洲季野在草創時代

其方法不盡適用於後輩實齋才識絕倫大聲不入里耳故不爲時流宗尚三君之學不盛行於清代清代史學

界之恥也清代一般史學家思想及其用力所在王西莊之十七史商榷序最足以代之今節錄如下

「……大抵史家所記典制有得有失讀史者不必橫生意見馳騁議論以明法戒也但當考其典制之實僞

數千百年建置沿革瞭如指掌而或宜法或宜戒待人之自擇焉可耳其事蹟則有美有惡讀史者亦不必强

立文法擅加與奪以爲褒貶也但由考其事績之實年經事緯部居州次紀載之異同見聞之離合一一條析

無疑而若者可褒若者可貶聽諸天下之公論焉可矣……」

「讀史之法與讀經小異而大同……治經斷不敢駁經而史則雖子長孟堅苟有所失無妨箴而砭之此其

異也……」」

大抵自宋以後所謂史家——除司馬光鄭樵袁樞有別裁特識外率歸於三派其一派則如胡安國歐陽修之

徒務爲簡單奧隱之文詞行其褎刻隘激之「褒貶」其一派則蘇洵蘇軾父子之徒效縱橫家言任意雌黃史

蹟以爲帖括之用又其一派則如羅泌之徒之述古本纂之徒之說今惟侈浩博不復審擇事實此三派中分史

學界七百餘年入清乃起反動

清初史學第一派殆已絕跡第二派則侯朝宗方域魏叔子禧等扇其燄所謂「古文家」「理學家」從而和

之其間如王船山算是最切實的然習氣尚在所不免第三派則馬宛斯驌吳志伊任臣及毛西河朱竹垞輩其

著述專務內容之繁博以眩流俗而事實正確之審查不甚厝意雖然自亭林梨洲諸先覺之倡導風氣固趨健

實矣

乾嘉間學者力矯其弊其方向及工作則略如王西莊所云．大抵梭勘前史文句之譌舛其一也．訂正其所載

事實之矛盾錯誤其二也補其遺闕其三也整齊其事實使有條理易省覽其四也其著述門類雖多精神率皆

歸於此四者總而論之清儒所高唱之「實事求是」主義比較的尚能應用於史學界雖其所謂「實事」者

或毛舉細故無足重輕此則視乎各人才識何如至於其一般用力方法不可不謂比前代有進步也

今就各家所業略分類以論其得失

（甲）明史之述作 附清史史料

清初史學之發展實由少數學者之有志創修明史而明史館之開設亦間接助之其志修明史者首屈指亭林

梨洲然以畢生精力赴之者則潘力田萬季野戴南山

自唐以後各史皆成於官局衆修之手是以矛盾百出蕪穢而不可理劉子元鄭漁仲已痛論其失而卒莫之能

改累代學者亦莫敢以此自任迄清初而忽有潘萬戴三君先後發大心負荷斯業雖其功皆不就不可謂非豪

傑之士也　但錢牧齋亦有志自撰明史其人不足道其書既無成可不復論

三家之中潘萬學風大略相同專注重審查史實蓋明代向無國史　不如清代國史館之能舉其職遞續修纂之只有一部實錄既爲外

間所罕見且有遺缺　而士習甚囂黨同伐異野史如鯽各從所好惡以顛倒事實故明史號稱難理　建文天啟崇禎三朝缺

潘力田發心作史其下手工夫卽在攷此盤錯其弟次耕序其國史考異云『亡兄博極羣書長於考訂謂著書

之法莫善於司馬溫公其爲通鑑也先成長編別著考異故少牴牾……於是博訪有明一代之書以實錄爲綱

領若志乘若文集若墓銘家傳凡有關史事者一切鈔撮薈萃以類相從稽其異同核其虛實……去取出入皆

有明徵。不徇單辭不遽臆見信以傳信疑以傳疑⋯⋯」集卷六初堂又序其松陵文獻曰『亡兄與吳先生（炎）草

創明史作長編聚一代之書而分割之或以事類或以人類條分件繫彙羣言而駢列之異同自出參伍鉤稽

歸於至當然後筆之於書」同卷七上力田治史方法其健實如此故顧亭林極相推挹盡以己所藏書所著稿界之

其書垂成而遭「南潯史獄」之難既失此人實清代史學界第一不幸事也遺著幸存者僅國史考

異之一部分原書三十餘卷僅存六卷及松陵文獻讀之可見其史才之一斑

季野學術已具第八講此不多述彼爲今本明史關係最深之人學者類能知之但吾以爲明史長處季野實尸

其功明史短處季野不任其咎季野主要功作在考證事實以求眞是對於當時史館原稿既隨時刊正復自撰

史稿五百卷自言『吾所取者或有可損而所不取者必非其事與言之眞而不可益』故明史敍事翔實不能

不謂季野詒謀之善雖然史稿爲王鴻緒所攘竄改不知凡幾魏默深有書王橫雲後此朵王稿成書已不能謂<small>明史稿後辨證頗詳</small>

爲萬氏之舊且季野最反對官局分條制度而史館沿舊制卒不可革季野雖負重望豈能令分纂者悉如其意

況季野卒於康熙四十一年明史成於乾隆四年相距幾四十年中間史館廢弛已久張廷玉草草奏進時館中<small>最不幸者是然明史能有</small>

幾無一知名之士則其筆削失當之處亦概可想故季野雖視潘戴爲幸然仍不幸也<small>明史稿不傳</small>

相當價值微季野之力固不及此也

戴南山權奇倜儻以死與潘力田同而著作之無傳於後視力田尤甚大抵南山考證史蹟之懇摯或不如力田季

野<small>此亦比較之辭耳觀集中與余生書（即南山致禍之由者）其搜查史料之勤愼倘亦可見且彼亦與季野有交期特其精力不甚費於考證耳</small>而史識史才實一時無兩其遺集中

史論左氏辨等篇持論往往與章實齋暗合彼生當明史館久開之後而不慊於史館諸公之所爲常欲以獨力

私撰明史又常與季野及劉繼莊蔡膽岷約偕隱舊京共渤一史然而中年饑驅潦倒晚獲一第卒以史事羅大

繆可哀也其史雖一字未成然集中有遺文數篇足覘史才之特絕其才遺錄一篇以桐城一縣被賊始末為骨

幹而晚明流寇全部形勢乃至明之所以亡者具見焉而又未嘗離桐而有枝溢之辭其楊劉二士合傳以楊畏

知劉廷傑王運開運宏四人為骨幹寥寥二千餘言而晚明四川雲南形勢若指諸掌其左忠毅公傳以左光斗

為骨幹而明末黨禍來歷及其所生影響與夫全案重要關係人而目皆具見蓋南山之於文章有天才善於組

織最能駕馭資料而鎔冶之有濃摯之情感而寄之於所記之事議不著且蘊且洩恰如其分使讀者移情而不自

知以吾所見其組織力不讓章實齋而情感力或尚非實齋所逮有清一代史家作者之林吾所艷首此兩人而

已.

潘萬戴之外有應附記者一人曰傅掌雷維麟 其人為順治初年翰林當明史館未開以前獨力私撰明書一百

七十一卷書雖平庸不足稱顧不能不嘉其志雖然三君之書或不成或不傳而惟傳書巋然存適以重吾曹悲

也.

明清鼎革之交一段歷史在全部中國史上實有重大的意義當時隨筆類之野史甚多雖屢經清廷禁燬現存

者尚百數十種其用著述體稍經組織而其書有永久的價值者則有吳梅村偉業之鹿樵紀聞專記流寇始

末其書為鄭瀹所盜改更名綏寇紀略 有王船山之永歷實錄永歷紀永歷帝十五年間事蹟有紀有傳有戴耘野笠之略竄亂原文顛倒事實處不少

寇事編年殉國彙編實潘力田明史長編之一部耘野與亭林力田為至友力田為晚明部分此諸書即其稿見潘次耕寇事編年序

之行朝錄於浙閩事言之較詳有萬季野之南疆逸史有溫睿臨之南疆繹史皆半編年體有計用賓六奇之明

季北略明季南略用紀事本末體組織頗善有邵念魯廷采之東南紀事西南紀事蓋以所聞於黃梨洲者重加

甄補成爲有系統的著述於當時此類著作品中稱甚善云嘉道以降文網漸寬此類著述本可自由然時代既

隔資料之搜集審查皆不易惟徐亦才蕣之小腆紀年小腆紀傳最稱簡潔戴子高望嘗欲作續明史成傳數篇

惜不永年未竟其業錢映江綺著南明書三十六卷據譚復堂云已成不審有刻本否亦不知內容何如

官修明史自康熙十八年開館至乾隆四年成書凡經六十四年其中大部分率皆康熙五十年以前所成以後

稍爲補綴而已關於此書之編纂最主要人物爲萬季野人皆知而大儒黃梨洲顧亭林於義例皆有所商榷

而最初董其事者爲葉訒庵及徐健庵立齋兄弟頗能網羅人才故一時績學能文之士如朱竹垞毛西河潘次

耕吳志伊施愚山汪堯峯黃子鴻王崑繩湯荊峴萬貞一……等咸在纂修之例或間接參定（明史初稿某部分出某人手可考出某部分者如太祖本紀高文昭章睿純七朝后妃傳至江東伊湯荊峴藝文志出尤西堂太祖十三公主至醫吉詳傳竹垞地理志出徐健庵次耕歷志出潘次耕自咸張獻諸傳出萬李河出毛西河……一百二十九篇出汪堯峯熊延袞諸家文集散見諸家文集筆記中者不少吾鳳思搜集彙列之惜所得仍希少）一時流風所播助

長學者社會對於史學之興味亦非淺尠也

史學以記述現代爲最重故清人關於清史方面之著作爲吾儕所最樂聞而不幸茲事乃大令吾儕失望治明

史者常厭野史之多治清史者常感野史之少除官修之國史實錄方略外民間私著卷帙最富者爲蔣氏良騏

王氏先謙之兩部東華錄實不過鈔節實錄而成欲求如明王世貞之弇州乙部稿……等稍帶研究性質者且

不可得進而求如宋王偁之東都事略……等斐然述作者更無論矣其局部的紀事本末之部最著者有魏默

深源之聖武記王壬秋闓運之湘軍志等默深觀察力顏銳敏組織力顏精能其書記載雖間有失實處固不失

為一傑作壬秋文人缺乏史德往往以愛憎顛倒事實軍_{郭筠仙意城兄弟嘗逐陳簧殿其家子弟彙刻之名曰湘軍志平議要之壬秋此書文采可觀其內容則反不如}

定安湘軍記_{之翔實也}其足備表志一部分資料者如祁鶴皋韻士之皇朝藩部要略對於蒙古部落封襲建置頗詳原委

如程善夫慶倫之皇朝經籍志皇朝碑版錄八卿表督撫提鎮年表等當屬佳構存否未審_{見戴子高所作程子墓表}此外可

稱著作者以吾固陋乃未之有聞其人物傳記之部最著者有錢東生林之文獻徵存錄李次青元度之國朝先

正事略等書限於學者及文學家頗有貫串李書涉全部自具別裁而儉陋在所不免其部分的人物則如董

兆熊之明遺民錄張南山維屏之國朝詩人徵略等頗可觀至於碑傳集_{錢儀吉編}續碑傳集_{繆荃孫編}國朝耆獻類徵_{李桓}編

等書鈔撮碑誌家傳只算類書不算著述_{但亦較豐富}至如筆記一類書宋明人所著現存者什之五六皆記

當時事蹟清人筆記有價值者則什有九屬於考古方面求其記述親見親聞之大事稍具條理本末如吳仲倫

德旋閏見錄薛叔耘_{福成}庸庵筆記之類蓋不一二觀_{昭槤嘯亭雜錄姚元之竹葉亭筆記陳康祺郎潛紀聞孟繩生心史叢刊詳記之類雖皆記當時事然全屬瑣末掌故足資史料者甚少}故清人不獨無清史專書並其留詒吾曹之史料書亦極貧乏以吾個人的經驗治清史最感困難者例如

滿洲入關以前及入關初年之宮廷事蹟與夫旗人殘暴狀況實錄經屢次竄改諱莫如深累朝改實錄事頗詳

又如順治康熙間吏治腐敗民生彫敝吾儕雖於各書中偶見其斷片但終無由知其全部真相而據官書紀載

則其時乃正黃金時代又如自戊戌政變義和團以至辛亥革命雖時代密邇口碑間存然而求一卷首末完備年月正確

無一書紀述又如洪楊方面人物治清史最感困難者如其斷片偉烈至求一卷首末完備之眞相乃

之載記亦杳不可得……竊計自漢晉以來二千年私家史料之缺乏未有甚於清代者蓋緣順康雍乾間文網

太密史獄屢起「禁書」及「適礙書」什九屬史部學者咸有戒心乾嘉以後上流人才集精力於考古以現

代事蹟實為不足研究此種學風及其心理遺傳及於後輩專喜搜撦殘編不思創垂今錄，他不要具論即如我

的一個人我於現代事實所知者不為少何故總不肯記載以詒後人吾常自己便是遺傳中毒

以此自責而終不能舉其考古之興味故知學風之先天的支配甚可畏也嗚呼此則乾嘉學派之罪也

（乙）上古史之研究

史記起唐虞三代而實蹟可詳記者實斷自春秋而取材於左氏通鑑則託始戰國而左傳下距戰國策既百三

十三年中間一無史籍戰國策又皆斷片紀載不著事實發生年代於是治史學者常然發生兩問題一春秋以

前或秦漢以前史蹟問題一春秋戰國間缺漏的史蹟及戰國史蹟年代問題

第一問題之研究前此則有蜀漢譙周古史考晉皇甫謐帝王世紀（佚）皆宋胡宏皇王大紀呂祖謙大事記羅泌路

史金履祥通鑑前編等清初治此者則有馬驌繹史百十六卷仿袁樞紀事本末體

蓋畢生精力所萃搜羅資料最宏博顧亭林亟稱之時人號曰「馬三代」廌青之書曰尚史七十卷仿正史紀

傳體十世系圖一卷本紀五卷世家十三卷列傳三博贍稍遜馬書李為鐵嶺人關

四卷繫四卷志十卷年表十卷序傳一卷　東唯一學者

史公固云『百家言黃帝其言不雅馴搢紳先生難言之』宛斯輩欲知孔子所不敢知雜引漢代讖緯神話泛

濫及魏晉以後附會之說益博則愈益其燕穢耳然馬書以事類編便其學者李映碧清為作序稱其特長有四

一體製之別創二譜牒之咸具三紀述之靡舛四論次之最縝後兩事吾未敢許但其體製別創確有足多者，

蓋彼稍具文化史的雛形魏晉以後史家專詳朝廷政令者蓋有間矣宛斯復有左傳事緯用紀事本末治左

傳而高江村（士奇）之左傳紀事本末分國編次則復左氏國語之舊矣此外則顧復初春秋大事表為治春秋時

代史最善之書已詳經學章不復述

嘉慶間則有從別的方嚮——和馬宛斯正相反的方法以研究古史者曰崔東壁述。其書曰考信錄。_{考信錄提要二卷}上古考信錄二卷唐虞考信錄八卷洙泗考信餘錄四卷豐鎬別錄三卷孟子實錄考信附錄考信錄續說各三卷

大史公謂『載籍極博猶考信於六藝』。東壁取以名其書。經書以外隻字不信。論語左傳尚擇而後從。史記以下更不必論。彼用此種極嚴正態度以治古史。於是自漢以來古史之雲霧撥開什之八九。其書為好博的漢學家所不喜。然考證方法之嚴密犀利。實不讓戴錢段王。可謂豪傑之士也。

研究第二問題者嘉道間有林鑑塘春溥著戰國紀年六卷。同光間有黃薇香式三著周季編略九卷。兩書性質體裁略同黃書晚出較優。

第二問題。在現存資料範圍內所能做的工作。不過如此。不復論。第一問題中春秋前史蹟之部分崔東壁所用方法自優勝於馬宛斯。雖然猶有進。蓋「考信六藝」固視輕信「不雅馴之百家」為較有根據。然六藝亦強半春秋前後作品。為仲尼之徒所誦法。仲尼固自言「夏殷無徵」。則自周以前之史蹟。依然在茫昧中。六藝果能予吾儕以確實保障否耶。要之中國何時代有史有史以前文化狀況如何。非待采掘金石之學大與。不能得正當之解答。此則不能責備清儒。在我輩今後之努力耳。

（丙）舊史之補作或改作

現存正史類之二十四史。除史記兩漢及明史外。自餘不滿人意者頗多。編年類司馬通鑑止於五代。有待賡續。

此外偏霸藩屬諸史。亦時需補葺。清儒頗有從事於此者。

陳壽三國志精核謹嚴。夙稱良史。但其不滿人意者三點。一行文太簡事實多遺。二無志表。三以魏為正統宋以

後學者對於第三點抨擊最有力故謀改作者紛紛宋蕭常元郝經兩家之續後漢書卽斯志也清則咸同間有湯

承烈著季漢書若干卷吾未見其書據莫郘亭[友芝]稱其用力尤在表志凡七易稿乃成爭正統爲舊史家僻見

誠不足道若得佳表志則其書足觀矣

晉書爲唐貞觀間官修官書出而十八家舊史盡廢劉子元嘗慨歎之其書喜採小說而大事往往闕遺繁簡實

不得宜嘉慶間周保緒濟著晉略六十卷仿魚豢魏略爲編年體也丁儉卿晏謂其『一生精力畢萃於斯體例

精深因而實創』魏默深謂其『以窩平生經世之學退識渺慮非徒考訂筆力過人』據此則其書當甚有價

值[六十八卷爲紀傳體]乾隆間有郭倫著晉紀

魏收魏書夙稱穢史燕累不可悉指其於東西魏分裂之後以東爲正以西爲僞尤不愜人心故司馬通鑑不從

之乾隆末謝蘊山啓昆著西魏書二十四卷糾正收書之一部分南北朝正統之爭本已無聊況於偏霸垂亡之

元魏爲辨其孰正孰僭是亦不可以已耶然蘊山實頗具史才此書於西魏二十餘年間史料采撫殆無遺漏結

構亦謹嚴有法固自可稱

今二十四史中宋書南齊書梁書陳書北魏書北齊書北周書之與南史北史舊唐書之與新唐書舊五代史之

與新五代史皆同一時代而有兩家之著作文之重複者什而八九兩家各有短長故官書並存而不廢然爲讀

者計非惟艱於省覽抑且苦於別擇矣於是校合删定之本頗爲學界所渴需清初有李映碧[清]著南北史合鈔

口卷删宋齊梁陳魏齊周隋八書隸諸南北二史而夾注其下其書盛爲當時所推服與顧氏方與紀要馬氏繹

史稱爲海內三奇書實則功僅鈔撮非爲不足比顧並不足比馬也[映璧復鈔馬令陸游兩家之南唐書爲一]康熙之交有沈東甫[炳]

震

著新舊唐書合鈔二百六十卷其名雖襲映璧而體例較進步彼於兩書異同經考訂審擇乃折衷於一其方

鎮表及宰相世系表正譌補闕幾等於新撰　全謝山謂『可援王氏漢書藝文志考證之例孤行於世』者也鮚埼亭集

沈東甫墓誌銘要之此二書雖不能謂爲舊史之改造然刪合剪裁用力甚勤於學者亦甚便

五代史自歐書行而薛書殆廢自四庫輯佚然後兩本乃並行歐仿春秋筆法簡而無當薛書稍詳而蕪累挂漏

亦不少要之其時宇內分裂實不能以統一時代之史體爲衡薛歐皆以汴京稱尊者爲骨幹而諸鎮多從闕略

此其通蔽也清初吳志伊任臣著十國春秋百十四卷〔吳十四卷　南唐二十卷前蜀十三卷後蜀北漢五卷南漢九卷…〕以史家義法論彼時代之史實應以各方鎮醜夷平列爲最宜〔實則宜將唐爲梁唐晉漢夷之爲十五國…〕

元世系表合百官志表各一卷地理志二…

學者著述體例多缺謹嚴不獨吳氏矣　道咸間粵人吳蘭修著南漢紀梁廷枏著南漢書所未備而考核更特精審

嘉慶間陳仲鱖著續唐書七十卷以代五代史其意蓋不欲帝朱溫而以後唐李克用直接唐昭宗後唐亡後

則以南唐續之其自作此書則將以處於劉歐兩唐書與馬陸兩南唐書之間此與湯氏季漢書謝氏西魏書同

一見解爲古來大小民賊爭正統圖位已屬無聊況克用朱邪小夷又與朱溫何別徒浪費筆墨耳然亦猶薛歐

妄宗汴京稱尊者而造爲「五代」一名稱有以惹起反動也唐書內容略同未刻　李丑華（慈艺）著後

元人所修三史　金宋遼　在諸史中稱爲下乘　元金人顧知注重文獻史官能擧其職金

依史存所修宋遼二史蕪穢漏略特甚遼地偏祚短且勿論宋爲華族文化嫡胤而無良史實士夫之恥也宋史中北

宋部分本已冗蕪南宋部分尤甚　錢竹汀云『宋史述南渡七朝事叢冗無法不如高孝三朝之詳明』識者早認爲有改造之必

要明末大詞曲家湯玉茗〔顯祖〕曾草定體例鈎乙原書略具端緒〔見王阮亭分甘餘話及梁曜北劄記〕清初潘昭度得玉茗舊本因

而擴之殆將成書〔見梁藎林退庵隨筆〕但今皆不傳乾隆末邵二雲發憤重編宋志錢竹汀章實齋參與其義例以舊史

南宋部分最蒙訴病乃先仿王偁東都事略著南都事略而宋志草創之稿亦不少〔見章實齋文集〕然二雲體弱

多病僅得中壽〔卒年四十五〕兩書俱未成卽遺稿鱗爪今亦不得見又章實齋治史別有通裁常欲仍『紀傳之體而

參（紀事）本末之法增圖譜之例而刪書志之名』〔以為戴實空言不如見諸實事故『思自以義例撰述一

書以名所著之非虛語因擇諸史之所宜致功者莫如趙宋一代之書』〕〔文集與邵二雲論修宋史書〕是實齋固刻意創作斯

業然其書亦無成以酈須改造之宋史曾經多人從事其中更有史學大家如二雲實齋其人者然而此書始終

未得整理之結果並前輩工作之痕跡亦不留於後不為學術界痛惜也〔朱記榮國朝未刊遺書志略載有邵與桐別傳〕

元史之不愜更甚於元修之史蓋明洪武元年宋景濂之奉敕撰元史二月開局八月成書二次重修閱六

月潦草一至於此雖鈔脊逸錄成文尙虞不給況元代國史本無完本而華蒙異語扞格滋多者耶故或以開國

儒發憤勘治代有其人康熙間則錢竹汀銳意重修先為元史考異十五卷然新史正文僅成氏族表經籍志兩篇竹

例亦多貽笑大方乾隆間則邵戒三〔遠平〕著元史類編四十二卷然僅就原書重編一過新增資料甚少〔體

汀學術方面甚多不能專力於此無足怪也〔據鄭叔問國朝未刊遺書目言竹汀已成元史稿一百卷〕嘉慶間則汪龍莊〔輝祖〕著元史本證五

十卷分證誤證遺證名三部分竹汀謂其『自據新得實事求是有大醇而無小疵』〔原書卷首錢序〕推抱可謂至矣右

三家者除竹汀所補表志外餘皆就原書拾遺匡謬其對於全部之改作則皆志焉而未之逮大抵元史之缺憾

其一固在史法之燕穢其一尤在初期事實之闕漏蒙古人未入中國先定歐西太祖太宗定宗憲宗四朝西征

中亞細亞全部以迄印度北征西伯利亞以迄中歐及世祖奠鼎燕京其勢已鄰弩末前四朝事蹟實含有世界

性爲元史最主要之部分而官修元史概付闕如固由史官荒率抑亦可憑藉之資料太闕乏也乾隆間自永樂

大典中發見元祕史及皇元聖武親征錄所記皆開國及太祖時事兩書出而「元史學」起一革命錢竹汀得

此兩書錄存副本其所以能從事於考證元史者蓋以此其後張石洲穆將親征錄校正李仲約文田爲元祕史

作注於是治元史者與味驟增雖然元時之修國史其重心不在北京史館而在西域宗藩有波斯人拉施特者

承親王合贊之命著蒙古全史爲以波斯文實爲元史第一瓖寶而中國人夙未之見至光緒間洪文卿鈞使俄

得其鈔本譯出一部分而「元史學」又起第二次革命蓋自道咸以降此學漸成顯學矣

近百年間從事改造元史渤成書者凡四家

一、魏默深源新元史九十卷　道光間著成光緒三十一年刻

二、洪文卿鈞元史譯文證補三十卷　光緒間著成光緒二十六年刻

三、屠敬山寄蒙兀兒史記卷數未定　光緒宣統間隨著隨刻

四、柯鳳蓀劭忞新元史二百五十七卷　民國十一年刻

吾於此學純屬門外漢絕無批評諸書長短得失之資格惟據耳食所得則魏著訛舛武斷之處仍不少蓋創始

之難也但舍事蹟內容而論著作體例則吾於魏著不能不深服彼一變舊史「一人一傳」之形式而傳以類

從其傳名及篇目次第爲……太祖平服各國、太宗憲宗兩朝平服各國、中統以後屢朝平服各國、文臣、平金功臣、平獨功臣、平叛藩勳戚、開國四傑、開國四先鋒、二部長、誓渾河功臣、開國武臣、開國相臣、開國文臣、宋功臣、世祖相臣

治歷治水漕運諸臣平叛藩諸臣
平東夷南夷諸臣中葉相臣⋯⋯等

但觀其篇目即可見其組織之獨具別裁章石齋所謂『傳事與傳人相

象』司馬遷以後未或行之也故吾謂魏著無論內容觼漏多至何等固屬史家創作在斯界永留不朽的價

值矣洪著據海外秘笈以補證舊史其所勘定之部分又不多以理度之固宜精絕屬著自爲史文而自注之其

注純屬通鑑考異的性質而詳博特甚凡駁正一說必博徵羣籍說明所以棄彼取此之由以著作體例言可謂

極矜愼極磊落者也柯著彪然六帙然篇首無一字之序無半行之考異或案語不知其改正舊史者爲某部分何故改正所根據者何書著

作家作此態度吾未之前聞吾嘗舉此書記載事實是否正確以問素治此學之陳援庵垣則其所序批評似更

下魏著一等也吾無以判其然否　最近柯以此書得日本博士

右所舉皆不滿於舊史而改作者其涉屬敵國外國之史應補作者頗多惜少從事者以吾所知有洪北江西夏

國志十六卷未刻而黃公度遵憲之日本國志四十卷在舊體史中實爲創作

溫公通鑑絕筆五代廣而續之者在宋則有李燾迄於北宋在明則陳桱王宗沐薛應旂皆迄元末然明人三家

於遼金正史束而不觀僅據宋人紀事之事略及遼金繼世年月荒陋殊甚清初徐健庵著資治通鑑後編百八

十四卷襄其事者爲萬季野閻百詩胡東樵等四庫著錄許其善述然關於北宋事跡則李燾長編足本之在永

樂大典者未出關於南宋事蹟則李心傳繫年要錄亦未出元代則文集說部散於大典中者亦多逸而未見徐

著在此種資料貧乏狀態之下勢難完善且於遼金事太不厝意亦與明人等而宋嘉定後元至順前亦太荒略

故全部改作實爲學界極迫切之要求至乾隆末然後

畢秋帆沅續資治通鑑二百二十卷

出現此書因秋帆屬幕中僚友編訂凡閱二十年最後經邵二雲校定。章實齋邵與桐別傳云『畢公以二十年

無大殊異。君出緒餘爲之覆審其書即大改觀。此秋帆致錢竹汀論

畢公大悅謂出諸家續鑑上』可見書實成於邵手。而章實齋實參與其義例續實齋書見本集函中指竹摘陳論

王薛徐諸家缺失及本書所據資料所用其書『宋事據二李藥心而推廣之遼金二史所載大事無一遺落又

方法也詳叙可見章氏與此書關係極深據旁籍以補其逸元事多引文集而說部則愼擇其可徵信者仍用司馬氏例折衷諸說異同明其去取之故以

爲考異……』錢書中語。蓋自此書出而諸家讀鑑可廢矣。章代畢致

自宋袁樞作通鑑紀事本末爲史世創一新體明陳邦瞻依其例以治宋史元史清初則有谷應泰明史飅谷著明史

紀事本末八十卷其書成于官修明史以前采輯及組織皆頗費苦心其各篇附論則陸麗京(炘)作鄭芷畦述姚立方謂此書爲海昌談孺木(遷)所作

朱竹垞言謂此書爲徐倬作雖皆屬疑案然其書出谷氏而馬宛斯有左傳事緯高江村士奇有左傳紀事本末。

者甚少蓋可斷言葉廷琯鷗波漁話辨證此事故平允。

皆屬此類書。

（丁）補各史志

表志爲之史筋幹而諸史多缺或雖有而其目不備如藝文僅漢隋唐宋明五史有之餘皆闕如。三國六朝海宇

分裂疆域離合最難董理而諸史無一注意及此者甚可怪也宋陳子文有補漢兵志一卷熊方有補後漢書年

表若干卷實爲補表志之祖清儒有事於此者頗多其書皆極有價値據吾所知見者列目如下。

歷代史表五十九卷鄞縣萬斯同季野著

此書從漢起至五代止獨無西漢及唐以漢書新唐書原有表也所表皆以人

爲主方鎭年表各篇最好惟東漢於表人外別有大事年表一篇是其例外矣

又季野尚有紀元彙考四卷歷代宰輔彙考八卷性質亦略同補表.

二十一史四譜五十四卷歸安沈炳震東甫著

　四譜者一紀元二封爵三宰執四諡 法所譜自漢迄元

歷代藝文志　卷仁和杭世駿大宗著（未見）

　　　以上總補

歷代地理沿革表四十七卷常熟陳芳績亮工著

　此書自漢至明分十二格表示州郡縣沿革.

史目表二卷陽湖洪飴孫孟慈著

　此書乃表各史篇目甚便比觀雖非補表附錄於此又歸安錢
　念劬（恂）亦有史目表一卷但采洪著稍有加減非創作也

　　　以上總補

史記天官書補目一卷陽湖孫星衍淵如著

楚漢諸侯疆域志三卷儀徵劉文淇孟瞻著

　　　以上補史記漢書

後漢書補表八卷嘉定錢大昕之著

　此書因熊方舊著而補其闕正其誤爲諸侯王王
　子侯功臣侯外戚恩澤侯宦者侯公卿凡六表

補續漢書藝文志一卷嘉定錢大昕之著

補後漢書藝文志四卷番禺侯康君謨著

後漢書三公年表一卷金匱華湛恩孟超著

以上補後漢書

三國志補表六卷常熟吳卓信頊儒著

三國志補表十卷同上

右二書未刻兒記榮國朝未刻遺書志略。

三國疆域志二卷陽湖洪亮吉稚存著

補三國藝文志四卷番禺侯康君謨著

三國職官表三卷陽湖洪飴孫孟慈著

三國紀年表一卷錢唐周嘉猷兩塍著

三國郡縣表補正八卷宜都楊守敬星吾著（未見）

以上補三國志

補晉兵志一卷嘉興錢儀吉衎石著

補晉書藝文志四卷常熟丁國鈞著

補晉書藝文志卷番禺侯康君謨著（未見）

補晉書經籍志四卷錢塘吳士鑑著

補晉書藝文志五卷萍鄉文廷式著.

東晉疆域志四卷陽湖洪亮吉稚存著.

十六國疆域志十六卷同上.

以上補晉書

南北史表七卷錢唐周嘉猷兩腥著.

年表一卷世系表五卷帝王世系表一卷.

南北史補志十四卷江寧汪士鐸梅村著原書三十卷今存十四卷內天文志四卷地理志四卷五行志二卷禮儀志三卷其輿服樂律刑法職官食貨氏族釋老藝文八志佚於洪楊之亂

東晉南北朝輿地表二十八卷嘉定徐文范仲圖著

年表十二卷州郡表卷郡縣沿革表六卷世系圖表附各國疆域二卷.

十六國春秋世系表二卷嘉興李旦華厚齋著

補宋書刑法志食貨志各一卷棲霞郝懿行蘭皋著

補宋齊梁陳魏北齊周各書藝文志各一卷番禺侯康君謨著（未見）

補梁書陳書藝文志各一卷武進湯洽著（未見）

補梁疆域志四卷陽湖洪齮孫子齡著

以上補南北朝諸史

唐書史臣表一卷嘉定錢大昕竹汀著.

唐五代學士表一卷同上

唐折衝府考四卷仁和勞經原笙士著其子格季言補輯

唐折衝府考補一卷上虞羅振玉叔蘊著

此二書雖非純粹的補表志而性質略同附見於此.

唐藩鎮表金匱華湛恩孟超著(未見)(卷數未詳)

以上補唐書

五代紀年表一卷錢唐周嘉猷兩塍著.

補五代史藝文志一卷江寧顧懷三著

以上補五代史

宋史藝文志補一卷上元倪燦著.

元史藝文志四卷嘉定錢大昕竹汀著

元史氏族表三卷同上

宋學士年表一卷同上

補遼金元三史藝文志一卷上元倪燦著.

又一卷江都金門詔著以上二書似不佳

宋遼金元四史朔閏表二卷 嘉定錢大昕竹汀著

以上補宋遼金元史

此類書吾所知見者得以上若干種，當有未知者更蒐補。史亦以表志為最難舊史所無之表志而後人撫拾叢殘以補作則尤難右諸書中如錢衍石之補晉兵志以極謹嚴蕭括之筆法寥寥二三千言，另有自注。而一代兵制具見如錢晦之之補續漢書藝文志侯君謨之補三國藝文志……等從本書各傳所記及他書所徵引辛勤搜剔比隋經籍志所著錄增加數倍而各書著作來歷及書中內容亦時復考證敘述視隋志體例尤密如洪北江劉孟瞻之數種補疆域志所述者為羣雄割據場面屢遷之將六朝矜門第之階級的社會能表現其異相如錢竹汀之元史藝文志及氏族表可據之資料極貧乏而時代能苦心鈎稽按年月以考其疆界正其異名如周膝之南北史世系表仿唐書宰相世系表之意而擴大之能鈎索補綴蔚為大觀。……凡此皆清儒絶詣而成績永不可沒者也。

此外有與補志性質相類者則如錢衍石之三國志會要五卷未刻晉會要南北朝會要各若干卷成未楊晨之三國會要有刻本徐星伯松之宋會要百卷宋中興禮書二百三十一卷續通書六十四卷俱未成刻以上所舉各史應補之表志亦已十得四五吾儕所最不滿意者則食貨刑法兩志補者甚寡一家僅有兩志皆最要而顧難作食貨志尤甚豈清儒亦畏難耶抑不甚注意及此耶舊史所無之表吾認為有創作之必要者略舉如下

一　外族交涉年表諸外族侵入於吾族舊史關係至鉅非用表分別表之不能得其與表之真相例如匈奴

中國近三百年學術史

年表從冒頓起至劉淵赫連之滅亡表之鮮卑年表從樹機能始至北齊北周之滅亡表之突厥年表從初
成部落至西突厥滅亡表之契丹年表從初成部落至西遼滅亡表之女真年表從金初立國至清入關表
之蒙古年表自成吉思以後歷元亡以後明清兩代之叛服乃至今日役屬蘇維埃俄國之蹟皆表之自餘
各小種族之與仆則或以總表表之凡此皆斷代史所不能容故舊史未有行之者然實爲全史極重要脈
絡得此則助興味與省精力皆甚多而爲之亦並不難今後之學者宜致意也即此意惜題目太小範圍太
狹耳

二 文化年表舊史皆詳於政事而略於文化故此方面之表絕無今宜補者例如學者生卒年表文學家生
卒年表美術家生卒年表佛敎年表重要書籍著作及存佚年表重要建築物成立及破壞年表……等此
類表若成爲治國史之助實不細創作雖不甚易然以清儒補表志之精神及方法赴之資料尚非甚缺乏
也

三 大事月表史記之表以遠近爲疏密三代則以世表十二諸侯六國及漢之侯王將相則以年表秦楚之
際則以月表蓋當歷史起大變化之事蹟所涉方面極多非分月表不能見其眞相漢書以下二十三史無
復月表者矣今對於舊史欲補此類表資料甚難得且太遠亦不必求詳至如近代大事例如明清之際月
表咸豐軍與月表中日戰役月表義和團事件月表辛亥革命月表……等皆因情形極複雜方面極多非
分月且分各部分表之不能明晰吾儕在今日尚易集資料失此不爲徒受後人責備而已

吾因論述清儒補表志之功戚想所及附記如右類此者尚多未遑徧舉也要之清儒之補表志實費極大之勞

力神益吾儕者眞不少惜其眼光尚局於舊史所固有未能盡其用耳。

（戊）舊史之注釋及辨證

疏注　前史之書可分四大類其一解釋原書文句音義者如裴駰之史記集解顏師古李賢之兩漢書注等是也其二補助原書遺佚或兼存異說者如裴松之之三國志注等是也其三校勘原書文字上之錯舛者如劉攽吳仁傑之兩漢刊誤等是也其四糾正原書事實上之譌謬者如吳縝之新唐書糾謬等是也清儒此類著述中四體皆有有一書專主一體者有一書兼用兩體或三體者其書頗多不能悉舉舉其要者錯綜論列之

清儒通釋諸史最著名者三書曰

二十一史考異一百卷附三史拾遺五卷諸史拾遺五卷嘉定錢大昕竹汀著

十七史商榷一百卷嘉定王鳴盛西莊著

二十二史劄記三十六卷陽湖趙翼甌北著

三書形式絕相類內容卻不盡從同同者一錢書最詳於校勘文字解釋訓詁名物糾正原書事實譌謬處亦時有凡所校考令人渙然冰釋比諸經部書蓋王氏經義述聞之流也王書亦間校釋文句然所重在典章故實自序謂『學者每苦正史繁塞難讀或遇典制茫昧事蹟樛葛地理職官眼眯心眩試以予書置旁參閱疏通而證明之不覺如關開節解筋轉脈搖……』誠哉然也書未綴言二卷論史家義例亦殊簡當趙書每史先敍其著述沿革評其得失時亦校勘其牴牾而大半論『古今風會之遞變政事之屢更有關於治亂與衰之故者』自序語但彼與三蘇派之「帖括式史論」截然不同彼不喜專論一人之賢否一事之是非惟提住一時代之特別

重要問題羅列其資料而比論之古人所謂『屬辭比事』也清代學者之一般評判大抵最推重錢王次之趙

為下以余所見錢書固清學之正宗其校訂精覈處最有功於原著者若為現代治史者得常識助與味計則不

如王趙王書對於頭緒紛繁之事蹟及制度為吾儕絕好的顧問趙書能教吾儕以抽象的觀察史蹟之法陋儒

或以少談考據輕趙書殊不知竹汀為趙書作序固極推許謂為『儒者有體有用之學』也壤竊他人謂趙書乃自作

者以趙本文士且與其舊著之陵餘叢考不類也然人之學固有進步此書為甌北晚作何以見其不能況明有

竹汀之序耶並時人亦不見有誰能作此類書者或謂出章逢之（宗源）以吾𥳑之逢之（宗源）於輯佚耳其識方佝

不足以
語此

武英殿板二十四史每篇後所附考證性質與錢氏考異略同尚有杭大宗（世駿）諸史然疑洪稚存（亮吉）四史發

伏……等洪筠軒（頤煊）諸史考異李次白（貽德）十七史考異疑亦踵錢例然其書未見

其各史分別疏證者分隸於一總書之下如錢竹汀之史記考異即二十一史考即三史拾遺之一部分再舉

注一百三十六卷梁曜北（玉繩）史記志疑三十六卷王石臞（念孫）讀史記雜志六卷崔絅甫（適）史記探原八卷……則史記有錢獻之（坫）史記補

……等錢書當是鉅製惜未刻無從批評王書體例略同錢氏考異與梁書自序言『百三十篇中懲違疏略觸處滋

疑加以非才刪續使金鍮罔別鏡璞不完可閔歎……』書名「志疑」實則刊誤糾謬什而八九也崔書專

辨後人續增竄亂之部分欲廓清以還史公真相故名曰「探原」

史記為第一部史書其價值無俟頌揚然去古既遠博採書記班彪所謂『一人之精文重思煩故其書刊落不

盡多不齊』此實無容諱者加以馮商褚少孫以後續者十餘家孰為本文孰為竄亂實難辨別又況傳習

滋廣傳寫訛舛所在皆是故各史中最難讀而亟須整理者莫如史記清儒於此業去之尚遠也然梁崔二書固

二九二

已略闕薈叢，用此及二錢二王所校訂爲基礎，輔以諸家文集筆記中之所考辨，彙而分疏於正文之下，別成一集校集注之書，庶爲後學省無數迷悶，是有望於今之君子。

漢書後漢書有吳枚庵翌鳳漢書考證十六卷未見，惠定宇後漢書補注二十四卷續補惠書一卷，侯君謨沈銘彝各錢晦之大昭陳少章景雲兩漢書訂誤五卷，沈欽韓兩漢書疏證共七十四卷，周荇農壽昌漢書注校補五十六卷後漢書注校正八卷，王益吾先謙漢書補注一百卷後漢書集解九十卷續漢書志集解三十卷司馬彪等……等諸書，大率釋文考異訂譌用，而漢書則釋文方而更多，因其文近古較難讀也，後漢書則考異方面較多，以諸家逸書謝承華嶠等遺文漸出，由王益吾補注集解最晚出，集全淸考訂之成，極便學者矣。

三國志有杭大宗三國志補注六卷，錢竹汀三國志辨疑三卷，潘眉三國志考證八卷，梁茞林章鉅三國志旁證，三國志陳少章三國志舉正四卷，沈文起三國志補訓故釋地理各八卷，侯君謨三國志補注一卷，周荇農三國志注證遺四卷……等，此書裴全屬考異補逸性質，諸家多廣其所補，沈則於所其不注意之訓故地理方面而補也。

馬班陳范四史最古而最善，有注釋之必要及價值，故從事者多，晉書以下則希矣。其間歐公之新五代補最有名，而文句最簡事蹟遺漏者多，故彭掌仍元瑞仿裴注三國例，爲五代史記注七十四卷，吳胥石蘭庭亦有五代史記纂誤補四卷吳縝撰誤爲宋，則糾歐之失也，而武授堂億唐春卿景崇亦先後以此例注歐之新唐書，武書似未成唐成而未刻云，其餘如洪穉存之宋書音義，杭大宗之北齊書疏證，劉恭甫壽曾之南史校議，趙紹祖之新唐

書互證等瑣末點綴而已。

遼金元三史最爲世訴病清儒治遼史者莫勤於厲樊榭鶚之遼史拾遺二十四卷治金史者莫勤於施北研國祁之金史詳校十卷其元史部分已詳前節不再論列惟李仲約文田之元秘史注十五卷蓋得蒙古文原本對譯勘正而爲之注雖非正注史附錄於此。

注校舊史用功最鉅而最有益者厥惟表志等單篇之整理蓋茲事屬專門之業名爲校注其難實等於自著也。

最初業此者則宋王應麟之漢書藝文志考證清儒仿行者則如

孫淵如史記天官書考證十卷 未刻

梁曜北漢書人表考九卷 爲古今人表之注也從古籍中搜羅諸人典故殆備可稱三代前人名辭典又瞿文泉(云叔)有校正古人表

全謝山漢書地理志稽疑 卷 本地理志未刻

錢獻 坫 新斠注漢書地理志十六卷卷書十表注十卷 表注未刻

汪小米遠孫漢書地理志校本二卷

吳頊儒卓信漢書地理志補注百零三卷 頊儒倘有漢三輔考二十四卷亦地理志之附庸也

楊星吾守敬漢地理志補校二卷

陳蘭甫漢書地理志水道圖說七卷

洪筠軒漢志水道疏證四卷

徐星伯松漢書地理志集釋十六卷漢書西域傳補注二卷

李恢垣光延漢西域圖考七卷 此書實注漢西域傳也

李生甫廣芸漢書藝文志考誤二卷未刻

朱亮甫右曾後漢書郡國志補校 卷長未刻錢晦之有後漢郡國令考實釋郡國志之一部分

錢獻之續漢書律歷志補注二卷未刻

畢秋帆晉書地理志新校正五卷

方愷新校晉書地理志一卷

張石洲穆延昌地形志 卷此用延昌時為標準補正魏書地形志也

章逢之宗源隋書經籍志考證十三卷 此書雖注重輯佚但各書出處多所考證亦不失為注釋體

楊星吾隋地理志考證九卷

張登封宗泰新唐書天文志疏正 卷未刻

沈東甫炳震校正唐書方鎮表宰相世系表 此兩篇在新舊唐書合鈔中但全部校補又唐書宰相世系表訂譌十二卷此書單行重新組織全謝山謂當提出別行誠然

董覺軒沛唐書方鎮表考證二十卷 似未刻

以上各史表志專篇之校注與補志表同一功用彼則補其所無此則就其有者或釋其義例或校其訛舛或補其遺闕也顧最當注意者右表所列關於地理者什而八九次則經籍次則天文律曆皆各有一二而食貨刑法藥與服等乃絕無即此一端吾儕可以看出乾嘉學派的缺點彼輩最喜研究殭定的學問不喜研究活變的學

二九五

問。此固由來已久。不能專歸咎於一時代之人。然而彼輩推波助瀾。亦與有罪焉。彼輩所用方法極精密所費工

作極辛勤惜其所研究之對象不能副其價值嗚呼豈惟此一端而已矣

（己）學術史之編著及其他

專史之作有橫斷的有縱斷的。橫斷的以時代為界域。如二十四史之分朝代即其一也。縱斷的以特種對象為

界域。如政治史宗教史教育史文學史美術史等類是也。中國舊惟有橫斷的專史而無縱斷的專史實史界一

大憾也。通典及資治通鑑可勉強作內中惟學術史一部門至清代始發展

舊史中之儒林傳藝文志顓言各時代學術淵源流別。實學術史之雛形。然在正史中僅為極微弱之附庸而已。

唐宋以還佛教大昌於是有佛祖通載傳燈錄等書。謂為宗教史也可。謂為學術史也可。其後儒家漸漸仿效於

是有宋晦翁伊洛淵源錄一類書。明代則如周汝登聖學宗傳……之類作者紛出。然大率借以表揚自己一家

之宗旨乃以史昌學非為學作史明以前形勢大略如此

清初孫夏峯著理學宗傳復指導其門人魏蓮陸等著北學編湯荆峴斌著洛學編學史規模漸具。及黃梨洲明

儒學案六十二卷出始有真正之學史。蓋讀之而明學全部得一縮影焉。然所嫌限於理學一部分。例如王俞州

聖之學術在明儒學案中即不得見。而又特詳於王學。蓋『以史昌學』之成見仍未能盡脫。梨洲本更為宋元學案已成十數卷

而全謝山更續為百卷。謝山本有『為史學而治史學』的精神。此百卷本宋元學案有宋各派學術——例如

洛派蜀派關派閩派永嘉派乃至王荆公李屏山等派——面目皆見焉。洵初期學史之模範矣。

紓清代學術者有江子屏藩之國朝漢學師承記八卷國朝宋學淵源記三卷有唐海鏡鑑之國朝學案小識十

五卷子屏將漢學宋學門戶顯然區分論者或病其隘執乾嘉以來學者事實上確各樹一幟賤彼而貴我子

屏不過將當時社會心理照樣寫出不足為病也二書中漢學編較佳宋學編則漏略殊甚蓋非其所喜也然強

分兩門則各人所歸屬亦殊難正確標準如梨洲亭林編入漢學附錄於義何取耶子屏主觀的成見太深其言

漢學大抵右元和惠氏一派言宋學則喜雜禪宗觀師承記所附經師經義目錄及淵源記之附記可見出好持

主觀之人實不宜於作學史特其創始之功不可沒耳唐鏡海搜羅較博而主觀抑更重其書分立『傳道』『

翼道』『守道』三案其高下又別設『經學』『心學』兩案示排斥之意蓋純屬講章家『爭道統』的

見解不足以語於史才明矣聞道咸間有姚春木椿者亦曾著國朝學案其書未成然其人乃第三四流古文家

非能治學者想更不足觀也吾發心著清儒學案有年常自以時地所處竊比梨洲之故明深覺責無旁貸所業

既多荏苒歲月未知何時始踐夙願也

學史之中亦可分析為專門或專敍一地學風或專敍一學派傳授分布的前者如北學編洛學編等是後者如邵

念魯廷采之陽明王子及王門弟子傳戴山劉子及劉門弟子即其例學派的專史清代有兩名著其一為李

穆堂紱之陸子學譜貌象山之真其二為戴子高望之顏氏學記表習齋之晦可謂振裘挈領心知其意者矣

文學美術等宜有專史久矣至竟闕然無已則姑舉其類似者數書一阮芸臺之疇人傳四十六卷羅茗香士琳

之續疇人傳六卷諸可寶之疇人傳三編七卷詳述歷代天算學淵源流別二張南山維屏之國朝詩人徵略六

十卷網羅有清一代詩家各人先為一極簡單之小傳次以他人對於彼之論評次乃標其名著之題目或摘其

名句道光前作者略具焉三下冰響之式古堂書畫彙考三十卷其畫考之部首為畫論一卷次為收藏法二次論

前代記載名畫目錄及評論之書〔卷三至七〕次乃徧論三國兩晉迄明畫家〔卷十八至三十〕頗有別裁非等叢鈔儼具畫史的

組織宜潘次耕所賞之也有魯東山駿宋元以來畫人姓氏錄三十六卷以韻編姓實一部極博贍之畫家人名

辭典此數書者卽不遽稱爲文學史美術史最少亦算曾經精製之史料惜乎類此者且不可多得也

最近則有王靜安國維著宋元戲曲史實空前創作雖體例尚有可議處然爲史界增重旣無量矣

（庚）史學家法之研究及結論

千年以來研治史家義法能心知其意者唐劉子元宋鄭漁仲與清之章實齋誠三人而已茲事原非可以責

望於多數人故亦不必以少所發明爲諸儒訴病顧吾曹所最痛惜者以清代唯一之史家章實齋生乾嘉極盛

時代而其學竟不能爲斯學界衣被以別開生面致有清一代史學僅以撫拾叢殘自足誰之罪也實齋學說

爲專篇茲不復贅

七　方志學

最古之史實爲方志如孟子所稱「晉乘楚檮杌魯春秋」墨子所稱「周之春秋宋之春秋燕之春秋」莊子

所稱「百二十寶書」比附今著則一府州縣志而已惟封建與郡縣組織旣殊故體例靡得而彊爲自漢以

降幅員日恢而分地紀載之著作亦孳乳寖多其見於隋書經籍志者則有下列各類

一、圖經之屬如冀幽齊三州圖經及羅含湘中山水記劉澄之司州山川古今記……等

二、政記之屬如趙曄吳越春秋常璩華陽國志失名三輔故事……等

三．人物傳之屬如蘇林陳留耆舊傳陳壽益都耆舊傳……等．

四．風土記之屬如圖稱陳留風俗傳萬震南州異物志宗懷荊楚歲時記……等．

五．古蹟之屬如失名三輔黃圖揚街之洛陽伽藍記……等．

六．譜牒之屬如冀州姓族譜洪州吉州江州袁州諸姓譜……等．

七．文徵之屬如宋明帝江左文章志……等．

自宋以後薈萃以上各體成為方志方志之著述最初者為府志繼則分析下達為縣志綜括上達為省志明以前方志今四庫著錄者尚二十七種存目亦數十^{四庫例宋元舊志全收明則選擇綦嚴僅收五種清則惟收當時所有之省志而已然道咸以後學者蒐羅遺伏四庫未收之}種少入清則康熙十一年曾詔各郡縣分輯志書而成者似不多住構尤希^{以吾所見尚二十餘種}宋元志續出重印者不世一統志需省志作資料因嚴諭促修限期嚴事今四庫著錄自李衞等監修之幾輔通志起至鄂爾泰監修之貴州通志止凡十六種皆此次明詔之結果也^{最迚者為貴州通志在乾隆六年成書最迚者為廣東通志在雍正八年}旋復頒各省府州縣志六十年一修之令雖奉行或力不力然文化稍高之區或長吏及士紳有賢而好事者未嘗不以修志為務舊志未湮新志踵起計今所存恐不下二三千種也．

方志中什之八九皆由地方官奉行故事開局衆修位置冗員鈔撮陳案殊不足以語於著作之林雖然以吾儕今日治史者之所需要言之則此二三千種十餘萬卷之方志其間可寶之資料乃無盡藏良著固可寶即極惡俗者亦未宜脈棄何則以我國幅員之廣各地方之社會組織禮俗習慣生民利病樊然殽雜各不相侔者甚夥而曠昔史家所記述專注重一姓與亡及所謂中央政府之團圖畫一的施設其不足以傳過去現在社會之真

相明矣又正以史文簡略之故而吾儕所渴需之資料乃摧剝而無復遺猶幸有蕪雜不整之方志保存「所謂

良史者」所吐棄之原料於糞穢中供吾儕披沙揀金之憑藉而各地方分化發展之迹及其比較明眼人遂可

以從此中窺見消息斯則方志之所以可貴也。

方志雖大半成於俗吏之手然其間經名儒精心結撰或參訂商榷者亦甚多吾家方志至少不能悉舉顧以覘

聞所及則可稱者略如下。

康熙鄒平縣志 馬宛斯獨撰 顧亭林參與

康熙濟陽縣志 張稷若獨撰

康熙德州志 顧亭林參與

康熙靈壽縣志 陸稼書爲知縣時獨撰

乾隆歷城縣志 周書昌(永年)李南澗(文藻)合撰

乾隆諸城縣志 李南澗獨撰

乾隆寧波府志 萬九沙(經)全謝山參與

乾隆太倉州志 王述庵(昶)獨撰

乾隆鄞縣志 錢竹汀參與

乾隆汾州府志 汾陽縣志 俱戴東原參與

乾隆松江府志 汾州志 三水縣志 俱孫淵如主撰

乾隆偃師縣志 安陽縣志 嘉慶魯山縣志 寶豐縣志 郟縣志 俱武授堂(億)主撰

乾隆西甯府志烏程縣志昌化縣志平陽縣志俱杭大宗(世駿)主撰

乾隆廬州府志江甯府志六安州志俱姚姬傳(鼐)主撰

乾隆甯國府志懷慶府志延安府志涇縣志登封縣志固始縣志澄城縣志淳化縣志長武縣志(俱洪稚存主撰)

乾隆和州志永清縣志亳州志(俱章實齋撰)乾隆天門縣志石首縣志廣濟縣志常德府志荆州府志(章實齋參與)

乾隆富順縣志段茂堂為知縣時獨撰

乾隆朝邑縣志錢獻之(坫)主撰

嘉慶廣西通志謝蘊山(啓昆)為巡撫時主撰

嘉慶湖北通志(乾隆末畢秋帆為總督時主撰)章實齋總其事但今本已全非其舊

嘉慶浙江通志道光廣東通志江子屏(皆阮芸臺主撰廣東志陳觀樓(昌齊)等總纂)

嘉慶安徽通志陶雲汀(澍)主撰陸祁孫(繼輅)總纂

嘉慶揚州府志伊墨卿(秉綬)倡修焦里堂姚秋農(文田)秦敦夫(恩復)江子屏等協成

嘉慶徽州府志夏朗齋(鑾)汪叔辰(龍)合撰龔自珍參與

嘉慶鳳臺縣志李申耆(兆洛)為知縣時獨撰

嘉慶懷遠縣志李申耆主撰崔晉卿(土錫)續成

嘉慶禹州志郡陵縣志河內縣志洪幼懷(符孫)主撰

嘉慶長安縣志咸甯縣志董方立(祐誠)主撰

嘉慶鄆城縣志 陸祁孫主撰

道光湖廣通志 林少穆(則徐總裁俞理初(正燮)總纂

道光陝西通志 蔣子瀟(湘南)參與

道光雷州府志海康縣志 陳觀樓獨撰

道光南海縣志 吳荷屋(榮光)主撰

道光武岡府志寶慶縣志鄧湘皋(顯鶴)獨撰

道光興文縣志屏山縣志大足縣志瀘谿縣志張介侯(澍)爲知縣時獨撰

道光河內縣志永定縣志武陟縣志方彥聞(履籙)主撰

道光貴陽府志大定府志興義府志安順府志鄒叔績(漢勛)主撰

道光新會縣志 黃香石(培芳)曾勉士(釗)合撰

道光濟寧州志許印林(瀚)獨撰

道光涇原縣志蔣子瀟主撰刻本多改竄

咸豐邳州志清河縣志魯通甫(一同)主撰

咸豐遵義府志黃子偲(友芝)鄭子尹(珍)合撰

同治江西通志董覺軒(沛)總纂

同治蘇州通志馮林一(桂芬)主撰

同治南海縣志鄒特夫(伯奇)譚玉生(瑩)主撰

同治番禺縣志陳蘭甫主撰

同治江甯府志汪梅村(士鐸)主撰

同治湖州府志歸安縣志陸存齋(心源)主撰

同治鄞縣志慈谿縣志董覺軒徐柳泉(時棟)合撰

光緒畿輔通志黃子壽(彭)年總纂

光緒山西通志曾沅甫(國荃)總裁王霞舉(軒)總纂

光緒湖南通志郭筠仙(嵩燾)李次青(元度)總纂

光緒安徽通志何子貞(紹基)總纂

光緒湘陰縣圖志郭筠仙獨撰

光緒湘潭縣志衡陽縣志桂陽縣志俱王壬秋(闓運)主撰

光緒杭州府志黃巖縣志青田縣志永嘉縣志仙居縣志太平續志俱王子莊(棻)主撰

光緒紹興府志會稽新志俱李蒓客(慈銘)主撰

光緒湖北通志順天府志荊州府志昌平縣志俱繆小山(荃孫)主撰

宣統新疆圖志王晉卿(樹枏)總纂

民國江陰縣志繆小山主撰

以上諸志皆出學者之手裴然可列著作之林者。吾不過隨舉所知及所記憶。罣漏蓋甚多。然亦可見乾嘉以降。

民國合川縣志　孫親石（森楷獨撰

學者日益重視斯業矣。

方志之通患在蕪雜。明中葉以後有起而矯之者。則如康海之武功縣志僅三卷。二萬餘言韓邦靖之朝邑縣志

僅二卷。五千七百餘言自詫爲簡古。而不學之文士如王漁洋宋牧仲輩震而異之。比諸馬班耳食之徒相率奉

爲修志模楷。即四庫提要亦亟稱之。又如陸稼書之靈壽縣志借之以昌明理學。而世人亦競譽爲方志之最良

者。乾隆以前一般人士對於方志觀念之幼稚誤謬可以想見矣。注意方志之編纂方法實自乾隆中葉始李南

澗歷城諸城兩志。全書皆纂集舊文。不自著一字。以求絕對的徵信後此志家多踵效之。謝蘊山之廣西通志首

著錄例二十三則偏徵唐宋明諸舊志門類體製舍短取長說明所以因革之由認修志爲著述大業自蘊山

始也。故其志爲省志模楷雖以阮芸臺之博通恪遵不敢稍出入繼此更無論徐如焦里堂李申耆集中皆有專

論修志體例之文。然其間能認識方志之眞價值說明其眞意義者則莫如章實齋。

實齋以清代唯一之史學大師而不能得所藉手以獨撰一史。除著成一精深博大之文史通義及造端太宏未

能卒業之史籍考外其創作天才悉表現於和州亳州永清三志及湖北通志稿中「方志學」之成立實自實

齋始也。

實齋關於斯學之貢獻首在改造方志之概念前此言方志者爲「圖經」之概念所囿以爲僅一地理書而止。

實齋則謂方志乃周官小史外史之遺其目的專以供國史取材非深通史法不能從事概念擴大內容自隨而

擴大，彼乃著方志書三詞『凡欲經紀一方之文獻，必立三家之學，仿正史傳紀之體而作志，仿律令典例之體

而作掌故，仿文選文苑之體而作文徵，三書相輔而行，缺一不可』彼晚年應畢秋帆聘總鄂志局事，卽實行其

理想，分溷湖北通志、湖北掌故、湖北文徵三書，又以爲志須繼續增修，而資料非隨時保存整理，則過此將散

失不可復理，於是倡議各州縣設立志科，使文獻得有所典守而不墜，而國史取材亦可以有成式而免參差蕪

猥之患。又晰言省志與府志、府志與縣志地位之差別，大旨謂府縣志爲省志資料，省志爲國史資料，各自有其

任務，與其組織，省志非拼合府縣志可成，府縣志非割裂省志可成。

實齋所改造之方志概念，旣與前不同，則其內容組織亦隨之而異，今試將舊志中號稱最佳之謝氏廣西通志，

與實齋所擬湖北三書稿比較如下。

嘉慶廣西通志目錄

訓典

四表
　職官
　選舉
　封建

郡縣沿革
　輿地——疆域圖分野氣候戶口風俗物產
　山川——山川水利
　關隘

湖北三書目錄.

二紀 { 皇言

皇朝編年（附前代）

九略 {

建置——城池 廨置 學校 壇廟 梁津

經政——銓選卹功 經費餉 卹政 田賦 鹽法 榷稅 積貯 祀典 土貢 學制 兵制 馬政 鄉政 承襲 土司事件 口糧 鹽倉 刑具 鼓鑄 隄 河經

費船政

前事

藝文——經 史 子 集 傳記 記事 記地 記雜 記志 乘 奏疏 詩文

金石

勝蹟——城池 署宅 家墓 寺觀

二錄 {

宦績

謫宦

人物

六列 傳 {

土司

列女

流寓

仙釋

諸蠻

五十三傳（目多不載）

四政
　師儒
　捍禦
　循續
　經濟

六考
　金石
　藝文
　水利
　食貨
　府縣
　輿地

湖北通志
七十四篇

五表
　人物
　族望
　選舉
　封建
　職官

三圖
　方與
　沿革
　水道

湖北掌故 六十六篇

- 吏科——四目 官司員額 官司職掌 員缺繁簡 吏典事宜。
- 戶科——十九目 賦役 倉廩 漕運 雜稅 牙行等。
- 禮科——十三目 祀典 儀注 科場條例等。
- 兵科——十二月 將弁員額 兵丁技藝額數 武弁例馬等。
- 刑科——六目 里甲編甲圖 囚糧衣食 三流道里表等。
- 工科——十二目 城工 塘工 堰汛 江防 銅鐵礦廠工科價值表等。

湖北文徵 八集

- 甲集上下——裒錄正史列傳。
- 乙集上下——裒錄經濟策議。
- 丙集上下——裒錄詞章詩賦。
- 丁集上下——裒錄集人詩詞。

約而言之，向來作志者皆將「著述」與「著述資料」混爲一談。欲求簡潔斷制不失著述之體耶，則資料之割捨者必多；欲將重要資料悉予保存耶，則全書繁而不殺，必蕪穢而見厭。故康之武功，韓之朝邑，與汗牛充棟之俗志交譏。蓋此之由。實齋「三書」之法，其通志一部分純爲「詞尚體要」「成一家言」之著述，掌故文徵兩部分則專以保存著述所需之資料。既別有兩書以保存資料，故「純著述體」之通志可以蕭括閎深文極簡而不虞遺闕。

實齋所著方志辨體，自述其湖北通志稿數種之著述義例，內一段云：「所著財食貨利病考，田賦一門詳揭余取賦役全書，布政使司總匯之冊，登其款數，而採川明人及本朝人所有士大夫私論大數，又有議論以明文得失，過四五千言，而讀者於十一府州及布政司以總大數，又有聯絡篇爲文，得失過四五千言，而事理明也。於舊志盡取各府州縣財役賦沿革弊利洞觀火蓋五書盈五六百紙，數而數百年閱者連篇累卷，但見賦稅錢穀之數，而數百年利病得失，則茫然無可求⋯⋯」

三〇八

其保存資料之書，又非徒堆積檔案謬夸繁富而已。加以別裁組織而整理之。駁資料使適於用（湖北掌故中有賦役表一篇，方志辨體述其義例云：「志文既㩜其總要，貫以議論，以存精華，仍取十一府州六十餘州縣賦役全書鉅帙七十餘冊，總閱其款目以爲之經，分其細數以爲之緯，縱橫其格，排約爲賦役表，不過二卷，包括數十巨冊，略無遺脫。」故書體例一斑。觀此可見）實齋之意。欲將此種整理資料之方法，由學者悉心訂定後著爲格式，頒下各州縣之「志科」。隨時依式最錄，不必高材之人亦可從事，而文獻散亡之患可以免，此誠保存史料之根本辦法，未經人道者也。（實齋所作州縣志科議立，故州縣志之志科議云：「天下大計始於州縣，則史事實成亦當始於州縣之志，州縣有荒陋無文法無者以充其選，而且立爲成法，倅如是又積而又修之於是，不勞積數十年之久，則訪能文學而通史學者不能及者。」）

實齋之於史，蓋有千古，而學識又足以副之。其一生工作全費於手撰各志，隨處表現其創造精神，以視劉子元鄭漁仲成績則既過之矣。今和毫二志傳本既甚希，吾儕僅在文史通義外篇見其絜例。湖北通志則畢秋帆去職後，全局皆翻嘉慶官本，章著痕跡泯然，不復存，幸而遺書中有檢存稿及未成稿數十篇，得以窺其崖略，然固已爲史界獨有千古之作品，不獨方志之聖而已。吾將別著章實齋之史學一書詳論之，此不能多及也。

吾於諸名志見者甚少，不敢細下批評。大約省志中嘉道間之廣西謝志、浙江廣東阮志，其價值久爲學界所公認。同光間之幾輔李志、山西曾志、湖南李志……等，率皆踵謝阮之舊而忠實於所事，抑其次也。而宣統新疆哀志前無所承，體例亦多新創，卓然斯界後起之雄。各府州縣志，除章實齋諸作超羣絕倫外，則董方立之長安咸甯二志，論者推爲冠絕今古。鄭子尹莫子偲之遵義志，或謂爲府志中第一。而洪稚存之涇縣如之邵州三水、武授堂之偃師安陽、段茂堂之富順、錢獻之之朝邑、李申耆之鳳臺、陸祁孫之鄲城、洪幼懷之鄆陵、鄒特夫譚玉生之南海、陳蘭甫之番禺、董覺軒之鄞縣慈谿、郭筠仙之湘陰、王壬秋之湘潭桂陽、繆小山之江

陰皆其最表者而比較其門目分合增減之得失資料選擇排配之工拙斯誠方志學中有趣且有益的事業。

余有志焉而今病未能也。

昔人極論官修國史之弊蓋謂領其事者皆垂老之顯宦不知學問為何物分纂人員猥濫無所專責雖有一二

達識不能盡其才故以劉子元之身具三長三入史館而曾不得一藉手以表所學徒發憤於史通此其明效矣

方志地位雖亞於國史然編纂之形式率沿唐後官局分修之舊故得良著甚難而省志尤甚必如謝蘊山阮芸

臺之流以學者而任封圻又當承平之秋史事稀簡門生故吏通學者多對於修志事自身有興味手定義例妙

選人才分任而自總其成故成績斐然也然以乾隆末之湖北志局以畢秋帆為總督而舉國以聽於章實齋亦

可謂理想的人選已成未刻畢忽去位而局中一校對員陳熷者構煽其間遂至片跡不存若非實齋自

錄有副本之一部分則數年間努力之結果皆灰飛燼滅矣始末見章氏遺書中又如乾隆初年之浙江通志其方志略例及各散篇

經籍一門出杭大宗手而卒被局員排擠削去大宗雖別錄單行然今竟不可得見矣看道古堂集兩浙經籍志序州縣志規

模較小責任較專故得良著亦較易或續學之長官親總其事如陸稼書之在靈壽段茂堂之在富順李申耆之

在鳳臺或本邑耆宿負重望居林下發心整理鄉邦文獻如王述庵之於太倉武授堂之於偃師安陽陸存齋之

於歸安鄧湘皋之於寶慶繆小山之於江陰又或為長官者既得人則隆其禮貌專其委任拱手仰成不予

牽掣如永清之得章實齋長安咸寧之得董方立三者有一於此斯志可成雖然猶有難焉以郭筠仙之通才

博學官至督撫歸老於鄉自任本縣湘陰圖志總纂書已告成而為李桓所扼卒歷若干年僅得以私費付刻未始見本書後序

蔣子瀟受聘修涇陽志體例一仿實齋及全書刻出凡例仍其原文而內容已竄改無完膚矣見七經模中文集

志乘　夫方志之著述非如哲學家文學家之可以閉戶瞑目其理想而遂有創獲也其最主要之工作在調查事

條　實搜集資料斯固非一手一足之烈而且非借助於有司或其他團體則往往不能如意故學者欲獨力任之其

事甚難而一謀於衆則情實糾紛牽制百出此所以雖區區一隅之志乘而躊躇滿志者且不一二覯也

雖然以乾嘉以後諸名志與康雍以前各志相較乃至與宋元明流傳之舊志相較其進步既不可以道里計則

諸老之努力固未爲虛也

官修之外有私家著述性質略與方志同者此類作品體製較爲自由故良著往往間出其種別可略析如下．

一，純屬方志體例而避其名者　例如嘉慶初師荔扉範之滇繫略實私撰之雲南通志因舊通志極燕又如劉

　端臨之揚州圖經　劉楚楨圖經具體兩書吾未見疑實州志縣志許石華之海州文獻錄亦未見劉伯山通義且已七十年失修乃獨力創此

二，專記一地方重要史蹟者　其體或爲編年例如汪容甫之廣陵通典此書極佳實一部史集有序亦和之董覺軒之明州繋

　年要錄一此書未見當是或爲紀事本末例如馮嵩庵甦之滇考此書甚佳能言雲南一部好窗波史中原離合之所由

三，專記人物者　此卽隋志中某某舊傳某某先賢傳之類實占方志中重要部分例如潘力田之松陵文

　獻　詳此書爲極用心之作弟次耕所作序　劉伯山鐵崧之彭城獻徵錄馬通伯其昶之桐城耆舊傳徐菊人世昌之大淸畿輔

　先哲傳等．

四，專記風俗軼聞者　此卽隋志中風土記異物志之類亦方志之一部例如屈翁山大均之廣東新語田綸

　霞雯之黔書等．

五，不肯作全部志而摘取志中應有之一篇爲已所研究有得而特別泐成者例如全謝山之四明族望表．

實鄞縣志中主要之創作。前此各方志無表族望者謝山此篇出章實孫仲容之溫州經籍志實將來作溫

州志者所不能復加。此書佳極彷彿朱氏劉孟瞻之揚州水道記林月亭伯桐之兩粵水經注即揚州或兩廣

志中水道篇之良著。陳靜庵述之補湖州府天文志即府志之一部。

六. 有參與志局事而不能行其志。因自出所見私寫定以別傳著。例如焦里堂之刊記里堂主其事

官而局廢里堂乃出所考證私撰此書。吳山夫玉繻之山陽志遺等。淮安府志山陽事頗多漏略山夫躬在志局心不慊焉別為此書

七. 有於一州縣內復析其一局部之地作專志者。例如張炎貞之烏青文獻烏青為蘇州一鎮炎貞為潘力山學友此書儌松陵文獻三十

年乃焦里堂之北湖小記北湖為揚州鄉村里堂所居此書凡六卷四十七篇阮芸臺韙之曰史才。乃至如各名城志。例如朱竹垞之日下舊聞專記京師事

成乃山志。山志體例精審獨絕。例如徐霞客之雞谷等。

凡此皆方志之支流與裔。作者甚多。吾不過就所記憶。各舉一二種以為例。此類書自宋以來已極發達。有

清作者雖無以遠過於前代。然其間固多佳構。或竟出正式方志上也。

以文徵列方志三書之一。此議雖創自章實齋。然一地文徵之書。發源既甚早。家所輯不盡從同。歷代集部所

著錄。若蘇州名賢詠。浙東唱集。河汾遺老詩。會稽掇英集。宛陵羣英集。其最著名。而範圍較廣者。如元遺山之

中州集。皆是也。然或爲一時少數人酬唱之薈萃。含史學的意味。蓋尙少。清代學者殆好爲大規模

的網羅遺佚。而先着手於鄉邦若胡文學之角上耆舊詩三十卷。李剙嗣補之爲若干卷。全祖望續之爲七十卷。

又國朝部分四十卷。沈季友之橋李詩繫四十二卷。若張延枚之姚江詩存若干卷。若汪森之粵西詩載二十五

卷學西文載七十五卷。若費經虞及其子密之劍閣芳華集二十五卷明代蜀人詩此皆康雍以前所輯也。中葉以後

三二〇

踵作滋繁若盧見曾之江左詩徵王豫江蘇詩徵吳顥及其孫振棫之杭郡詩輯吳允嘉之武林耆舊集阮元之

淮海英靈集輯揚州及南兩浙輶軒錄時所輯劉寶楠寶應文徵溫汝适之粵東文海學東詩海羅學鷗之廣東

文獻鄭珍之播雅輯鄧顯鶴之資江耆舊集沅湘耆舊集夏退庵之海陵文徵詩徵沈翰翁之湖州詩撫

朱祖謀之湖州詞錄……等悉數之殆不下數十種每種爲卷殆百數其宗旨皆在鈎沈蒐逸以備爲貴而於

編中作者大率各繫以小傳蓋徵文而徵獻之意亦寓焉

亦有不用總集體而用筆記體於最錄遺文之外再加以風趣者如戴璐之吳興詩話朱振采之江西詩話莫友

芝之黔詩紀略……等。

亦有不限於鄉邦人所作而凡文章有關鄉邦掌故皆最錄之如焦里堂之揚州足徵錄等。

亦有簿錄鄉邦人之著述記其存佚爲之提要者如孫詒讓之溫州經籍志朱振采之豫章經籍志廖平之井研

藝文志……等。

更有大舉搜集鄉邦人著述彙而刻之者如畿輔叢書嶺南遺書豫章叢書……等別於論叢書章臚舉其目

凡此皆章實齋所謂方志三書之一也語其形式實等類書除好古者偶一摩挲更無他用雖然深探平精神感

召之徵則其效亦可得言蓋以中國之大一地方有一地方之特點其受之於遺傳及環境者蓋深且遠而愛鄉

土之觀念實亦人羣團結進展之一要素利用其恭敬桑梓的心理示之以鄉邦先輩之人格及其學藝其鼓舞

濟發往往視邈遠者爲更有力地方的學風之養成實學界一堅實之基礎也彼全謝山之極力提倡浙東學派

李穆堂之極力提倡江右學派鄧湘泉之極力提倡沅湘學派其直接影響於其鄉後輩者何若間接影響於全

國者何若，斯豈非明效大驗耶詩文之徵耆舊之錄則亦其一工具而已。

八　地理學

中國地理學本爲歷史附庸蓋自漢書創設地理志而此學始漸發展也其後衍爲方志之學內容頗雜具如前

章所述現存之古地理書如唐代之元和郡縣志宋代之太平寰宇記元豐九域志等其性質可謂爲方志之集

合體蓋皆以當時郡縣爲骨幹而分列境界風俗戶口姓氏人物土產等後此明清一統志皆仿其例也其專言

水道之書則有如水經注等專言域外地理之書則有如大唐西域記等

晚明有一大地理學者曰徐霞客（宏祖）所著霞客游記成於崇禎十三年一般人多以流連風景視之不知

霞客之游不在選勝而在探險也潘次耕序之云『霞客之游在中州者無大過人其奇絕者閩粵楚蜀滇

黔百蠻荒徼之區皆往返再四……先審山脈如何去來水勢如何分合既得大勢後一丘一壑支搜節討……

沿溯瀾滄金沙窮南北盤江之源實中土人創闢之事……山川條理臚列目前土俗人情關梁阨塞時時著見，

向來山經地志之誤薈正無遺然未嘗有怪迂大之語欺人以所不知……』（遂初堂集卷七）蓋以科學精神研治地

理一切皆以實測爲基礎如霞客者眞獨有千古矣。

清康熙間復有一實測的地理學家曰南昌梁份。著有西陲今略，劉繼莊記其事云『梁份人留心邊事已

久遼人王定山爲河西靖逆侯張勇中軍與質人相與甚深質人因之徧歷河西地因得悉其山川險要部落游

牧曁其強弱多寡離合之情皆洞如觀火著爲一書凡數十卷曰西陲今略歷六年之久寒暑無間其書始成余

見其稿果有用之奇書也」記二　繼莊極心折此書嘗於逆旅中費二十二日之工晝夜不停手錄其稿余考

質人蓋習與李恕谷遊好顏習齋之學者見恕谷年譜　徐霞客爲西南探險家質人亦西北探險家矣惜其書久佚並

繼莊複寫本亦不可見不獲與霞客游記同受吾曹激賞也

航海探險家則有同安陳資齋倫炯所著書曰海國聞見錄資齋以閩人幼爲水手其遊踪東極日本西極波斯

灣中國沿海岸線周歷不下數十次後襲父蔭康熙末官至提督其書雖僅兩卷然於山川阨塞道里遠近砂礁

島嶼之夷險風雲氣候之變化無不備書其論海防主要地點曰旅順曰膠澳曰舟山曰金厦二

島曰臺灣曰虎門曰欽州至今淪沒殆夫誰識二百年前固早有高瞻遠矚目營而心注之者耶　資齋之論渤海謂登

州旅順南北對峙而以成山爲標準是知膠澳旅人失而北洋門戶撤矣其論南海謂金厦二島爲閩海咽喉虎

門香山寶安粵東門戶廉多沙多欽多島據天然之保障海南孤露地昧瘠薄不及臺灣澎湖沃野千里可以屏捍內

地是知廣州灣之失而南屏壞矣其論東海謂定海爲南海之堂奧乍浦濱於大海達漁山北達蓋大率類此

以上三家吾名之曰探險的實測的地理學者其有本此精神而更努力於地理學觀念之全部改造者則手鈔

西匯今略之劉繼莊其人也

繼莊之言曰『今之學者率知古而不知今縱使博極羣書亦祇算半箇學者』廣陽雜記卷三葉十　其對於一切學術皆

以此爲評判之鵠故同時顧景范萬季野之地理學彼雖表相當的推許然終以『僅長於考古』少之其自己

理想的新地理學則略如下

　『方輿之書所記者惟疆域建置沿革山川古跡城池形勢風俗職官名宦人物諸條耳此皆人事於人地之

故槪乎未之有聞也余意於疆域之前別添數條先以諸方之北極出地爲主定簡平儀之度製爲正切線表

而節氣之後先日食之分秒五星之凌犯占驗皆可推求以簡平儀正切線表為一則諸方之七十二候各各
不同如嶺南之梅十月已開湖南桃李十二月已爛漫無論梅矣若吳下梅則開於驚蟄桃李放於清明相去
若此之殊也……今於南北諸方細攷其氣候取其確者一候中不妨多存幾句傳之後世則天地相應之變
遷可以求其微矣余在衡久見北風起地即潮溼變而為雨百不失一詢之土人云自來如此始悟風水相遘
而成雨燕京吳下水皆東南流故必東南風而後雨衡湘水北流故須北風也然則諸方山川之背向水之分
合支流何向川流何向皆當案志而求彙為一則則風土之背正剛柔暨陰陽燥溼之徵又可次第而求矣諸
土產此方所有他方所無者別為一則而土音譜合俚音譜共為一則而其人情風俗之徵皆可案律而求之
矣然此非余一人所能成余發其凡觀厥成者望之後起之英耳』廣陽雜記卷
三葉四十九

繼莊皆除廣陽雜記五卷外片紙無存其地理書恐亦未成一字然觀以上所論則其注意於現代所謂地文學
與人生地理學蓋可概見彼蓋不以記述地面上人為的建置沿革為滿足進而探求「人地之故」——即人
與地相互之關係可謂絕識矣繼莊好游不讓霞客繼莊遺事一則云『……萬先生（季野）與繼莊
好遊每日必出或兼旬不返歸而以所歷告之萬先生亦以其所讀書證之語畢復出……』而所至皆用實地調查之功雜記中所記氣候地形物產影
響於人類生活之實例得自親歷目驗者頗多皆所謂「人地之故」也要之繼莊之地理學雖未有成書然其
為斯學樹立嶄新的觀念視現代歐美學者蓋未遑多讓惜乎清儒佞古成癖風氣非一人能挽而三百年來之
大地理學家竟僅以專長考古聞也
清儒之地理學嚴格的論之可稱為「歷史的地理學」蓋以便於讀史為最終目的而研究地理不過其一種

工具地理學僅以歷史學附庸之資格而存在耳其間亦可略分三期第一期爲順康間好言山川形勢阨塞含

有經世致用的精神第二期爲乾嘉間專考郡縣沿革水道變遷等純粹的歷史地理矣第三期爲道咸間以考

古的精神推及於邊徼寖假更推及於域外則初期致用之精神漸次復活

顧亭林著天下郡國利病書及肇域志實爲大規模的研究地理之嚆矢其利病書自序云『感四國之多虞恥

經生之寡術於是歷覽二十一史以及天下郡縣志書一代名公文集及章奏文冊之類有得即錄……』是其

著述動機全在致用其方法則廣搜資料研求各地狀況實一種政治地理學也惜其書僅屬長編性質未成爲

有系統的著述且所集資料皆求諸書本上本已不甚正確時過境遷益爲㑈狗即使全部完整亦適成其爲歷

史的政治地理而已

清代第一部之考古的地理書端推顧景范祖禹爲之讀史方輿紀要百三十卷景范著此書二十九歲始屬稿五

十歲成二十餘年間未嘗一日輟業其書前九卷爲歷代州域形勢後七卷爲山川源委及分野餘百十四卷則

各省府州縣分叙每省首冠以總序一篇論其地在歷史上關係最重要之諸點次則叙其疆域沿革山川險要

務使全省形勢瞭然每府亦仿此而所論更分析詳密每縣則紀轄境內主要之山川關隘橋驛及故城等全書

如一長篇論文其頂格寫者爲正文低格寫者爲注夾行寫者爲注中之注體裁組織之嚴整明晰古今著述中

蓋罕其比

景范與徐霞客異其所親歷之地蓋甚少然其所紀載乃極翔實而正確觀魏禧熊開元兩序可見其概『魏序云

『熊序云『余楚人習聞三楚之製莫如荆襄又熟履其地考往事得失及今崇邑知海外一區爲三吳保障......閬非身歷而知令宛溪坐籌一室出入二十一史凡形勢之險阻道里之近遙山水之源委稱名之舛錯正其訛核其實芟其蔓振其綱』專憑書本上推勘考證而能得爾許收穫可謂異事固由其用力精勤抑亦有通識能別裁之效也然此種研究法終不能無缺憾故劉繼莊評之曰『方輿紀要誠千古絕作然詳於古而略於今以之讀史固大資識力而求今日之情形尚須歷練也』記二廢百耳』又言『了了於胸中而身至其地反憒憒焉則見聞與傳聞異辭者之不可勝數也』彼蓋深有感於廣陽雜記

景范自論其書亦曰『按之圖畫索之典籍亦舉一而地理之非實測不能徵信矣嘉慶間浙寧許雲嶠鴻磐著有方輿紀要考證顧氏之舛漏頗多凌次仲稱許之惜其書已佚辨

范之書實爲極有別裁之軍事地理學而其價值在以歷史事實爲根據其著本意蓋將以爲民族光復之用自序所言深有隱痛焉序中首述顧氏得姓之由引商頌『韋顧既伐』又述其父遺命云『嘗怪我明一統志先達稱爲善本然於古今戰守攻取形勢悶悶莫知一旦出而從政舉關河天險委而去之以封疆形勢列於山川條列又復割裂失倫源流不備於四海陸沈九州臆沸文而申之曰命云『後有棄我宗祀獻先人何怪今之學者嗟乎園陵宮闕山河儼然在目無悼歎乎余死汝其志之矣』望右所述著作動機可知其非一徒欲垂空文以自見云爾』蓋其書經始於順治十

二三年間時永歷尚存閩粵未滅仁人志士密勿奔走謀匡復者所在多有此書之作則三年蓄艾之微意也在今日海陸交通狀況迥異三百年前其書自强半不適於用然國內戰爭一日未絕跡則其書之價值固一日未可抹煞也。

若離卻應用問題而專就研究方法及著述體裁上評價則在今日以前之地理書吾終以此編爲巨擘若仿其成規而推及軍事以外各方面斯可爲躊躇滿志之作矣本書凡例末條云『周官職方氏詳人民六畜土宜地利余初撰次庶代鹽鐵馬政職貢......等尋皆散利

軼病復事據此知未遑補綴所欲撰著尚不止此彼卒年僅五十七晚歲多病未敢自信爲已成之業也書也

景范嘗與萬季野閻百詩胡朏明黃子鴻等同參徐健庵在洞庭山所開之大清一統志局事蓋景范子鴻屬草最多云其後乾隆八年統志始告成其中一部分實採自方輿紀要對勘可知也乾隆末洪稚存著乾隆府廳州縣圖志五十卷則一統志之節本稍便繙覽而已。

部州郡縣之建置代有革易名稱梦亂讀史者深所患苦有兩書頗便檢閱者一爲康熙間常熟陳亮工芳績所著歷代地理沿革表四十七卷一爲道光間武陵楊愚齋丕復所著輿地沿革表四十卷陳書按古以察今楊書由今以溯古陳書以朝代爲經地名爲緯楊書以地名爲經朝代爲緯兩書互勘治史滋便陳楊兩氏皆無他種著述陳之祖父爲顧亭林友亭林集中有其書至道光間始刻出上距成書時百六十餘年楊書亦光緒間始刻出上距成書時三十餘年而李申耆之歷代地理志韻編今釋二十卷不用表體純依韻以編爲類書尤便檢查。

鄭漁仲有言「州縣之設有時而更山川之形千古不易……後之史家主於州縣州縣移易其書遂廢……以水爲主……則天下可運諸掌」地理書如元和郡縣太平寰宇以至方輿紀要皆所謂主於州縣者也以水爲主者起於酈道元水經注然其書太采泛濫於風景古蹟動多枝辭且詳於北而略於南加以距今千數陵谷改移卽所述北方諸水亦多非其舊於是清儒頗有欲賡續其業而匡救其失者最初則有黃梨洲之今水經惜太簡略而於塞外諸水亦多舛譌次則有戴東原之水地記造端甚大惜未能成洪稚登謂巳成七今之今水經改移卽所述北方諸水亦多非其舊於是清儒頗有欲賡續其業而匡救其失者最初則有黃梨洲今則有齊次風召南之水道提綱二十八卷號稱精審其書以巨川爲綱以所會衆流爲目其源流分合方隅曲折統以今日水道爲主不屑屑附會於古義而沿革同異亦卽互見於其間提要語以上四庫乾隆間修一統志次風實總其成所分輯之稿咸委諸次風此書卽其在志局時所撰蓋康熙朝所繪內府輿圖經西僅一卷自崐崙之次行山而止孔漢谷所刻虛至太行山而止次則有齊次風召南洪蕊登謂巳成七

士實測最爲精審而外間得見者希次風既有著述之才而在志局中所覩資料又足以供其驅使故爲書特可

觀也其專研究一水源委者如萬季野之崑崙河源考阮芸臺之浙江考……等名著尚多

河防水利自昔爲國之大政言地理學者夙措意焉然著作價值存乎其人利之書也近記載尤多浮雜相仍無

裨實用』其最有名者則歸安鄭芷畦元慶之行水金鑑一百七十五卷是書題傅澤洪撰蓋芷畦在傅幕府爲之纂

輯而遂假以名如萬季野之讀禮通考假名徐氏矣四庫提要謂『有明以後此類著作漸繁大抵偏舉一隅專

言一水其綜括古今臚陳利病統四瀆分合運道沿革之故彙輯以成一編者莫若此書之詳且善……』蓋芷

畦與萬九沙李穆堂全謝山爲友其於學所得深也道光間黎世㽖有續行水金鑑百五十八戴東原亦有直隸

河渠書百十一卷蓋趙東潛所草創而東原爲之增訂後爲無賴子所盜易名幾輔安瀾志刻於聚珍板云自餘

類此之書尚多其在學術上有永久價值者頗少不具錄

清儒嗜古成癖一切學問皆傾向於考古地理學亦難逃例外自然之勢也故初期所謂地理學家胡朏明之得

名則以禹貢錐指閻百詩之得名則以四書釋地自餘如亭林季野皆各有考古的地理學雍乾以降則水經注

及漢書地理志實爲研究之焦黠水經注自全趙戴三家用力最深外清一代治此者尚不下二三十家其

人與其書已略見校勘章漢地理志之校補注釋亦不下二十家略見史學章表志條今皆不具述若錢竹汀若

洪稚存皆於研究郡國沿革用力最勤自餘諸名家集中關於考證古水道或古郡國者最少亦各有一二篇其

目不能徧舉其成書最有價值者則如江愼修之春秋地理考實程春海之國策地名考……等

因研究漢書地理志牽連及於漢書西域傳是爲由古地理學進至邊徼及域外地理學之媒介邊徼地理學之

興蓋緣滿洲崛起東北入主中原康乾兩朝用兵西陲關地萬里幅員式廓既咸周知之必需交通頻繁復覺研

求之有籍故東自關外三省北自內外蒙古西自青海新疆衛藏漸爲學者與味所集域外地理學之興自晚明

西士東來始知「九州之外復有九州」而竺古者猶疑其誕海禁大開交涉多故漸感於知彼知己之不可以

已於是談瀛之客頗出於士大夫間矣蓋道光中葉以後地理學之趨嚮一變其重心蓋由古而趨今由內而趨

外

以邊徼或域外地理學名其家者壽陽祁鶴皋韻士大興徐星伯松平定張石洲穆邵陽魏默深源光澤何願船

秋濤爲最著而仁和龔定庵自珍黟縣俞理初正燮烏程沈子敦垚固始蔚子瀟湘南等其疏附先後者也此數

君者時代略銜接相爲師友而流風所被繼聲頗多茲學遂成道光間學

邊徼地理之研究大率由好學之謫宦或流寓發其端如楊大瓢賓之柳邊紀略爲記述黑龍江事情之創作蓋

其父以罪編置此地大瓢省時記其聞見也洪北江亦以謫謫戍伊犁日記天山客話等書實爲言新疆事之

嚆矢此等雖皆非系統的著述間接啓起研究興味固不少祁鶴皋徐星伯皆夙治邊徼地理皆因遣戍伊犁

而其學大成鶴皋於乾隆季年在史館創撰蒙古王公表凡閱八年成書百二十卷中國學者對於蒙古事情爲

系統的研究自此始也嘉慶十年鶴皋以公罪戍伊犁則於其間成西陲總統事略十二卷西域釋地二卷歸後

又成藩部要略十六卷西陲要略一卷其云西陲者則新疆云藩部者則諸部蒙古也星伯以嘉慶十七年戍伊

犁續補鶴皋之總統事略即其後進呈賜名新疆識略者是也其在戍也復成新疆賦二卷西域水道記五卷漢

書西域傳補注二卷復有元史西北地理考西夏地理考未刻內西域水道記最爲精心結撰之作蓋自爲記而

自釋之其記以擬水經其釋則擬酈注也而李恢垣光甄著漢西域圖考雖未歷其地而考證有得者頗多
張石洲著蒙古游收記十六卷北魏地形志十三卷游牧記蓋與鶴臬之藩部要略相補要略為編年史此則專
門地志也屬稿未竟而卒何願船補成之

龔定庵著有蒙古圖志為圖二十有八為表十有八為志十有二凡三十八篇其像教志水地志臺卡志字類表
聲類表氏族表及在京氏族表冊降表寄爵表烏梁海志青海志等皆有序文見本集中蓋深通史裁之作品也
定庵復有北路安插議西域置行省議等篇言新疆事頗中竅要同時魏默深亦治西北史地之學而其精力萃
於新元史一書考證地理蓋其副業云

何願船稍晚出壽亦最短然其學精銳無前所著北徼彙編八十六卷咸豐間賜名朔方備乘其書為聖武述略
六略準噶爾部內屬述略烏索倫諸部內屬述略哈薩克內屬述略諸路邊域考北徼界碑考北徼界碑考北徼
館考俄羅斯學考尼布楚城考庫葉附近諸島考北徼喀屯城考邑居考良維哈薩克諸路疆域考西域錫伯利
北徼城垣考俄羅斯戍兵將帥傳俄羅斯館考北徼方物考水道考色楞格河源考北徼諸國傳歷代北徼諸國
河源流考北徼教考北徼諸王諸國傳元魏隋唐北徼諸國傳元北徼考北徼方物考唐用兵將帥傳國朝北徼
門考北徼孫部族考為傳六代北徼戍兵將帥傳
始末二爾俄羅斯歸斯邦市始末上北徼事蹟
內分部表表北徼世次表北徼頭目表
微沿革表北徼地名異同表俄羅斯新進呈書為紀事
裁雖今日讀之尚不失為一名著也

同光間治西北地理者有順德李仲約文田著元祕史注雙溪集注等所注專詳地理有吳縣洪文卿鈞著元史
譯文證補末附考數篇皆言地理大抵道咸以降西北地理學與元史學相並發展如驟之有斬一時風會所趨

而以圖說一卷終焉其書言蒙古最詳而尤注重中俄關係有組織有別
為考訂諸書十五辨正諸書五具舉不為表七表上下北徼
為記二記俄羅斯叢記書籍

士大夫人人樂談如乾嘉間之競言訓詁音韻焉而名著亦往往間出其大部分工作在研究蒙古而新疆及東

三省則其附庸也。

此類邊徼地理之著作雖由考古引其端而末流乃不專於考古蓋緣古典中可憑藉之資料較少而茲學首倡
之人如祁鶴皋徐星伯輩所記載又往往得自親歷也其專以考古邊徼地理名家者在清季則有丁益甫謙
益甫以鄉僻窮儒交遊不廣蓄書不多而所著蓬萊軒輿地叢書六十九卷探賾析微識解實有獨到處除各史
之蠻夷傳咸分別考證外其餘凡關於邊徼及域外地理之古籍上自穆天子傳中逮法顯元奘諸行傳下迄耶
律楚材丘長春諸遊記外而馬哥波羅遊記等皆詳細箋釋成書凡數十種皆互相鉤稽發明絕少牴牾其中不
資料所限不能苛求可謂釋地之大成籀古之淵海也已其學風與益甫略相近而學力亦相埒者則有錢唐吳
祁甫 承志 著有唐賈耽記邊州入四夷道里考實五卷

言世界地澤者始於晚明利瑪寶之坤輿圖說艾儒略之職方外紀清初有南懷仁蔣友仁等之地球全圖然乾
嘉學者視同鄒衍談天目笑存之而已嘉慶中林少穆 則徐 督兩廣命人譯四洲志實為新地志之嚆矢鴉片戰
役後則有魏默深海國圖志百卷徐松庵繼會瀛環志略十卷並時先後成書 魏書道光二十二年成六十卷二 十七年續成
百卷徐書作始於 道光二 十三年刻成於二十八年 魏書不純屬地理卷首有籌海篇卷末有籌夷章條夷情備采戰艦火器條議器藝貨
幣……等篇中多自述其對外政策所謂『以夷攻夷以夷款夷師夷長技以制夷』之三大主義由今觀之誠
幼稚可笑然其論實支配百年來之人心直至今日猶未脫離淨盡則其在歷史上關係不得謂細也徐書本自
美人雅裨理又隨時唔 泰西人輒探訪閱五年數十易稿而成純袨地理視魏書體裁較整此兩書在今日誠為

剟狗然中國士大夫之稍有世界地理智識實自此始故略述其著作始末如右其晚年譯本不復論列也

製圖之學唐代十道圖今已不存而元朱伯思之圖在前代號稱最善蓋所用者阿拉伯法也清聖祖委任耶穌

會士分省實測於康熙五十三年成內府輿圖所本乾隆平定準回部及大小金川後更用新

法測量成西域圖益精善矣[詳官書章]然皆屬殿板民國罕見道光間李申耆創製皇朝一統輿圖一卷歷代地理

沿革圖二十二幅其沿革圖用朱墨套印尤為創格讀史者便焉同治間胡文忠[林翼]撫鄂著大清一統圖三

十一卷凡海岸山脈河流湖澤道里城邑台站關塞無不詳細登錄其開方之法則準以緯度一寸五分為一

方為百里各行省及外藩皆作專圖可分可合實當時空前之作也光緒間楊星吾[守敬]著歷代輿地沿革險要

圖因李氏之舊稍加精密鄒沅帆代鈞自製中國輿地尺[一華尺等於百萬分米特之二]以繪世界全圖凡外圖用

英法俄尺者悉改歸一律無論何國何地按圖可得中國里數分率之準焉此清代製圖學進步之大凡也

九 譜牒學

方志一方之史也族譜家譜一族一家之史也年譜一人之史也[章實齋語意]三者皆為國史取材之資而年譜之效

用時極宏大蓋歷史之大部分實以少數人之心力創造而成而社會既產一偉大的天才其言論行事恆足以

供千百年後輩之感發與奮然非有詳密之傳記以寫其心影則感興之力亦不大此名人年譜之所以可貴也

年譜蓋興於宋前此綜記一人行事之著作見於著錄者以東方朔傳李固別傳等為最古具體殆類今之行狀

其有以年經月緯之體行之者則薛穉誼之六一居士年譜洪興祖之昌黎先生年譜魯訔之杜甫年譜吳斗南

之陶潛年譜其最先也自明以來作者幾踵入清而極盛。

第一類自撰年譜歐美名士多爲自傳蓋以政治家自語其所經歷文學家自語其治學方

法……令讀者如接其謦欬而悉其甘苦觀其變遷進步尙友之樂何以加諸中國古代作者如司馬遷東方朔。

司馬相如揚雄班固王充劉知幾等皆有之而遷充知幾之作附於所著書後者尤能以眞性情活面目示吾儕

故永世實爲年譜體與自譜蓋鮮明以前廳得而指焉所見僅有明張文**清人自譜之可稱者如下**

孫夏峯先生年譜 夏峯十七歲時自撰大綱門人湯斌魏一鼇續以注並續成後五年

毋欺錄 朱伯廬用純著此書自記其言論行事感想皆繫以年

魏敏果公年譜魏環溪(象樞)口授子學誠等手錄

蒙齋年譜田山薑(雯)六十歲時自著子鑑麗續成後十年

漁洋山人年譜王貽上(士禎)自著小門生惠棟補注

漫堂年譜宋牧仲(犖)自著

恕谷先生年譜李恕谷(塨)自爲日譜五十二歲時命門入馮辰輯之爲年譜等自撰也凡恕谷友已下世者皆附以小傳則全出辰手

尹元孚年譜尹元孚(會一)自著

瞿木夫自訂年譜木夫名中溶錢竹汀女婿

言舊錄張月霄(金吾)自撰年譜

病榻夢痕錄夢痕餘錄汪龍菲(輝祖)自撰年譜本錄記事餘錄記言

儆季齋主人年譜徐彞舟(鼒)自撰

退庵自訂年譜梁崑林(章鉅)自撰

駱文忠公秉章年譜自撰

葵園自定年譜王益吾(先謙)自撰

此外自撰年譜有刻本者尚十數家以其人無足稱不復論列有自撰譜譜已佚(黃梨洲施愚山皆自撰譜譜已佚)

人物則其價值誠不可量蓋寫其所經歷所感想有非他人所能及者也惜以上諸家能躋吾望者尚少內中

最可寶者厥惟恕谷年譜其記述自己學問用力處可謂「驚心動魄一字千金」彼又交遊甚廣一時學風籍

以旁見者不少其體裁最完整者莫如汪龍莊之夢痕錄惜龍莊學識頗平凡不足耐人尋味耳(章實齋邵二雲皆龍莊摯友)

之自彼豈非快事葵園譜下半述其刻書編書之經歷頗可觀月霄彞舟皆質樸有風趣木夫譜最可見乾嘉學

風印象且錢竹汀學歷多藉以傳夏峯譜原文雖簡得注便詳明清之交「北學」「洛學」之形勢見焉其餘

則「自鄶以下」矣。

此外亦有自撰墓志銘之類者以吾記憶所及則屈翁山張稷若李恕谷彭南畇皆有之又如汪容甫有自序則

文人發牢騷之言所裨史料僅矣其仿馬班例爲詳密的自述附所著書中者甚少吾憶想所得惟顧景范讀史

方輿紀要序顏近是。

第二類友生及子弟門人爲其父兄師友所撰年譜此類年譜價值僅下自撰一等因時近地切見聞最眞也但

有當分別觀之者其一先問譜主本人價值如何若尋常達官之譜事等諛墓固宜覆瓿其二譜主人格雖可敬

然豐於所昵人之恆情親故之口慮多溢美其三卽作．　者力求忠實又當視其學識如何「相知貴相知心．

雖父師亦未必遂能得之於子弟以此諸譜雖極多可稱者殊寥落今略舉如下．　」

孫文正公（承宗）公年譜鹿江村先生（善繼）年譜門人陳鑅著

劉蕺山先生（宗周）年譜門人董瑒著子瀁遺

漳浦黃先生（道周）年譜門人莊起儔著佀有門人洪恩鄭亦鄒兩本在前

申端慤公（允佳）年譜子涵光著申鳧盟（涵光）年譜弟涵盼著

顧亭林先生（炎武）年譜子衍生著後人續者佀數家見第三類

李二曲先生（顒）年譜門人王心敬著

魏石生先生（裔介）年譜子荔彤著

顏習齋先生（元）年譜門人李塨王源合著以習齋自撰日譜爲底本

湯文正公（斌）年譜門人王廷燦著

查他山先生（愼行）年譜外曾孫陳敬璋著

陸稼書先生（隴其）年譜子宸徵子壻李鋐合著

施愚山先生（閏章）年譜曾孫念曾著

全謝山先生（祖望）年譜門人董秉純著

汪雙池先生（紱）年譜門人金龍光著

戴東原先生（震）年譜門人段玉裁著

阮尚書（元）年譜子長生著

孫淵如先生（星衍）年譜友人張紹南著

洪北江先生（亮吉）年譜門人呂培著

俞山畢公（沅）年譜門人史善長著

方植之（東樹）年譜從弟宗誠著

吳山夫（玉搢）年譜友人丁晏著

養一子（李兆洛）年譜門人蔣彤著

陳碩甫先生（奐）年譜門人管慶祺戴望著

阿文成公（桂）年譜孫那彥成門人王昶同著

曾文正公（國藩）年譜門人李瀚章黎庶昌等著

左文襄公（宗棠）年譜湘潭羅正鈞著

羅忠節公（澤南）年譜

王壯武公（鑫）年譜湘潭羅正鈞著

丁文誠公（寶楨）年譜門人唐烔著

劉武慎公（長佑）年譜友人鄭博編王政慈同著

右所列除他山愚山兩譜時代稍後外其餘皆作譜人直接奉手於譜主聞見最親切者然價值亦有差等最上

乘者應推戴山習齋東原三譜次則雙池養一兩譜蓋皆出於其最得意門生之手能深知其學也　戴山譜記外尤

自餘諸學者之譜亦皆有相當價值須改造者亦不少若亭林譜即其例也諸大學者中如胡朏明惠

定宇江慎修李穆堂錢竹汀段茂堂王石臞伯申父子焦里堂莊方耕劉申受魏默深陳蘭甫俞蔭甫……皆無

當時人所撰年譜亦未聞有謀補作者甚可惜也

學者之譜可以觀一時代思想事功家之譜可以觀一代事變其重要相等阿文誠譜爲卷三十有四可謂空前

絕後之大譜其中繁嬴處當不少　見　　　但作史料讀固甚佳也曾文正公譜十二卷亦稱巨製餘如陶文毅林文
吾未

忠郭篤仙李文忠等似尚未有譜（?）顧可惜

篇幅極長之行狀事略等往往詳記狀主事蹟之年月雖不用譜體其效力亦幾與譜等如王白田之子箋聽所

作先府君行述洪初堂榜所作戴東原先生行狀焦里堂之子延琥所作先府君事略王石臞爲其父文蕭公安

國所作先府君行狀……之類名篇頗多後此作譜者可取材焉

第三類後人補作或改作昔賢年譜此乃當時未有譜而後人補作或雖有譜而未完善後人踵而改作者此類

作品其一必譜主爲有價值的人物得作譜者之信仰故無下駟濫竽之病其二時代已隔無愛憎成心故溢美

較少此其所長也雖然亦以時代相隔之故資料散失或錯誤極難得絕對的真相此其所短也爲極勤苦極忠

實的考證務求研究之對象得徹底了解此實清儒學風最長處而此類補作或改作之年譜最能充分表現

此精神故在著作界足占一位置焉今將此類作品分兩項論列如下

多晚明時
局史料

（甲）清人或今人補作或改作清人名人年譜．以卒於清代者為限．以主年代先後為次

張蒼水（煌言）年譜．謝山著趙氏之謙舊有一譜題全．（一）同治間梨洲七世

黃梨洲（宗羲）年譜．孫炳著（二）薛鳳昌著．孫屋．偽別撰此譜本

顧亭林（炎武）年譜．子衍生作（一）吳映奉（二）車守謙著（三）胡慶著（四）徐松著（五）周中孚著（六）張穆著此譜最初本為亭

車徐兩本再加釐訂．吳氏因之車氏又因吳氏徐氏未見諸本孤意創作己寫定未刻張氏乃綜合

弘本自序周氏本見其所著鄭堂札記想皆己佚

王船山（夫之）年譜．稱其未備者有七之春為船山八世從孫劉毓崧著（一）王之春著（二）劉毓崧著成胡氏本見其所著成於同治乙丑年成前無所承創作至難故名曰初稿而自序據家譜及他書以正劉本之譌而補其闕書成於

年壬辰光緒十八

朱舜水（之瑜）年譜．梁啓超著

吳梅村（偉業）年譜．道光間顧師軾著

傅青主（山）年譜．（一）張廷鑑著闕存（二）同治間丁寶銓著．（三）宣統間曹樹芬著

徐俟齋（枋）年譜萬年少（壽祺）年譜俱今人羅振玉著

閻古古（爾梅）年譜．（一）道光間魯一同著．（二）今人張蔚西著

冒巢民（襄）年譜冒廣生著

陳乾初（確）年譜嘉慶間吳騫著

張楊園（履祥）年譜蘇惇元著

閻潛邱（若璩）年譜道光間張穆著

戴南山(名世)年譜 道光間戴鈞衡著(?)此譜為戴作抑徐宗亮作 待考

章實齋(學誠)年譜 今人胡適著日本人內藤虎次郎創作胡氏訂正擴大之

黃蕘圃(丕烈)年譜光緒間 江標著

龔定庵(自珍)年譜 (一)吳昌綬著(二)宣統間黃守恆著

徐星伯(松)年譜光緒間繆荃孫著

(乙)清人或今人補作或改作漢至明名人年表或年譜. 以譜主年代先後為次

賈生(誼)年表汪中著

董子(仲舒)年表蘇輿著

太史公(司馬遷)繫年要略. 王國維著

劉更生(向)年譜 (一)梅毓著(二)柳興思著

許君(慎)年表陶方琦著

鄭康成(玄)年譜 (一)沈可培著(二)洪頤煊著(三)陳鱣著(四)袁鈞著(五)丁晏著

鄭司農(玄)蔡中郎(邕)年譜合表林春溥著 (二)鄭珍著王鳴盛蛾術編有高密遺事卷三中亦有年表

孔北海(融)年譜繆荃孫著

諸葛武侯(亮)年譜 (一)張澍著(二)楊希閔著

陳思王(曹植)年譜丁晏著

王右軍（義之）年譜（一）吳涛著（二）魯一同著

陶靖節（潛）年譜家丁作似自創陶作名曰年譜考異訂正舊說加詳梁作又加訂正（一）丁晏著（二）陶澍著（三）梁啓超著陶譜舊有宋人吳斗南王質兩

庾子山（信）年譜倪璠著

魏文貞公（徵）年譜王先恭著

慈恩法師（玄奘）年譜梁啓超著僅成略本

王子安（勃）年譜姚大榮著

張曲江（九齡）年譜温汝适著

李鄴侯（泌）年譜楊希閔著

王摩詰（維）年譜趙殿成著

陸宣公（贄）年譜（一）丁晏著（二）楊希閔著

白香山（居易）年譜江立名著白譜舊有宋陳振孫本 汪氏改修

玉溪生（李商隱）年譜（一）朱鶴齡著（二）馮浩著（三）張采田著名曰會箋

韓忠獻公（琦）年譜楊希閔著

歐陽文忠公（修）年譜華孳亨著

司馬溫公（光）年譜（一）顧棟高著（二）陳宏謀著

王荊公（安石）年譜（三）蔡上翔著

東坡先生（蘇軾）年譜（一）邵長蘅著（二）查慎行著　蘇譜舊有南宋施元之宿父子及傳濂編年錄邵作重訂王譜查作為年家武

蘇文定公（轍）年譜龔煦春著

黃文節公（庭堅）年譜　山谷諸孫營所撰徐氏删補之

二程（一頤）年譜池生春著

米海岳（芾）年譜翁方綱著

稷山段氏二妙（克己成己）年譜孫德謙著

元遺山（好問）年譜（一）翁方綱著（二）凌廷堪著（三）施國祁著（四）李光庭著

洪文惠（适）年譜洪文敏（遵）年譜俱錢大昕著

岳忠武王（飛）年譜梁玉繩著　岳武孫岳珂金陀編有簡譜梁氏補之

李忠定公（綱）年譜楊希閔著

朱子（熹）年譜附考異王懋竑著　朱譜舊有門人李公晦所著明嘉靖間李默改竄之本亦不佳王氏作此訂正之

陸子（九淵）年譜李紱著　陸譜後附刻全集之末删汰失真李氏作此訂正之

陸放翁（游）年譜（一）趙翼著（二）錢大昕著

深寧先生（王應麟）年譜（一）錢大昕著（二）張大昌著（三）陳僅之著

謝臯羽（翺）年譜徐沁著

王文成公（守仁）年譜（一）毛奇齡著（二）楊希閔著　王譜舊有其門人錢德洪所著後經纘李贄竄亂毛楊皆訂正之但亦未見佳

弇州山人(王世貞)年譜錢大昕著

歸震川(有光)年譜　(一)汪琬著已佚　(二)孫守中著

戚少保(繼光)年譜戚祚國著

楊升庵(慎)年譜簡紹芳著

左忠毅公(光斗)年譜馬其昶著

徐霞客(宏祖)年譜丁文江著

右兩項數十種實清代年譜學之中堅大抵甲項幾無種不佳乙項之佳者亦十而六七此類之譜作之實難蓋

作者之去譜主近則百數十年遠乃動逾千歲非如第二類之譜由門人子弟纂撰者得以親炙其言行熟悉其

時日資料少既苦其枯渴苦其罣漏資料多又苦其漫漶苦其牴牾加以知人論世非灼有見其時代背景則不

能綜其人在歷史上所占地位為何等故由今視昔影象本已朦朧不真據今日之環境及思想以推論昔人尤

最易陷於時代錯誤是故欲為一名人作一佳譜必對於其人著作之全部面則又有別當注意之資料（專就學者或文學家言）貫穴鉤

稽盡得其精神與其脈絡不甯為是凡與其人有關係之人之著作中直接語及其人者悉富留意不甯惟是其

時之朝政及社會狀況無一可以忽視故作一二萬言之譜往往須翻書至百數十種其主要之書往往須翻至

數十徧資料既集又當視其裁斷之識與駕馭之技術何如蓋茲事若斯之難也吾嘗試著一二譜故深知其甘苦然終未能得滿意之作吾常

謂初入手治史學者最好擇歷史上自己所敬仰之人為作優為此者厥惟清儒前代蓋莫能及

一譜可以磨鍊忍耐性可以學得蒐集資料運用資料之法

上列諸譜中其最佳者如王白田之朱子年譜彼終身僅著此一書而此一書已足令彼不朽朱子之人格及其

學術真相皆具其焉為李穆堂之陸譜價值亦略相埒也如顧震滄之溫公譜其意欲使不讀溫公集之人讀此亦能

了解溫公人物真相之全部在諸譜中實為一創格震滄意謂有附集之譜有單行之譜附集者備讀集人得有常識故宜詳盡

以與彼所著荊公譜合讀則當時全盤政局若指諸掌矣如蔡元鳳之荊公譜雖體裁極拙劣而見譯絕倫如陶

雲汀之淵明譜考異張孟劬之玉溪譜會箋最注意於譜主之身世觀其孕育於此種環境中之文藝何如張

石洲之顧閤兩譜劉伯山之船山譜羅叔蘊之徐萬兩譜……等於譜主所履之地位所接之人等考核精密細

大不遺如翁覃溪李恢垣之遺山譜孫益庵之二妙譜資料本極缺乏而搜羅結果乃極豐富如丁儉卿之陳忨

譜魯通甫之右軍譜姚儷桓之子安譜於譜主之特性及其隱衷昭然若揭如胡適之之實齋譜不惟能撝譜主

學術之綱要其善俟媺並及其時代思潮凡此諸作皆近代學術界一盛飾也

第四類純考證的遠古哲人年表此類性質與前三類皆不同不重在知其人人所共知而重在知其確實之年

代故不作直行之詳贍年譜而惟作旁行斜上之簡明年表然而考證辨析有時亦甚辭費焉列其作品如下

周公年表 牟庭著

卜子年譜 陳玉澍著

孔子年表之(一)江永孔子年譜黃定宜為之注(二)狄子奇孔子編年(三)胡培翬校注宋胡仔(四)崔述洙泗考信錄(五)魏源孔子編年(六)林春溥孔子師弟年表

墨子年表 (一)孫詒讓墨子年表(二)梁啟超墨子年代考

孟子年表 (一)黃本驥孟子年譜(二)汪椿孟子編年(三)任啟運孟子考略(四)周廣業孟子四考(五)曹之升孟子年譜(六)任兆麟孟子時事略(七)狄子奇孟子編年(八)崔述孟子事實錄(九)魏源孟子編年(十)林春溥孟子時事年表

荀子年表(一)汪中荀卿子通論附　年表(二)胡元儀郁卿別傳

董生年表　蘇輿著　在蘇著春秋繁露義證內

以上諸作皆考證甚勤夫非有問題則不必考證問題取決於紙上資料恐終於「以後息者為勝」耳雖然經

過若干人嚴密之考證最少固可以解決問題之一部分也至如墨孟荀等生卒年既無法確定則欲編成具體

的年表總屬徒勞。

族姓之譜六朝唐極盛宋後寖微然此實重要史料之一例如「考族制組織法欲考各時代各地方婚姻平均

年齡平均壽數欲考父母兩系遺傳欲考男女產生比例欲考出生率與死亡率比較……等等無數問題恐除

族譜家譜外更無他途可以得資料我國鄉鄉家家皆有譜實可謂史界瓌寶將來有國立大圖書館能盡集天

下之家譜俾學者分科研究實不朽之盛業也。

清代常承平時諸姓之譜恆聘學者為之修訂學者亦喜自訂其家之譜觀各名家集中殆無一不有「某氏族

譜序」等文可見也吾嘗欲悉薈萃此項文比而觀之則某地某姓有佳譜蓋可得崖略惜今未能故亦不克詳

論也。

十六　清代學者整理舊學之總成績(四)——

——曆算學及其他科學　樂曲學

十 曆算學及其他科學

曆算學在清學界占極重要位置不容予不說明然吾屬稿至此乃極惶悚極忸怩蓋吾於此學絕無所知萬不

敢强作解事而本書體例又不許我自藏其拙吾惟竭吾才以求盡吾介紹之責吾深知其必無當也吾望世之

通此學者不以我為不可致切切實實指斥其漏闕謬誤之點俾他日得以校改自贖云爾

曆算學在中國發達蓋甚早六朝唐以來學校以之課士科舉以之取士學者於其理與法始童而習焉宋元兩

朝名家輩出斯學稱盛明代心宗與文士交闕凡百實學悉見鄙夷及其末葉始生反動入清則學尚專門萬流

騈進曆算一科舊學新知迭相摩盪其所樹立乃斐然矣計自明末迄清末斯學演進略分五期

第一期 明萬曆中葉迄清順治初葉約三十年間耶穌會士齎歐洲新法東來中國少數學者以極戀摯極

虛心的態度歡迎之極忠實以從事翻譯同時舊派反抗頗烈新派以不屈不撓之精神戰勝之其代表人物

則為李涼庵之藻 徐元扈光啓 等

第二期 清順治中葉迄乾隆初葉約八十年間將所輸入之新法盡量消化徹底理會更進一步融會貫通

之以求本國斯學之獨立其代表人物為王寅旭錫闡 梅定九文鼎 等

第三期 乾隆中葉以後迄嘉慶末約三四十年間求學問獨立之結果許多重要古算書皆復活好古有

識之學者為之悉心整理校注其代表人物則戴東原震 錢竹汀大昕 焦里堂循 等

第四期 嘉慶道光咸豐三朝約四五十年間因古算書整理就緒之結果引起許多創造發明完成學問獨

立之業其代表人物則汪孝嬰萊 李四香銳 董方立祐誠 羅茗香士琳 等．

第五期 同治初迄光緒中葉約三十年間近代的新法再輸入忠實翻譯之業不讓晚明其代表人物為李

壬叔善蘭 華若汀衡芳 等．

第六期 光緒末迄今日以過去歷史推之應為第二次消化會通發展獨立之期然而……

今吾將略述前五期之史蹟惟有一語先須聲明者曆與算本相倚也而三百年來斯學之興則假鎡於曆而歸

宿於算故吾所論述在前兩期曆算並重後三期則詳算而略曆焉

晚明因天官失職多年沿用之大統曆屢發見測算上之舛誤至萬曆末而朱世埅邢雲路先後抗言改曆之必

要我國向以觀象授時為國之大政故朱邢之論忽惹起朝野注意曆議大喧鬨而間接博得西歐科學之輸入

初歐洲自『宗教革命』告成之後羅馬舊教團中一部分人為挽回頹勢起見發生自覺於是有耶穌會之創設

會士皆當時科學智識最豐富之人而其手段在發展勢力於歐洲以外於是利瑪竇龐迪我熊三拔……等先

後來華實為明萬曆天啓時中國人從之游且崇信其學者頗多而李涼庵徐元扈為稱首及改曆議起有周子

愚者方為『五官正』欽天監 屬官 上書請召龐熊等譯西籍萬曆四十年前後涼庵與元扈同以修曆被徵至京

師雲路以己意損益古法而涼庵專宗西術新舊之爭自此崇禎二年涼庵薦李長德天經 自代天經一遵成砲砲事翻譯十年如一日有名之崇禎曆書

涼庵卒又二年元扈亦以病辭由長德續成也涼庵元扈深知歷學當以算學為基礎當未總歷事以前已先譯

算書元扈首譯歐兀里得之幾何原本六卷歐人名著之入中國此其第一歐 幾何原本之成書在元扈任歷事前二十三年 自序謂『由

顯入微從疑得信不用為用所甚真可謂萬象之形圍百家之學海。蓋承認歐人學問之有價值實自茲

始也元扈又自為句股義一卷涼庵亦以半著半譯的體裁為同文算指十卷圜容較義一卷以上諸書皆為當

時言西算者所宗。

元扈總歷事時反對蜂起最著者為魏文魁冷守忠元扈與李長德先後痛駁之其歔始襄崇禎新歷經十餘年

製器實測之結果泃為定本將次頒行而遭甲申之變遂閣置入清以歐人湯若望掌欽天監始因晚明已成之

業而頒之順康之交尚有楊光先者純狹排外的意氣詆諆新法著一書名曰不得已書其後卒取湯若望之位

而代之旋以推步失實黜革自是闃議始息矣

元扈於崇禎四年上疏曰「欲求超勝必須會通會通之前先須譯……繙譯既有端緒然後令深知法意者

參詳考定……」本傳當時研究此學之步驟如此元扈既逝旋遭喪亂未能依原定計畫進行王寅旭引此疏

而論之曰『……文定元扈之意原欲因西法以求進也文定既逝繼其事者僅能終繙譯之緒未遑及

會通之法甚至矜其師說齗齗異己。今西法盛行向之異議者亦詘而不復爭矣然以西法有驗於今可也。

如謂為不易之法無事求進不可也。」歷說蓋李徐之業得半而止未逮其志所謂『會通以求超勝』蓋

有俟於後起而毅然以此自任者則王寅旭梅定九其人也。

阮雲臺著疇人傳清儒之部以王梅為冠首且論之曰『王氏精而核梅氏博而大各造其極難可軒輊。諒哉

言矣寅旭自幼嗜測天晴霽之夜輒登屋臥鴟吻間仰察星象竟夕不寐每遇日月蝕輒以新舊諸法所推時日

抄刻所蝕多寡實測之數十年未嘗一次放過結果乃自為曉菴新法六卷其自序既力斥魏文魁陳壤冷守忠

輩之專己守殘推獎利徐新法然又謂西法有不知法意者五當辨者十其書則會通若干事考正若干事表明

若干事增葺若干事其論治學方法謂『……當順天以求合不當爲合以驗天法所以差固必有致差之故法

所詔合猶恐有偶合之嫌』測歷 又云『其合其違雖可預信而分杪遠近之細必屢經實測而後得知合則審其

偶合與確合違則求其理違與數達不敢苟焉以自欺而已』朔步交 又云『……學之愈久而愈知其不及入

之愈深而愈知其難窮……若僅能握觚而即以創法自命順心任目撰爲鹵莽之術約略一合傲然自足胸無

古人其庸妄不學未嘗艱苦可知矣』記序 測日 小讀此可知寅旭之學其趣重客觀的考察爲何如又可知此派曆

算學其影響於清代學風者爲何如也

一. 曆學脫離占驗迷信而超然獨立於眞正科學基礎之上自利徐始啓其緒至定九乃確定

定九年輩稍後寅旭而其學最淵博其傳亦最光大所著勿奄曆算全書分四大部法原部八種法數部一種曆

學部十五種算學部六種都凡三十種七十五卷此外關於研究古曆法之書尚十三種八十七卷其書內容價

值非吾所敢妄評顧吾以爲定九對於斯學之貢獻最少亦有如下數點.

二. 曆學之歷史的研究——對於諸法爲純客觀的比較批評自定九始.

三. 知歷學非單純的技術而必須以數學爲基礎將明末學者學歷之興味移到學算方而自定九始.

四. 因治西算而印證以古籍知吾國亦有固有之算學因極力提倡以求學問之獨立黃梨洲首倡此論定

九. 與彼不謀而合.

五. 其所著述除發表自己創見外更取前人艱深之學理演爲平易淺近之小冊以力求斯學之普及此事

為大學者之所難能，而定九優爲之。

王梅流風所被，學者雲起。江蘇則有潘次耕（耒）、陳泗源（厚耀）、惠天牧（士奇）、孫滋九（鼎）、顧震滄（棟）、莊元仲（亨陽）、顧君源（長發）、屠繍洲（文瀚）、丁維烈等。安徽則有方位伯（中通）、浦選（正珠）父子、江慎修（永）、余晉齋（熙）及定九之弟和仲、文鼐、爾素、文鼒（定九之孫）、玉汝（穀成）等。浙江則有徐圃臣（發）、吳任臣（志伊）、龔武仕（士燕）、陳言揚（訏）、王宋賢（元啓）等。江西則有揭子宣（喧）、毛心易（乾乾）等。湖北則有劉允恭（湘煃）等。河南則有孔林宗與泰、杜端甫（知耕）等。山東則有薛儀甫（鳳祚）等。福建則有李晉卿。而清聖祖亦篤嗜此學，其御定歷象考成、御製數理精蘊，哀然有巨帙，爲斯學增重，則陳泗源、李晉卿等參與最多云。

黃梨洲年輩略先於王梅，然既以曆學聞，有著述數種。梨洲亦信服利徐新法之一人，然謂此法乃我國所固有。嘗曰「周公商高之術，中原失傳，而被纂於西人，試按其言以求之，汝陽之田可歸也」。其言雖不脫自大之習，然喚起國人之自覺心亦不少。王梅所企之「會通以求超勝」，其動機半亦由此。而清聖祖以西人借根方授梅玉汝，告以西人名此書爲「阿爾熱八達」，譯言東來法。命玉汝推其所自，玉汝因考定爲出於「天元一」。自是學者益知我國固有之算學未可輕視矣。然大算學書散佚殆盡，其存者亦傳刻譌漏不可卒讀，無以爲研究之資。其搜輯整理之則在四庫館開館之後，而董其役者實爲戴東原。

東原受學於江慎修，而尤服膺其曆算。慎修信西法，往往並其短而護之，東原時所不免。原論歲實書自其中年即已成，原象歷問、歷古考策、勾股割圜記等書，爲斯學極有價值之作品。及入四庫館，則子部天文算學類之提要殆全出其手。而用力最勤者，則在輯校下列各種算書。

一．周髀算經　漢趙爽注，北周甄鸞重述，唐李淳風釋。此書舊有津逮祕書刻本，然譌脫甚多。東原據永樂大典詳校，補脫字百四十七，誤四十八，刪衍字十三，補圖二，誤圖二，自是此書始可讀。

二．九章算術　此書後漢經注，唐李淳風（漢）作細草，說明時已佚，東原從永樂大典中輯出李淳風正義九卷，東原所謂輯成之九卷。

三．海島算經　晉劉徽撰，唐李淳風注。原名重差，循其舊例以此書久，古閣有影鈔宋本，東原據細草正李淳風注之，及為劉徽圖。蓋此書原無圖，書既散失，而其理難曉，東原為之補圖，多所發明。

四．孫子算經　不著撰人名氏，年代無考。其端緒幸原有書，簡譌舛忙，東原悉心尋繹，惟《大典》有之，還有舊影鈔宋槧，然其理多所發明。

五．五曹算經　不著撰人名氏，已佚，東原次第校正及為之注，惟《大典》有影鈔宋本，東原補綴鈎稽輯為五卷，極費苦心。李淳

六．五經算術　北周甄鸞撰，唐李淳風注。此書之著，割裂散失，惟《大典》有各條下，東原裒輯成完書。

七．夏侯陽算經　不著撰人名氏，年代無考。其書久佚，惟《大典》有之，然割裂非其舊，韓延以此書久佚，古閣有影鈔宋槧，割裂分附九章算術十二門。

八．張邱建算經　不著撰人名氏，此書南宋有刻本，毛氏藏天元術之本，東原校定，皆多發明。

九．輯古算經　唐王孝通撰並自注。李淳風門作考俟，注以李淳風注之。九章算術之張古崙作細草以

十．數術記遺　舊題漢徐岳撰，後岳撰周甄鸞注。舊校定之但辨偽為唐甄鸞，以後書原

以上所列不過校勘幾部舊書，若與學界大勢無甚關係。雖然，此諸書者久已埋沒塵坌中，學者幾不復知吾國自有此學，即有志研究者亦幾譯書外無所憑藉。自戴校諸書既成，官局以聚珍板印行，而曲阜孔氏復彙刻為算經十書，其移易國人觀聽者甚大。善夫阮文達之言曰：『九數為六藝之一，古之小學也。……後世言數者，或雜以太一三占候卦氣之說，由是儒林實學，下與方技同科，可慨已。戴庶常……網羅算氏綴輯遺經，以紹前哲用遺來學。蓋自有戴氏，天下學者乃不敢輕言算數，而其道始尊。功豈在宣城（梅氏）下哉！』（四十二《疇人傳》讀阮氏）

此論可以知戴氏在斯學之位置矣。

東原雖徧校古算經然其自著歷算書則仍宗西法聞者則推錢竹汀竹汀著元史朔閏表三

統術衍算經答問等書羅茗香推之甚至謂『宣城猶遜彼一籌』四十九續疇人傳其言或稍過雖然自戴錢二君以

經學大師篤嗜歷算乾嘉以降歷算遂成經生副業而專門算家亦隨之而出其影響豈不鉅哉

前所列戴校算經十書皆唐代用以課士者然數學實至宋元而極盛其最有價值之著述則為下列三家四種.

一. 宋秦道古九韶 數學九章十八卷

二. 元李仁卿冶 測圓海鏡附細草十二卷益古演段三卷.

三. 元朱漢卿世傑 四元玉鑑三卷.

秦李兩家所創為兩派之『立天元一術』朱氏所創為『四元術』『天元』『四元』兩術則嘉道以後學

者所罕精積慮階是以求超勝於西人者也四書中惟測圓海鏡舊有傳本而已逸其細草餘三書則皆久侠東

原在四庫館從永樂大典中輯錄九章演段及海鏡之細草三書始稍具面目然精心讐校實所未遑故研習猶

不易焉尹菊園錫瓚曾指斥之東原校海鏡多肊刪誤解數學九章自錢竹汀極力提倡秦敦夫恩復數十處為之札記自是道古之書始可讀海鏡

後沈俠侯欽裴及其弟子宋冤之景昌復據顧本精校訂正譌舛數十處為之詳校其

及演段鮑漾廷博刻之而李四香銳為之詳校自是仁卿之書始可讀獨四元玉鑑四庫既不著錄阮文達作

疇人傳時且未之見以世傑知之文達晚乃得其鈔本傳鈔寄四香四香大喜為作細草未就而沒文達恫之曰

『李君細草不成遂無能讀是書者矣』李香經室集道光中羅茗香始為精校並補作細草自是漢卿之書亦人

人可讀與秦李書等此四書校注之業其影響於後此算學之發展視戴校諸書為尤鉅大抵天元學即秦學大顯

於嘉慶中葉而四元學學即朱復活於道光之初二學明而中國算學獨立之利器具矣。

乾嘉以後治算之人約可分三類：

第一類臺官臺官者奉職於欽天監者也歷代臺官率多下駟然臺中資料多儀器備苟得其人則發明亦較易為力乾隆中則有監正明靜菴安圖人蒙古創劃圜密率捷法舉世宗之下詳其弟子夏官正官名張良亭眩最能傳其學同時監副博繪亭啓人滿洲能解句股形中所容方邊圜徑垂綫三事瓱法六十道光初監正方愼蕶履亭亦續學有著述同時博士欽天監陳靜㑹杰最精比例著算法大成二十卷最便初學。

第二類經師經師者初非欲以算學名家因治經或治史有待於學算因以算為其副業者也此派起於黃棃洲惠天牧而盛於錢竹汀戴東原其稍後則焦里堂若顧震滄程易疇凌次仲孔巽軒錢漷亭許周生姚秋農程春海李申耆俞理初……輩皆其人也自餘考證家殆無一人不有算學上常識殆一時風尚然而此輩經生——除戴焦孔外——大率藉算以解經史於算學本身無甚發明雖然後此斯學大家多出諸經師之門如李尙之之學於竹汀羅茗香之學於芸臺其最著者也。

第三類專門算學家專門算學家自王梅以後中絶者垂百年至嘉慶間始復活道咸間乃極盛復活初期之主要人物則江都焦里堂元和李四香歙汪孝嬰萊也時號爲談天三友三人始終共學有所得則相告語有所疑則相詰難而其公共得力之處則在讀秦李書而知「立天元一」爲算家至精之術四香校釋測圜海鏡益古演段爲仁卿之學撥開雲霧又與里堂幾度討論知秦道古之九章爲「大衍求一」中之又一派天元秦書價值亦大明里堂著天元一釋開方通釋等書最能以淺顯之文闡天元奧旨孝嬰則姿性英銳最喜攻堅必古人

所未言者乃言之三人中焦尚經師副業而汪李則專家也焦之評汪李曰『尚之四善言古人所已言而闕發

得其眞孝墨善言古人所未言而引申得其間』兩家學風可見矣學風異而能合作故於斯學貢獻特多焉而

陽城張古餘敦仁上元談階平泰皆四香學友於天元有所發明四香弟子順德黎見山應南盡傳其師之學且

續成其成里堂子虎玉廷琥亦治演段能名家嘉慶間專門家最著者略如此

道光初葉秀水李雲麓鴻陽湖董方立祐誠在京師以學算相友善方立最絕特所發明割圜連比例率實斯界

不刊之作下見惜早夭未能盡其才而甘泉羅茗香士琳烏程徐君青有壬仁和項梅侶名達皆老壽道咸間稱最

祖焉茗香爲阮芸臺弟子早歲已通天元歲得四元玉鑑嗜之如性命竭十二年之力爲之校爲之注爲之演

細草二十四卷復與同縣學友易蓉湖之瀚爲之釋例四元復見天日自茗香始也後此李壬叔譯代數之蕡始

知四元卽我國之代數而其祕寶啓自茗香君青繼幽鑿險學風酷似汪孝嬰董方立發明測圜密率橢圜求周

術之緒發古人未發之藏耳』晚年每謂古法無所用不甚涉獵而專意於平弧三角云後此算家力求向上一

傳者僅句股六術一編嘗曰『守中西成法搬衍較量疇人子弟優爲之所貴學數者謂能推見本原竟向人未

步以從事發明得梅侶暗示之之力爲多三君之外則元和沈俠侯欽裴之校九章烏程陳靜庵杰之爲緝古細草。

皆能有所樹立者。

道光末迄咸同之交則錢塘戴諤士煦 錢塘夏紫笙鸞翔 南海鄒特夫伯奇 海寧李壬叔善蘭 爲斯學重鎮諤士

學早成年輩稍後於羅茗香項梅侶羅項折節以爲忘年交所著求表捷術英人艾約瑟譯之刊英倫算學公會

雜誌彼都學者嘆爲絕業我國近人著述之有歐譯自戴書始也紫笙爲梅侶高弟盡傳其學特夫崛起嶺嶠而

精銳無前又善製器諸名家皆斂手相推焉壬叔早慧而老壽自其弱冠時已窮天元四元之祕斐然述作中年

以後盡瘁譯事世共推爲第二徐文定遂以結有清一代算學之局當是時江浙間斯學極盛金山顧尚之觀光

長洲馬遠林釗嘉定時清甫白淳興化劉融齋熙載烏程凌厚堂堃張南坪福禧南匯張嘯山文虎與徐項戴李

諸君先後作桴鼓應焉江西亦有南豐吳子登善造詣不讓時賢而異軍特起有聲色者莫如湖南廣東兩省

湖南自新化鄭叔績漢勛首倡此學長沙丁果臣取忠繼之果臣弟子有湘陰左壬叟濘文襄從子也湘鄉曾栗

誠紀鴻文正子也咸以貴介嗜學能名其家徐君青之爲廣東鹽運使也語人曰『廣東無知算者』或以告番

禺黎南溟漢鵬南溟爲難題難之徐不能答嘉應吳石華學算於南溟遂盡傳其學已而出鄒特夫所造或爲江

左諸師所不及云

清季承學之士喜言西學爲中國所固有其言多牽強傅會徒長籠統囂張之習識者病焉然近世矯其弊者又

會不許人稍言會通必欲擠祖國於未開之蠻民謂其一無學問然後爲快嘻抑亦甚矣人智不甚相遠苟積學

焉理無不可相及而頑固老輩之蔑視外國與輕薄少年之蔑視本國其誤謬正相等而言之蔽在不學而已他

勿具論卽如算術中之天元四元苟稍涉斯學之樊者寧能強詞斥之謂爲無學問上之價值又寧能謂此學非

我所自有清聖祖述西士之言謂借根爲東來法英人偉烈亞力與李壬叔同事譯業者也深通中國語言文字

能讀古書其所著數學啓蒙第二卷有開諸乘方捷法一條綴以按語云『無論若干乘方且無論帶縱不帶縱

俱以一法通之故曰捷法此法在中土爲古法在西土爲新法上下數千年東西數萬里所造之法若合符節儻

三四六

乎此心此理同也」夫偉力是否讕言但用天元一試布算焉立可決矣竺舊之儒必謂西法剽竊自我如梨洲

所謂『汝陽之田可復歸』誠為夸而無當然心同理同之說雖好自貶者亦豈能否認耶是故如魏文魁楊光

先之流未嘗學問徒爭意氣吾輩固當引為大戒乃若四香茗香壬叔諸賢眞所謂『舊學商量加邃密新如涵

養轉深沈』蓋於舊學所入愈深乃益以促其自覺之心增其自壯之氣而完其獨立發明之業則溫故不足以

妨知新抑甚明矣而戕損人神智者實則在『隨人脚跟學人言語』不務力學專逐時談之習耳世之君子宜

何擇焉

清代算學順康間僅消化西法乾隆初僅雜釋經典其確能獨立有所發明者實自乾隆中葉後而嘉道咸同為

盛推厥所由則皆天元四元兩術之復活有以牖之徐文定所謂「會通以求超勝」蓋實現於百餘年後矣今

刺舉其發明之可紀者如下

一、明靜庵安圖之割圜密率捷法。矢術之法惟所以立法之原則祕而不宣至汪孝嬰疑其數率為偶合靜庵積正弦正矢術以半徑為一率一設弧共分為二率二率自乘一率除之得三率以推之八線表時便不暗用此法推算對數耶

梅玉汝赤水遺珍載有西士杜德美用連比例演周徑密率及求正弦正矢術以半徑為一率一設弧共分為二率二率自乘一率除之得五率如是羅著香

二、孔巽軒之三乘方以上開方捷法及割圜四例。巽軒為戴東原高弟子研究秦李之書時通天元梅定九乘方以上不能為圖巽軒獨抒新意取

割圜變為方根則其說在明氏乘法捷法未作平方先觀而間究古古九義探索本根變通簡捷以成新致悖直

三、李四香之方程新術草。因梅氏之旨梅氏未嘗見古九章探索本根變通簡捷以成新術開方專宗同文算指西法初不知方立

汝言借根即無加與借根方之兩邊加減微析異天元發明開方正負定律之西法初不知方專宗同文算以上無不帶縱錄

四
之香方故所著少廣拾遺立開一乘方以至開借十二爲陽方諸法枝枝爲節窒礙難通
四之香讀秦道古書闡明超步退商正負加減借一爲捷法乃推闡天元通分而成任設

四. 黎見山廉南之求句股牽捷法
兩奇數或偶數各自乘則所得句股皆無或零爲數其
兩奇數相乘或偶數即爲句股或爲句股弦或零爲股其

四. 汪孝嬰之發明天元一正負開方之可知不可知
條其說謂與四香同名者不可知當時有汪李黼龀之諍焦里堂不能辨者可知矣偶實異名而從廉正負不相雜其從翻而
證明之謂與偶實同立異故時有汪李黼龀之從廉正負焦里堂不雜辨者可知偶實異名而從廉正以書而爲下推明之孝嬰讀秦李
不與隅一同名者不可請已所言一相通云與

六. 董方立之發明割圓連比例術
而會通以圜盡容句股之術引仲類長生其於某自然冪差此術分列衰商之堆垛
塗蓋通以圜盡所求十八觚之術之自謂奇偶相長相乘以表求周用法可取圜周平方求則周即三爲橢圓梅侶戴諤士直捷各立李

七. 徐君青之發明屢乘屢除的對數
求正負諸句而加發明造各表簡法
而蓋之割差之法推生諸杜德美一橢術圜求周自西人無法可取圜周平方求其周徑以求周即三爲橢圓梅侶戴諤士用最心於某以割圜六五術割圜亦

八. 戴諤士之發明對數簡法
發明假數測圜發前人未發之蘊以對數探續原編專明之對數業之根之理發明外切密率李氏乘除法乘除其
招差之法生諸杜德美徐君青爲拾弦矢與李切割本皆可有所增益惜杜氏以比例其弦矢術得之率數乘除其
過西人遠甚駕諸割圓諸術而簡易之法推生諸杜德美所不通董方立設項梅設李招差諸家之此說也折衷二術簡益求之簡凡六通五術割圜亦
壬叔謂其遠甚駕

九. 鄒特夫之發明乘方捷術
術而分之母分于一分于一種自杜源未經啓俾釋圜諤士謂梅矢弦與李切割皆可互有所增益惜杜氏以弦矢術得之率數乘除其
所弧背之其切割得之數此意仍以爲立比例
連此亦研究乘除對法逐開書一隱括量數方乘立方戴諤士以求之又立開對方載術四術以訥求之爾表亦用以

連比例一以貫立術操數各殊惟夏紫笙最爲簡
易萬倍然後知言數者不能得其得數夫先得數
人雖變法乃變釋謂己所用爲正法而其根則同云

李壬 創造對數尺 相併對數艾而伸縮之爲算源亦以尖錐馭數
因對數艾而變通之使原有兩數相對而令有兩尺
併而伸縮之原有兩數相對而令有
使原有夫英始能
自以尖錐馭數逐探其數一相對之數亦以尖錐馭數載
萬求其數一相對之對數載

十.李壬叔之以尖錐馭對數術 爲變數積木起算夫本理也卽其
之理既詳著其方圓闡幽自序云『矢啓祕二書復爲對數萬
壬叔著書甚深廣惟汪孝嬰董啓蒙之得數皆合復立還
原四術乃理乃推衍別求之爲八術

十一.顧尚之和較相求對數八術 爲批評通任意設數及西
人御啓蒙之得數皆合復立還原四術乃理乃推衍別
求之爲八術

十二.夏紫笙之創曲綫新術 其書名致曲術曰平圓圓圓曰橢圓曰拋物綫曰雙曲綫曰螺
綫凡七類皆於杜德美項梅侶戴諤士徐君青羅密士〔英人著代微積拾級
者〕諸術外自定新術參互並列之創垂方捷術以開各類乘方通術可並求平方根數十
法密理精復有致曲圖解說明之位不論益積術俱爲坦途其書名少廣縋鑿

上所舉不過在三部疇人傳中琳續諸可寶再編羅士臨時撢攟我之學力本不配討論此學其中漏略錯誤定以當
不少但卽循此以觀大略已可見此學在清代發展進步之程度爲何如以李香四汪明董等推算之業視王梅以
李羅張餘古等校書補草之功視錢戴以徐戴士謬鄒李壬等會通發明之續視王梅李香汪眞有「積薪後來居
上」之感其後承以第二期西學之輸入——卽所謂十九世紀新科學者而當時國中學者所造與彼相校亦
未遑多讓中國人對於科學之嗜好性及理解能力亦何遽出歐人下耶

吾叙述至此惟忽有別的小感觸請附帶一言清代算學家多不壽實吾學界一大不幸也內中梅定九壽八十
九李壬叔壽七十二老歸然縮一代終始差足慰情自餘若焦里堂僅五十八戴諤士僅五十六王寅旭戴東原

皆僅五十五鄒特夫僅五十一鄒叔績僅四十九馬遠林僅四十八汪孝嬰僅四十六李四香夏紫笙皆僅四十

五尤促者熊韜之僅三十九孔巽軒僅三十五董方立僅三十三左壬叟曾栗誠卒年未詳大抵皆不逾四十嗚

呼豈茲事耗精太甚易損天年耶何見奪之速且多也夫使巽軒方立輩有定九壽則所以嘉惠學界者宜何如

哉吾又感覺算學頗恃天才又洪楊之亂學者多殉而算家尤衆徐君青以封疆江蘇巡撫死綏固宜矣乃若羅茗香
故有早歲便能成家者

馬遠林鄒叔績戴諤士顧尚之凌厚堂堃張南坪福禮皆先後及難其餘諸家遺著投灰燼者且不少嗚呼喪亂

之爲文化厄有如是也

道光末葉英人艾約瑟偉烈亞力先後東來約瑟與張南坪張嘯山文虎顧尚之最善約爲算友偉烈則納交於

李壬叔相與續利徐之緒首譯幾何原本後九卷次譯美之羅密士之代微積拾級次譯英人侯失勒約翰之談

天其後壬叔又因南坪等識艾約瑟與之共譯英人胡威立之重學又與韋廉臣共譯某氏之植物學十九世紀

歐洲科學之輸入自壬叔始也亂事既定曾文正設製造局於上海中附屬譯書之科以官力提倡之時壬叔已

老在總理衙門爲章京不能親譯事則華若汀蘅芳繼之與英人傅蘭雅共譯爲多所譯有英人華里司之代數

術微積溯原海廲士之三角數理等此外則徐虎臣建寅趙仲涵元益等皆有所譯逑然精審不逮李華云

晚清李華譯逑之業其忠實與辛勤不讓晚明之徐李而所發生之影響則似遠遜李華譯書時老輩專精斯學

全部消化其所譯受更進而求本國學問之獨立因以引起三百年間斯學之發達而後輩則浮騖者多不復專精斯詣故求如王梅

者已成家數譯本不過供其參考品不復能大有所進益而後輩則浮騖者多不復專精斯詣故求如王梅其人

者直至今日蓋無聞焉豈惟今日恐更遲之若干年亦猶是也夫吾並非望擧國人皆爲算學家也算學爲最古

之學新發明甚難不如他種科學之饒有發展餘地學者不甚嗜之亦無足怪雖然算學為一切自然科學之基

礎欲治科學非於算有相當素養不能為功昭昭然也然環觀今之青年在學校中對於此科之興味何衰落一

至此也學之數年恐其所得素養比諸門外漢如我者所勝無幾也反不如百餘年前專讀「綫裝書」之老

經生猶知以此學為重也嗚呼此非一門學術與廢之小問題實全部學風盛衰之大問題也厭繁重而怠探索

功課為機械的授受不復刻入以求心得惟喜撫拾時趨的游談以自欺欺世如此則凡百學術皆不能喚起真

藝之與味豈惟算學結果非將學問向上之路全付榛蕪焉不止也嗚呼今之青年有聞乾嘉道間諸先輩之學

風而知奮者耶

鄒特夫晚年有論算家新法一篇其言曰『自童方立以後諸家桷思生巧出於前人之外如華嚴樓閣彈指即現實抉算理之奧窔然恐後

之學者不復循途守轍而遽趨捷法則得之易失之亦易是可憂也』吾涉讀及此而若有感於余心焉昔人欲通曉一學也甚難而所成就

常實無組織完善之著書無簡易之教授法欲學者須從亂石犖亂草蓬蓬中自覓新路而自闢之故學為者十八其九人者恆一無所獲

廢然而返即其一人有所獲者亦已費無量精力於無用之地此其所為失也雖然不入之則已既入則極深研究其發明往往超拔凡近此

其所為得也今人欲通曉一學也甚易而所成就常數教科書及教授法凡所以助長理解者惟恐不至而取徑惟捷中智之士按部就

班畢業一課即了解一課畢業一書即人解一書人可操券而獲也然與其書與其師睽別不一二年所學知夢知矣即不爾而所得亦至膚

淺末罕復能以自立說者謂今之教育只能攀全社會「平庸化」而傑出天才乃泪沒摧抑而日澌滅不其然耶夫今日不能舉教育法而

盡返之於囊昔不待言也然特夫所謂『遽趨捷法得之易而失之亦易』者斯誠教育界不可忽視之問題如何而能便青年於易知易從

中仍閱歷甘苦而求所學問獨立之業故附其說於此

吾今當以敍述曆算學之餘簡帶敍其他科學各種科學不惟不能各占一專章並不能合而成一專章而惟以

曆算學附庸之資格於此帶敍焉吾學界之恥也然吾儕史家之職不能增飾歷史實狀之所本無吾惟寫其實

以待國人之自勘而已

清儒頗能用科學精神以治學此無論何人所不能否認也雖然其精力什九費於考證古典勉彊之亦只能謂

所研究者爲人文科學中之一小部分其去全體之人文科學已甚遠若自然科學之部則欲勉彊一人一書且

覺困難無已姑舉下列一二以充數

物理學及工藝學方面有宋長庚應星天工開物十八卷長庚江西奉新人卒於清初順康間其書則或於明崇

禎十二年書之內容如下

卷一　乃粒　論農產品農事農器等。

卷二　乃服　論蠶事製絲紡織及織具緞錦棉花之種植紡織麻布製裘製氊等。

卷三　彰施　論染料之產州採用及製造等。

卷四　粹精　論農產品製成糧食之法。

卷五　作鹹　論各種鹽產及製鹽法。

卷六　甘嗜　論種蔗製糖及蜂蜜。

卷七　陶埏　論造瓦磚造陶器造瓷器諸法。

卷八　冶鑄　論鑄造鐘鼎斧像砲鏡錢諸法。

卷九　舟車　論各式舟車及其造法。

卷十　錘鍛　論冶鐵及各種鐵器造注附冶銅。

卷十一　燔石　礬石類之化煉內含石灰蠣灰煤灰礬硫黃砒石等。

三五二

卷十二 青液. 論油品及製法.

卷十三 殺青. 論紙料及製法.

卷十四 五金. 論金銀銅鐵錫鉛各礦之產地采法化分法等.

卷十五 佳兵. 論矢弩干火藥火器各種製造法.

卷十六 丹青. 論朱墨等顏色之產地及造法.

卷十七 麴蘗. 論造酒.

卷十八 珠玉. 論珠玉寶石水晶瑪瑙等之產地及磨治法.

觀此目錄可以知本書所研究之對象爲何長庚自序云『世有聰明博物者稱人稚焉乃棗梨之花未實而臆度楚萍釜濫之範鮮經而侈談莒鼎畫工好圖鬼魅而惡犬馬卽鄭僑晉華豈足爲烈哉』彼蓋深鄙乎空談考古之輩而凡所言皆以目驗爲歸也丁在君文江論之曰『三百年前言工業天產之書如此其詳且明者世界之中無與比倫』有此書洵足爲學界增重矣.

方密之著通雅其中已多言物理復有餘稿其子位伯中通分類編之名曰物理小識凡十二卷內分天曆風雷雨暘地占候人身醫藥飲食衣服金石器用草木鳥獸鬼神方術異事凡十五類所言雖不免間雜臆測或迷信不如長庚之撝實然其中亦頗多妙悟與今世科學言暗合例如卷一之論「氣映差」論「轉光」論「隔聲」……等類皆是要之此等書在三百年前不得謂非一奇著也.

明清之交學者對於自然界之考索本已有動機雍乾以降古典學大興儒之聰明才力盡爲所奪甚可惜也.

然皖南江戴一派好言名物與自然科學差相接近程易疇瑞田著通藝錄有考工創物小記溝洫疆理小記九

穀考。釋草小記釋蟲小記等。惜偏於考古。於實用稍遠矣。郝蘭臯（懿行）自言好窮物理。著有蜂衙小記。燕子春秋等。吾未見其書。不知內容如何。

明末曆算學輸入各種器藝亦副之以來。如火器圖說。奇器圖說。儀象志。遠鏡說。……等或著或譯之書亦不下十餘種。後此治曆算者。率有感於『欲善其事先利其器』故測候之儀。首所注意。亦因端而時及他器。梅定九所創製則有勿庵揆日器。勿庵測望儀。勿庵仰觀儀。勿庵渾蓋新儀。勿庵月道儀等。戴東原亦因西人龍尾車法作贏族車。因西人引重法作自轉車。又親製璿璣玉衡——觀天器。李申耆自製測天繪圖之器亦有數種。凡此皆曆算學副產品也。而最為傑出者。則莫如歙縣鄭浣香（復光）之鏡鏡詅癡一書。

浣香之書。蓋以所自創獲之光學智識。而說明製望遠顯微諸鏡之法也。據張石洲序知其書成於道光十五年以前。其自序云『時逾十稔然後成稿。』則知屬稿在道光初年矣。時距鴉片戰役前且二十年。歐洲學士未有至中國者。譯書更無論。浣香所見西籍僅有明末清初譯本之遠鏡說。儀象志。人身說概等三數種。然其書所言純屬科學精微之理。其體裁組織亦純為科學的。今將原書四大部分各子目表列如下。

第一部　明原。（原注云鏡以鏡物不明物理不可以得鏡理物之理鏡之原也作明原）

一原色　二原光　三原影　四原線　五原目　六原鏡

第二部　類鏡。（原注云鏡之製各有其材鏡之能各呈其用以類別也不詳厥類不能究其歸作類鏡）

一鏡資　二鏡質　三鏡色　四鏡形

第三部　釋圓。（原云鏡多變者惟凹與凸察其形則凹在圓外凸在圓內天之大以圓成化鏡之理以圓而神姑作釋圓）

鏡

原注云知者叛物巧者述之儒者事也民可使由不可使知者匠也儒者之事有神會焉特詳其義作述者

一作照景鏡二作眼鏡三作顯微鏡四作取火鏡五作地鐙鏡六作諸葛鐙鏡七作取影鏡八作放字鏡九作柱鏡十作萬花筒鏡十一作透光鏡十二作視日鏡十三作測日食鏡十四作測量高遠儀鏡十五作遠鏡

第四部　述作

全書體例每篇皆列舉公例若干條理難明者則爲之解有異說者則系以論表象或布算則演以圖一百二十

大抵采用西人舊說舊法者什之二三自創者什之七八書中凡采舊說必注明其原光公例十八條采舊說者四條類推

不解科學不能言其與現代西人之述作比較何如顧吾所不憚昌明者百年以前之光學書如此書者非獨中

國所僅見恐在全世界中亦占一位置浣香所以能爲此者良由其於算學造詣極深

自張石洲言『浣香雅善製器而測天之儀脈水之車尤切民用』則其藝事之多能又可知矣以前宋後鄭

之學而不見推於士林無聽人傳中嘻「藝成而下」之觀念毒人深矣

鄒特夫亦以明算通光學所著格術補因沈存中括夢溪筆談中一條知宋代算家有此術因窮思眇慮布精算

以闡其理而有悟但鄒決非襲鄭沆香亦因讀夢溪筆談可謂好學深思心知其意特夫又自製攝影器視其圖說以較現代日出日

精之新器甌樸僅可笑然在五十年前無所承而獨創又豈可不謂豪傑之士耶學人復有梁南溟漢鵬者在特

夫前陳蘭甫稱其『好言物性金木百工之事莫不窮究尤善製火藥以所製者發鳥鎗鉛丸較英吉利火藥所

及加遠云」

醫學方面中國所傳舊學本爲非科學的清醫最負盛名者如徐泗溪大椿葉天士桂著述皆甚多不具舉惟有

一人不可不特筆重記者曰王勳臣清任蓋道光間直隸玉田人所著書曰醫林改錯其自序曰『⋯⋯嘗閱古

人臟腑論及所繪之圖立言處處自相矛盾⋯⋯本源一錯萬慮皆失⋯⋯著書不明臟腑豈非癡人說夢治病

不明臟腑何異盲子夜行⋯⋯』勳臣有惕於此務欲實驗以正其失然當時無解剖學無從着手彼當三十歲

時游灤州某鎮值小兒瘟疹死者甚多率皆淺殯彼乃不避污穢就露臟之屍細視之經三十餘具略得大概其

遇有副刑之犯輒往迫視前後訪驗四十二年乃據所實觀者繪圖成臟腑全圖而爲之記附以腦髓說謂靈

機記性不在心而在腦氣血合脈說斥三焦脈訣等之無稽譏中國醫界極大膽之革命論其人之求學亦饒有

科學的精神惜乎舉世言醫者莫之宗也

吾敍帶科學而供吾論列之資料僅此吾閣筆且愧且悲焉雖然細思之未足爲愧未足爲悲西方科學之勃與

亦不過近百年間事耳吾乾嘉諸老未能有人焉於此間分一席抑何足深病惟自今以往仍保持此現狀斯乃

真可愧真可悲耳嗚呼此非前輩之責也後起者若能率由前輩治古典學所用之科學精神而移

其方向於人文自然各界又安見所收穫之不如歐美雖然非貴乎知之實貴乎行之若如今日之揭科學旗幟

以嚇人者如減乘除之未嫺普通生理心理之未學惟開口罵「線裝書」閉口笑「玄學鬼」猖猖於通衢以

自鳴得意顧亭林有言『昔之清談談老莊今之清談談孔孟』吾得易其語曰『今之清談談科學』夫科學

而至於爲清談之其則中國乃眞自絕於科學矣此余之所以悁悁而悲也

十一　樂曲學

昔之言學者多以律歷並舉律蓋言樂之律呂也其所以並舉之故雖支離不足取吾爲敍述便利起見姑於述

歷算後**次**論焉可紀者少等於附庸而已

但吾仍有須鄭重聲明者吾之無樂曲學常識一如其於歷算吾絕無批評諸家得失之能力且所敍述亦恐不

能得其要領希海內明治斯學者有以教之

中國音樂發達甚早言「六藝」者兩說周官大司徒之禮樂射御書數漢 樂皆與居一爲儒家尤以之爲教育

主要工具以是招墨氏之非議惜無樂譜專書其傳易墜漢魏以降古樂寖亡以至於盡累代遞興之新樂亦復

閲時輒佚而俗樂大抵出伶工之惰力的雜奏漫以投里耳之好故樂每況而愈下樂之研究漸惹起一部分學

者之注意固宜然矣

清儒所治樂學分兩方面一曰古樂之研究二曰近代曲劇之研究其關於古代者復分兩方面一曰雅樂之研

究二曰燕樂之研究關於近代者亦分兩方面一曰曲調之研究二曰劇本之研究

清儒好古尤好談經諸經與樂事有連者極多故研究古樂成爲經生副業固其所也清初自謂知樂者首爲毛

西河著有竟山樂錄——一名古樂復與錄聖諭樂本解說皇言定聲錄等書而李恕谷從之游著有學樂錄以

申其說此四書者可稱爲毛氏一家之學西河自稱得明寧王權家所藏唐樂笛色譜因據之以推得古代之七

調九聲謂「自春秋迄明千年長夜一旦盡舉而振齄之」其自負可謂至極然所謂寧王之笛色譜始終未嘗

出以示人其有無且不知其是否唐樂更不可知西河人格不足以見信於世故全謝山攻其僞妄蓋有以自取

矣．然其對於荒誕支離的舊說掃蕩廓清之功固不可泯滅彼力斥前人之以五行附會樂理{略云「樂之有五}{聲亦猶其聲有五}

種耳其名曰宮曰商亦就其摩之不同而強名之作表識耳自說者推原元本忘求錄歷⋯⋯至有分配五行五

時五土五色⋯⋯而究與聲律絕不相關此何為也故凡為樂書多薑一元兩儀五行十二辰六十四卦三

百六十五度之圖婓然而成文歷逆增以及時氣卦位

下順逆增減以及時氣卦位歷數之暢為鑒之說以引證則諸黃鐘太簇陰陽生□死 上

復古 元略云□管幸合古及近代之韓俏書工師裁竹設管及栽竟而樂殊數皆欺人之學不足道也□後知選固以圖

彼力斥前人之摹揣古樂器以圖 恭裁王瞿凡言鑄造器數皆

一掃塵霾獨闢畦逕其所自立論之價值如何吾不能妄評 河凌論次樂仲最謬七摩十二律茫然不知 西但其革命的

精神則甚可師也 仲謂其只知唱崑山調及推崇朱子

初期漢學家之樂學的著作最有名者為江慎修之律呂新論二卷律呂闡微十一卷慎修長於算故以算理解

樂律多能匡正宋明人之失然樂律應否以算理解釋實為先決問題慎修雖用力甚勤然其截斷衆流之識恐

反出西河下也 書中附會河圖五行納惟新論卷末論聲音流變論俗樂可求雅樂論樂器不必泥古諸條似有

卓見聞微言唐宋燕樂之當研究實為凌次仲示其塗徑篇 戴東原亦有論樂律之見解

清儒最能明樂學條貫者前有凌次仲後有陳蘭甫而介其間者有徐新田養 原次仲之書曰燕樂考原六卷燕

樂者唐代音樂最主要之部分也唐天寶十三載分樂為三部先王之樂為雅樂前世新聲為清樂合胡部者為

燕樂筆談括夢 溪 而燕樂最貴奏技者皆坐堂上伎又 沈括夢談語

清樂者梁陳舊樂也燕樂者周隋舊樂也 本書卷唐承周隋之統以其舊樂為主而以西域諸國樂損

在其下也雅樂又 白香山詩自注云『太常選坐部伎無性識者退入立部伎又選立部伎絕無性識者卽掌雅樂者

益之故其燕樂集樂之大成次仲以為『世儒有志古樂而不考之於燕樂無異扣槃捫籥』語自序故專為此書

研究之卷一為總論考燕樂之來歷說明其選聲製譜之概略卷二至卷五分論燕樂二十八調調各自為卷七

卷六為後論凡十三章 曲說徵二十八調說上中下述調說燕樂以夾鐘為律本說明人九宮十三調說南北曲說聲之辨不可配律說畢 附

一、燕樂之原出於龜茲蘇祗婆之琵琶。琵琶四絃爲宮商角羽四聲。無徵。每聲七調。故有二十八調。

二、燕樂之調本以字譜。即上工尺等爲主。與漢書律歷志所言律呂之長短分寸渺不相涉。鄭譯沈括輩將二者牽合爲一。乃欺人之談。

三、今之字譜即古之宮商——上字爲宮。尺字爲商。工字爲角。合字爲徵。四字爲羽。一字爲變宮。凡字爲變徵。古樂用五聲二變而成音。猶今樂用七字譜而成調。即此可以沿而上溯不必旁求。〔此明朱載堉說之。次仲略修改之。〕

四、樂志等向稱唐人八十四調。其實祗是二十八調。因琵琶四絃每絃七調。故也。然宋乾興以來所用僅十……

五、今之南曲即唐清樂之遺。今之北曲即唐燕樂之遺。疑燕樂完全失傳者誤也。一調今則僅用七調而已。

其自序謂『廷堪於斯事初亦未解。若涉大水者有年。然後稽之於典籍證之以器數。一旦始有所悟入。』其與阮伯元書云『推步學自西人之後有實測可憑。譬之鳥道羊腸繩行縣度。苟不憚辛苦。無不可至。若樂律諸書雖言之成理。乃深求其故皆如海上三神山。但望見焉風引之則又遠矣。何者一實有其境。一虛構其理也。吾書成庶東海揚塵徒步可到矣』總之昔之言樂者皆支離於樂外次仲則剖析於樂中其剖析所得成績如何。雖非吾儕門外漢所能妄談。若其研究方法確爲後人開一新路則吾敢斷言也。〔次仲之鄉輩程易疇有釋律小記一卷琴音記續篇一卷似……〕

次仲復有晉泰始笛律匡謬一卷。其自序云『樂學之不明由算數之說汩之也。黃鐘之數史記漢書皆云十七……〔無甚發明惟其論中摯一條陳蘭甫極稱之〕

萬一千一百四十七不知此數於何而施用將以爲黃鐘之長耶恐九寸之管非鍼芒刀刃不足以容之將以爲

黃鐘之實耶恐徑九分之中非野馬塵埃不足以受之……然則律度乘除之損益果足以深信耶鬼易畫人

難言樂者每恃此爲藏身之固……陳之以虛數則爛然驗之以實事則茫然者比比皆是矣……晉泰始末荀

勗製笛律乃以絲聲之律度爲竹聲之律度悉毀前人舊作而樂學益晦……今爲匡謬一卷嗟乎所匡者甯獨

荀公哉』荀律果謬與否所匡果不謬與否別一問題然次仲對於舊樂學摧陷廓清之勇猛可見矣

年輩稍後於次仲者有徐新田〔原〕著有荀勗笛律圖注管色考律呂臆說等書新田似未見次仲書故無一字

之徵引辨難其笛律圖注尊宗荀勗與次仲正反其管色考專論字譜矯正元明人之誤與次仲全同而加詳其

律呂臆說亦一掃五行卦氣等等糾纏之說專剖析於樂中與次仲就優劣非吾所能言也其言五聲變爲七音

爲樂學一進步七音乃律而非聲其變乃全體改易非於本音之外漫加二音就舊說謂變宮變徵乃言雅樂非於

俗樂之別外有一聲節言雅樂之亡由於圖譜失傳不關律呂言三代之樂不亡於秦而亡於魏晉言當因俗樂

管色以推求古樂皆自有見地者

陳蘭甫所著曰聲律通考十卷蘭甫著書動機蓋因讀次仲書而起而駁正其說亦最多蓋他書無駁之價值而

於凌書所未安則不容不駁也〔卷九之末自注云『此書於燕樂考原之說駁難最多非掊擊前人也余於凌次

耘牟錯讀之而不可解者尤不能不爲焉。今訂正

爲訂正九原可作當以爲諍友焉』〕今略摘凌陳異點如下

一　凌氏捨觱篥荀勗笛律陳氏極重之說已有一部分散見燕樂考原中陳所反駁甚當也徐著極精詳使之

更有助

陳見之或

說明荀氏十二笛律陳氏三調之制及其作用

二、凌氏不信有八十四調，謂鄭譯創此說以欺人，陳氏考證八十四個為梁隋所有不始鄭譯。常據隋書
代史音樂志等書
並說明其可能。

三、凌氏以工尺等字譜分隸宮商等，陳氏承認之。但陳謂此惟今樂為然耳，宋人則以工尺配律呂非以代
宮商。

四、凌氏以蘇祗婆琵琶為標準樂器，陳氏謂有研究古樂器之必要。其言曰『聲隨器異由个之器豈能寄
古之摩試取今日之二絃綁子以唱崑

蘭甫東塾集中有復曹葛民書一篇最能說明其述作之旨，今節錄如下，人說注其難辨者間引本書說或他

『……澧為此書所以復古也，復古者迂儒常談澧豈效之良以樂不可不復古也……鼓吹也戲劇也小曲
也，其號為雅音者琴師之琴也，此則今所謂樂也，何為宮商而不知也，何為律呂而更不知也，啟超案徐新田雅樂論云『今
之琴行聲無節先不成
其為樂矣何論雅俗
況以今器寄古聲乎
腔開者必為掩耳而
嗚呼樂者六藝之一而可以輕褻淪亡若此哉……近數十年惟凌次仲奮然欲通此
學自謂以今樂通古樂，澧求其書讀之，信多善者。然以為今之字譜即宋之字譜，宋之字譜出於隋鄭譯所演
龜茲琵琶，如其言則由今樂而上溯之通於西域之樂耳，何由而通中國之古樂也，況今之字譜非宋之字
譜，宋之字譜又非出於鄭譯，古籍具存明不可借假乎澧因凌氏書考之經疏史志子書凡言聲律者排比句
稽以成此編……將使學者由今之字譜而識七聲之名，又由七聲有相隔有相連而識十二律之位，識十二
律而古之十二宮八十四調可識也。啟超案闌甫弟子胡康保校聲律通考竣而撮其要點為跋云『五音
宮商角徵羽即今尺工六五也加宮變宮變徵為七音即今所謂上尺工六
是為十二音得七音七律也七音者施轉無定者也十二律各為宮則各有商與角變徵徵羽變宮是為十一二
一凡也七音得七律宮與商之間有一律角與變徵之間有一律徵與羽之間有一律十二律者高下一定者也七音者施轉無定者也

宮十二宮各爲一均每一均轉七調則八十四調也也……』此段最能將全書提綱絜領故錄以爲注

唐宋二十八調可識也然此猶紙上空言也無其器何以定其聲無其度何以制其器屬有天幸宋晉書皆

有荀勗笛而阮文達公摹刻鐘鼎款式有荀勗尺二者不期而並存於世夫然後考之史籍隋以前歷代律尺

皆以荀勗尺爲比金元明承用宋樂宋樂修改王朴樂而王朴律尺又以荀勗尺爲比有荀勗尺而自漢至明

樂聲高下皆可識也然而荀勗尺易製也荀勗笛難知也宋書晉書所載荀勗笛制文義深晦自來讀者不能

解澧窮日夜之力苦思冥悟而後解之而後仿製之於是世間乃有古樂器又讀朱子儀禮經傳通解有唐開

元鹿鳴關雎十二詩譜以今之字譜釋之於是世間乃有古樂章……偏考古書所載樂器從未有細及分簫

如荀勗笛制者偏考古書所載樂章從未有兼注意音律如十二詩譜者古莫古於此詳亦莫詳於此授之工

人截竹可造付之伶人按譜可歌而古樂復出於今之世矣……象州鄭小谷見此皆歎曰「有用之書也」

又曰「君著此書辛苦我讀此書亦辛苦」嗟乎辛苦著書吾所樂也有辛苦讀之者吾願足矣若其有用則

吾不及見矣其在數十年後乎其在數百年後乎」

吾認此書之著作爲我學術界一大事故不避繁重詳錄此函讀之則書之內容大概可識矣吾以爲今所當問

者只有兩點一蘭甫所解荀勗笛制是否無誤二朱子所傳開元十二詩譜是否可信蘭甫又書『卽謂十二詩譜不出開元而爲宋人所

依託然自宋至今亦不可謂不可同年而語矣此點蘭甫絕對承認大可所稱明代之今亦不可謂不古較之毛若誠無誤也可信也則所謂古樂復出於今世者眞可拭目而待也由

蘭甫之書以復活漢晉以來不絕如縷之古樂由次仲之書以復活唐代融會中西之燕樂次仲書之價值蘭甫

書亦有可以補其未備者則二千年音樂流變可以知其概以求隔反天下快事甯有過此夫今日音樂之必當改造識者類

能言之矣然改造從何處下手耶最熱心斯道者亦不過取某國某名家之譜隨己之所嗜拉雜輸入一二云爾

改造音樂必須輸進歐樂以爲師資吾儕固絕對承認雖然尤當統籌全局先自立一基礎然後對於外來品爲

有計畫的選擇容納而所謂基礎者不能不求諸在我非挾有排外之成見也音樂爲國民性之表現而國民性

各各不同非可强此就就彼今試取某國音樂全部移植於我國且勿論其宜不宜而先當問其受不受則雖

有良計畫費大苦心終於失敗而已譬之摘鄰圃之穠葩綴我園之老幹縱極絢爛越宿而萎矣何也無內發的

生命雖美非吾有也今國中注意此問題者蓋極寥寥然以吾所知一二先覺其所見與所憂未嘗不與吾同蓋

亦嘗旁皇求索欲根據本國國民性爲音樂樹一新生命因而發育之容納歐樂以自榮術然而現行俗樂墮落

一至此甚無可爲懲藉欲覓歷史上遺影而不識何途之從哀哉耗矣次仲蘭甫之書以門外漢如我者於其價

值如何誠不敢置一辭然信其能示吾儕以前途一綫光明若能得一國立音樂學校資力稍充設備稍完

聚若干有音樂學素養之人分出一部分精力循此兩書所示之途徑以努力試驗或從此途可以知我國數千

年之音樂爲何物而於其間發見出國民音樂生命未艾之卵焉未可知也嗚呼吾之願望何日償也蘭甫先生

蓋言『其在數十年後乎其在數百年後乎』

次仲燕樂考原之中四卷詳列琵琶四絃每絃所衍生之各七調臚舉其調名上自郊祀樂章下至院本雜劇綱

羅無遺因此引起後人研究劇曲之興焉

初康熙末葉王奕清撰曲譜十四卷呂士雄撰南詞定律十三卷清儒研究曲本之書蓋莫先於此乾隆七年莊

親王奉敕編律呂正義後編既卒業更命周祥鈺徐興華等分纂九宮大成南北詞譜八十一卷十一年刊行之

曲學於是大備江鄭堂漢學師承記稱凌次仲是年應某達官之招在揚州校勘詞曲譜得修脯　後此葉懷庭堂自給次仲精於南北曲能分別宮調自此疑次仲曾參與九宮譜事也待續考

納書楹曲譜稱極精審度曲者宗之有戴長庚著律話吾未見其書且未審為何時人蘭甫聲律通考屢引其說

蓋亦旁及曲律云

以經生研究戲曲者首推焦里堂著有劇說六卷雖屬未經組織之筆記　然所收資料極豐富可助治此學者之

趣味吾鄉梁章冉廷枏著曲話五卷不論音律專論曲文文學上有價值之書也而陳蘭甫亦有唐宋詞新譜

則取唐宋詞曲原譜已佚而調名與今本所用相符字句亦合者注以曲譜之意拍而歌之其自序有言『物之

相變必有所因雖不盡同必不盡異……詩失既求諸詞詞失亦求諸曲其事一也……』讀此可見此老雅人

深致惜其書已不傳

最近則王靜安國維治曲學最有條貫著有戲曲考原曲錄宋元戲曲史曲等書曲學將來能成為專門之學則靜

安當為不祧祖矣而楊時百宗稷專言琴學著琴粹琴話琴譜琴學隨筆琴餘漫錄琴鏡等書凡二十四卷琴學

是否如徐新田所詆「不成其為樂」吾不敢言若琴學有相當價值時百之書亦當不朽矣